一忍再忍

后工作时代的激情操纵

[新加坡]洪仁毅 著

徐说 译

中国出版集团
东方出版中心

图书在版编目（CIP）数据

一忍再忍：后工作时代的激情操纵 /（新加坡）洪仁毅著；徐说译. -- 上海：东方出版中心, 2025.5.
ISBN 978-7-5473-2720-3

Ⅰ. C913.2-49

中国国家版本馆CIP数据核字第2025MY7835号

PASSIONATE WORK: Endurance after the Good Life
by Renyi Hong
Copyright © 2022 DUKE UNIVERSITY PRESS
Published by arrangement with DUKE UNIVERSITY PRESS
Simplified Chinese translation copyright © 2025
by Orient Publishing Center
ALL RIGHTS RESERVED

上海市版权局著作权合同登记：图字09-2025-0126号

一忍再忍：后工作时代的激情操纵

著　者	[新加坡]洪仁毅
译　者	徐　说
责任编辑	时方圆
装帧设计	陈绿竞

出 版 人	陈义望
出版发行	东方出版中心
地　址	上海市仙霞路345号
邮政编码	200336
电　话	021-62417400
印 刷 者	上海万卷印刷股份有限公司
开　本	890mm×1240mm　1/32
印　张	11.625
字　数	200千字
版　次	2025年8月第1版
印　次	2025年8月第1次印刷
定　价	75.00元

版权所有　侵权必究

如图书有印装质量问题，请寄回本社出版部调换或拨打021-62597596联系。

目录

CONTENTS

致 谢 i

引 言　激情工作与美好生活　001

第一章　从幸福到激情　041

第二章　失业、无损和心理弹性　093

第三章　富有怜悯心的想象　156

第四章　城市保护区　212

结 语　最后的激情　277

参考文献　301

索 引　350

致 谢

激情是世界的织匠,将人与事物编织成繁复而生动的图景。本书便诞生于这位织匠的手中,汇集了我在太平洋两岸遇见的诸位导师、朋友、同事、学生及陌生人的智慧与努力。我的导师萨拉·巴内特-韦瑟(Sarah Banet-Weiser)为这本书播下了思想的种子,并在种子萌发生长的每一个阶段给予我坚定的支持与激励。对我而言,萨拉远超一个导师的角色,在新生儿的啼哭声与写作的键盘声交织的日子里,她是我最坚强的支柱,在我的生命中烙下了深深的印迹,我希望在未来的道路上,我能继承并传递她的严谨、慷慨与关爱。其他几位卓越的导师——亨利·詹金斯(Henry Jenkins)、拉里·格罗斯(Larry Gross)和迈克·阿纳尼(Mike Ananny)——以他们敏锐的洞察力为我提供了本书论点的历史背景和研究方向。没有他们的指导,我的思考与作品将难以成形。本书的许多章节始于安德鲁·拉科夫(Andrew Lakoff)、乔希·库恩(Josh Kun)或曼纽尔·卡斯特(Manuel Castells)的课堂,他们无价的建议极大地丰富了我的初稿。我深深地感激每一位导师的诚恳反馈以及他们赋予我的创作自由。

我同样有幸与许多优秀的同志在南加州大学（USC）保持友谊。我要感谢蒂莎·德杰马尼（Tisha Dejmanee），她创立了写作小组并邀请我加入。蒂莎和写作小组中的凯莉·宋（Kelly Song）、萨曼莎·克洛斯（Samantha Close）、拉菲·萨基森（Raffi Sarkissian）以及戴安娜·李（Diana Lee）都是最早阅读本书草稿的人，提出了既温柔又犀利的建议。此外，还有几位特别的朋友，他们的友情让我感激不尽：张琳（Zhang Lin）始终与我同行，陪我一起面对生活中的种种难题；科玛蒂·阿莱－瓦伦西亚（Komathi Ale-Valencia）和米娜·朴（Mina Park）不仅是良师益友，还是我经历挑战时与我一起用餐的伙伴。当我们从洛杉矶搬到新加坡，需要一个临时落脚的地方时，查理·布朗（Charlie）、宝拉·布朗（Paula Brown）以及苏威亮（Dominic Goh）热情地接待了我们，帮助我们处理了许多烦琐的搬迁事宜。正是你们的帮助，让我的生活更丰富多彩。你们每个人都以自己的方式带给我温暖和感动。还有那些我尚未来得及提到的朋友——亚伦·特拉梅尔（Aaron Trammell）、辛西娅·王（Cynthia Wang）、弗莱明·施耐德（Flemming Schneider）、乔什·克拉克（Josh Clark）、尼基塔·汉密尔顿（Nikita Hamilton）和瑞提什·梅塔（Ritesh Mehta）——你们都为本书做出了独一无二的贡献。愿大家安好。期待在更美好的未来，我们能有缘再聚。

《一忍再忍》的书稿陪伴我跨越了太平洋，在新加坡国立大学（NUS），朋友和同事给予了我莫大的支持，使我受益匪浅。超乎我想象的卓越导师余燕珊（Audrey Yue）在本书的各个方面都给予了睿智的指导。我也深深感激欧文·吴（Irving Goh），他的敏锐见解精炼了我的思路，带来了新启发，并让我始终对这个项目充满激情。诸位同事，也在我适应全新学术环境的过程中给予了宝贵的支持：亚历克斯·米切尔（Alex Mitchell）、艾尔米·内克马特（Elmie Nekmat）、伊恰·巴斯尼亚特（Iccha Basnyat）、邱林川（Jack Qiu）、朗斯·怀斯（Lonce Wyse）、拉卡·肖姆（Raka Shome）、蒋少海（Shaohai Jiang）和塔贝雷兹·内亚兹（Taberez Neyazi）。传播与新媒体系的研究生以及亚洲文化研究项目的成员，也给我的书稿提出了宝贵的反馈意见。我要特别感谢我的研究助理——阿洛伊修斯·拉贾·塞卡（Aloysius Raja Sekar）、陈昶文（Changwen Chen）、拉什米·梅塔（Rashmi Mehta）和林智涵（Sarah Lim）——在本书编辑的不同阶段提供了帮助。同时，感谢黄淑云（Wong Shu Yun）在初校阶段的支持。能够遇见你们，是我莫大的幸运。

我要特别感谢杜克大学出版社的编辑考特尼·伯杰（Courtney Berger），她不仅看到了本书书稿的潜力，更以极具感染力的热情和鼓励推动了它的发展。感谢桑德拉·科恩（Sandra Korn）在出版过程中的协助。三位匿名审稿人不仅给予我鼓励，更推动了我的思考，他们的深刻见解让本书的终稿变得更完善。

此外，如果没有南加州大学和新加坡国立大学提供的奖学金和资助，这本书也无法完成。我非常幸运地获得了安能博格（Annenberg）基金会的支持，资助我实地考察各个共享办公空间。后期修订则得益于新加坡国立大学的慷慨资助，让我有时间细致修改书稿。我想特别感谢科莉兹·洪（Corlizz Ang），她耐心地回答了我无数的问题。此外，我还要感谢艾尔米于我不在新加坡国立大学期间顶替我的职务。

我无法用言语充分表达对家人的感激之情。在漫长的七年里，他们不计回报地给予我支持，让我得以专注地写作。我的父母，洪民政（Ang Beng Chin）和黄瑞莱（Ng Swee Lai），始终坚定地支持着我人生中的每一个决定，如果没有你们的鼓励，我甚至无法想象自己有勇气开始这个宏大的项目。写作期间，我的三个女儿相继降临人世。感谢黄嘉美（Jilly）和许楚利（Jolly Koh）始终乐于帮忙照顾孩子们，让我能全身心投入写作。感谢所有不辞劳苦地坐一天一夜飞机来探望我们的亲人和朋友。我爱你们所有人。致我的兄弟和挚友，智毅（Zhiyi）、德伟（Kelvin）和佳杰（Jia Jie）：你们的经历为这本书注入了丰富的灵感和多样的故事。

致谦瑜（Ariel）、谦恩（Esther）和谦乐（Kayla）：感谢你们为我的人生带来了无尽的欢乐。能成为你们的父亲，是我最大的骄傲。这本书，同样是为你们而写。

最后，致我的配偶和最好的朋友，许金慧（Jinny Koh）：言语无法表达我对你的感激。无论我踏上怎样的旅程，你始终坚定地支持着我。我也希望能以同样的方式支持你。谨以这本书，献给你。

引 言
激情工作与美好生活

一项覆盖全球120个国家、47 361名员工的调查研究发现，其中25%的人对生活满意度的自我评分较高，可被列入拥有"繁荣感"的组别。不过，如果只看"对工作投入度较高"的人，这一比例上升到了45%；而在"对工作投入度低"的人中，只有13%属于此列。管理层和领导层可以采取多种措施，来帮助全球员工感觉自己拥有一份好工作——因此也拥有美好的生活。

——史蒂夫·克拉布特里（Steve Crabtree），《好工作等于好生活》（"A Good Job Means a Good Life"，2011）

找到工作激情通常被描述为积极的理想。工作激情与"美好生活"挂钩是出于一种朴素的愿望：工作能为人们的生活提供目标、财务福祉和成功。理查德·桑内特

(Richard Sennett)认为这是一种本能,或者说是工匠精神,"努力想要做好工作的愿望"是"一种根深蒂固的人类基本冲动"①。这一思想有着源远流长的学术传统,其中的代表人物之一就是年轻时期的卡尔·马克思。在分析马克思的早期著作时,托马斯·亨利克斯(Thomas Henricks)发现:"马克思关于美好生活的设想是,人们在相对平等的基础上共同参与社群生活。"② 平等(equality)意味着根据人的意志来劳动,在这样的世界里,劳动"体现了人类改变自身生存条件的特权"③。与桑内特的观点类似,亨利克斯的理论也以工匠和艺术家的模式为基础:"我们创造的物品和使用的工具,不仅反映了我们与他人共有的人类能力,也构成了我们共同的公共生活的基础。"④

这些人文主义观点描述了劳动崇高的可能性:当工作与个人的激情相结合时,我们的创造潜能将被激发,进而帮助构建一个更美好的世界。当然,桑内特和马克思倡导的"激情工作"(passionate work)是有一定条件的。纵观二人的学术研究,他们都不支持以剥削和不稳定生存为代价来获取激情的工匠模式⑤,也都对资本主义提出了影响

---

① Sennett, *Craftsman*, 9.
② Henricks, *Play Reconsidered*, 36.
③ Henricks, *Play Reconsidered*, 37.
④ Henricks, *Play Reconsidered*, 37.
⑤ 这一点在马克思对资本主义进行结构性解释的后期著作中尤为明显。参见 Marx, *Capital*; Sennett, *Fall of Public Man*。

深远的批评。然而，他们的愿景根植于这样一种观念——通过劳动展现真实的内心生活。这表明"激情工作"作为一种文化想象，持续存在于我们应对日常生活复杂性的方式当中。

当代读者应该十分熟悉这种激情理念。毕竟，正如德光美亚（Miya Tokumitsu）所述，媒体上充斥着将工作描绘为幸福源泉的意象。① 随意搜索一下，都能找到大量寻找激情的策略。同时，奥普拉·温弗瑞（Oprah Winfrey）、史蒂夫·乔布斯（Steve Jobs）和杰夫·贝索斯（Jeff Bezos）等名人都积极倡导将激情融入工作的理念。史蒂夫·乔布斯在斯坦福大学的毕业演讲中鼓励听众去"做你热爱的事"，这场演讲至今仍是油管（YouTube）上最受欢迎的励志演讲之一，截至目前已有超过3 600万次的播放量。②

在企业界，各公司日益热衷于吸引和培养充满激情的员工。21世纪初，美捷步（Zappos）和谷歌（Google）等公司新增了"首席幸福官"这一职位，位列C级高管行列，负责推动组织的幸福感。③ 其他公司如亚马逊（Amazon），则启动了"付费离职"政策——为鼓励缺乏激

---

① Lam, "Why 'Do What You Love' Is Pernicious".
② Jobs, Address.
③ Kjerulf, "Why Every Company Should Have a cho".

情的员工离职,专门设立了一笔开支。① 对自己的激情尚不确定的人也可以选择前往诸如寻路学院(Wayfinding Academy)等机构,其课程设置的重心就是探索激情。寻路学院根据每名学生的兴趣定制课程,宣称旨在培养学生"有目标地生活"的能力,帮助他们找到能在一生中带来"繁荣感"与"成长"的工作。②

后福特主义的权衡

20世纪末,人们开始担忧向后福特主义的转变是否催生了一种新的压迫逻辑。③ 在20世纪70年代,哈里·布雷弗曼(Harry Braverman)将技术和科学知识的垄断与技术和管理阶层社会权力的积累联系起来。观念与执行的分离导致知识的两极化,迫使工人阶级从事简单的任务,削弱了工艺技能的重要性,并加剧了他们在生产过程的异化。布雷弗曼认为,职场异化(workplace alienation)在结构层面呈现了阶级斗争;异化和去技能化已成为促使"工人沦为普通且无差异的劳动力"的机制,从而削弱了他们

---

① B. Taylor, "Why Amazon Is Copying Zappos".
② Wayfinding Academy, "Wayfinding Academy".
③ Lazzarato, "Immaterial Labor".

的议价能力,并降低其劳动的货币价值。①

到了20世纪90年代,随着新经济的兴起,一种全新的工作精神逐渐形成。在蓬勃发展的创意和科技行业,公司开始将抵制传统工作模式纳入企业哲学,旨在打造一个打破传统的工作与休闲边界的工作环境。② 这些公司并非要剥夺员工的自主权,也没有让他们陷入繁文缛节和等级制度之中,而是塑造了一种后福特主义的工作文化,鼓励员工自由表达,经营团队关系,并模糊休闲与工作的边界。工作场所力求成为充满乐趣、亲密感和个人认同感的空间。这些公司相信,以上特质最能激发这些行业所需的最重要的能力:创造力、智力和沟通技巧,以及员工的情感和人际关系资本。③

目前已经有大量研究探讨了这种后工业劳动伦理的问题所在。尤其是在对文化工作者的研究中,他们往往以牺牲自主性为代价,换来短期且不稳定的工作合同、超长工时、更新技能的持续压力,以及为获得体面收入而不得不

---

① Braverman, *Labor and Monopoly Capital*, 83. 20世纪70年代,大卫·诺布尔(David Noble)在批判控制论工厂(cybernetic factories)时,曾从一个略为不同的视角出发,探讨了这一问题。他认为,对技术的渴求导致"物"凌驾于"人"之上,久而久之,便导致了技能退化。参见 Noble, *Forces of Production*。这些关注与20世纪60年代和70年代意大利的"工人主义"政治运动有关,这些运动通过拒绝工作,试图在有偿劳动和资本主义之外探索另一种存在的可能性。工作成为知识与情感斗争的场所,人们关注的不仅是工资,还有在不依赖有偿劳动的前提下生存所必需的合作性、技能与意志。
② Dyer-Witheford and De Peuter, *Games of Empire*.
③ Hardt and Negri, *Multitude*; Lazzarato, "Immaterial Labor".

兼顾多份工作的处境。① 正如大卫·赫斯蒙德夫（David Hesmondhalgh）和莎拉·贝克（Sarah Baker）在对不同创意产业的采访中发现的，这种劳动伦理的自由即便在最好的情况下也是"复杂"和"矛盾"的，而在最坏的情况下则会成为公然剥削。② 尽管许多创意工作者确实在工作中享受到了一定的自主权和创造性的乐趣，但无论是自愿还是被迫，他们都不可避免地被后福特主义的工作方式问题困扰。个体通过工作来获得成就感的驱动力，往往以牺牲公平薪酬和有组织的劳动为代价。一系列波希米亚式象征③，使其认同者自以为这是一种时尚且令人兴奋的选择，从而助长了这种剥削。正如安德鲁·罗斯（Andrew Ross）所说，"以舒适体验和意志考验为特点的人性化工作场所（humane workplace），已经取代了以保障所有人权益、企业民主控制、工作之外的安全为核心的公正工作场所（just workplace）"④。随着众包和视频播放技术的发展，以及创业精神、实习和奋斗文化的普及，这种工作伦理逐渐成为

---

① 参见，例如：Ashton, "Upgrading the Self"; Cohen, "Cultural Work"; De Peuter, "Creative Economy and Labor Precarity"; Duffy, *Remake, Remodel*; Dyer-Witheford and De Peuter, "'ea Spouse'"; Gill and Pratt, "In the Social Factory?"; McRobbie, *Be Creative*; Ross, *No Collar*。
② Hesmondhalgh and Baker, "'Very Complicated Version'", 16.
③ [译注] 波希米亚式象征（bohemian symbols），指强调创意和自由的工作方式，如艺术家、设计师、自由职业者，但往往伴随不稳定的收入和劳动条件。本书注释如无特别说明均为原注。
④ Ross, *No Collar*, 20.

常态,其背后的剥削也愈加普遍。①

这些问题之显著,引发了《大西洋月刊》(*Atlantic*)、《雅各宾》(*Jacobin*)、《纽约时报》(*New York Times*)、《华盛顿邮报》(*Washington Post*)和《哈佛商业评论》(*Harvard Business Review*)等媒体对激情工作的批评。② 追随个人激情的号召被公开谴责为公司要求员工过度劳动的借口,导致了一系列身体、心理及人际关系问题,营造了一个"令人痛苦的工作环境"③。此外,激情工作还被指责淡化了这样一个事实:手艺工作可能是艰难且痛苦的,而非激动人心和充满刺激的。④ 然而,最重要的是,激情工作受到攻击的原因,主要在于其虚假的承诺。例如,乔纳森·马莱西克(Jonathan Malesic)描述了颇为流行的"生之意义"(ikigai)职业满足模型,该模型认为四个品质(激情、薪水、目标和技能)相互重叠之区域,就是"梦想工作"之所在。马莱西克称该模型是一个危险的谎言,他将包含激情、目标和技能但缺乏薪水的象限标记为"剥

---

① 关于与数字劳动有关的各种问题的综述,参见 Andrejevic et al., "Participations Part 2"。另见,例如:Fast, Örnebring, and Karlsson, "Metaphors of Free Labor"; Hong, "Game Modding"; Perlin, *Intern Nation*; Terranova, "Free Labor"。
② Lam, "Why 'Do What You Love' Is Pernicious Advice"; Tokumitsu, "In the Name of Love"; Griffith, "Why Are Young People Pretending to Love Work?"; Jachimowicz and McNerney, "Problem"; Newport, "Solving GenY's Passion Problem"。
③ Kantor and Streitfeld, "Inside Amazon"。
④ Newport, *So Good*。

削",指出了该区域蕴含的问题。① 他写道:"即使在经济最繁荣的时期,人们也很少能找到既喜欢又有报酬的工作。"而且在经济衰退期,高薪的理想工作只会变得更加稀缺。②

这些描述基于一个共同的假设:所有人都在不同程度上被注入了激情工作的幻想。问题是,随着从福特主义向后福特主义的转变,人们是在用自己的薪资、时间和工作保障(福特主义所假定的理想)来"交换"激情工作或自我剥削的愉悦幻想。诸如布鲁克·埃琳·达菲(Brooke Erin Duffy)提出的"愿景劳动"(aspirational labor)、凯瑟琳·库恩(Kathleen Kuehn)和托马斯·科里根(Thomas F. Corrigan)的"希望劳动"(hope labor)、吉娜·聂夫(Gina Neff)的"风险劳动"(venture labor)和亚历克斯·罗森布拉特(Alex Rosenblat)的"魅力劳动"(glamorous labor)等术语,都阐明了这种动态——情感被引导以绑架劳动力,通常是通过制造虚假希望的方式。当然,这种权衡在不同的情境下呈现出复杂和微妙的变化。对工作的热爱可能更多是一种修辞策略,而非内化的信念;同时,对自主权的渴望并不总是能够代替对公正的要求。③ 然而,

---

① Malesic, "Don't Search for 'Purpose'".
② 参见 Duffy, (*Not*) *Getting Paid*; Kuehn and Corrigan, "Hope Labor"; Neff, *Venture Labor*; Rosenblat, *Uberland*。
③ 参见,例如:Duffy, (*Not*) *Getting Paid*; Hochschild, *Managed Heart*。

尽管存在这些差异,但显而易见的是,向后福特主义的转变已经使这种权衡在文化上变得可理解并被广泛接受。蒂齐亚纳·泰拉诺瓦(Tiziana Terranova)对数字劳动的诊断具有很大影响力,她指出这种工作往往"兼具自愿付出与无偿性,既带来享受也在被剥削"——这反映了后福特主义工作的一个关键特征:它能够容忍并利用愉悦与公平工资之间的矛盾。①

尽管权衡理论具有强大的解释力,但本书认为,权衡中的透明交换掩盖了激情工作的另一层意识形态意图,即在经济困境之中,仍借助激情来规定人们如何过上幸福而美好的生活。为了揭示企业自主权的成本,权衡理论家通常把论点集中在激情的虚假诱惑上——人们在虚幻的印象驱使下追逐激情,以为这会带来幸福和更美好的生活,结果却是他们的薪水、时间和创造力被剥削。这个观点提供了清晰的分析视角,也在公共话语中引起了共鸣,这说明它精准把握了当代社会的现状——然而,这一论点受到自身假设的局限——在权衡的逻辑中,被剥削的主体是那些渴望激情并主动追求的人。激情工作实际上是为那些"受到引诱"而进入幻想的人设置的陷阱。

我认为,这种方法掩盖了激情为资本主义服务的组织逻辑。它还将激情的意义强加于特定职业群体——通常是

---

① Terranova, "Free Labor", 33.

处于中上阶层的创意、文化工作者和企业家——将其视为整体工作文化中激情的象征,因而限制了激情作为当代工作组织逻辑的广泛适用性和作用范围。本书主张,激情工作的作用范围远不止于此。它不仅是一种情感,更是一种嵌入劳动过程、影响工作治理方式的逻辑。

情感结构

我想研究激情工作,是因为在现代劳动形式的情感属性日益加强的同时,剥削属性也增强了,我对此既感兴趣又感到忧虑。然而,随着研究的深入,我注意到另一个现象:一种新的激情工作话语已经兴起,人们被要求追随自己的激情,恰恰是因为当前经济中存在的问题。事实上,显而易见的是,激情工作的动态不仅仅围绕传统的激情主体展开,即"追随自己激情的人",也不仅仅在权衡层面运作,即用"付出热爱"换取"接受剥削"。相反,激情日益被鼓励成为一种保护盾,以缓解经济不确定性和收入匮乏带来的精神消耗。这改变了激情与剥削之间的关系:如果往常人们认为剥削是激情工作的起因,那么现在人们则认为激情工作是对剥削的回应,是为那些处于"正常"经济主体体系边缘、面临脱离风险的个体提供的万能解药。

《一忍再忍》正是在这样的背景下展开研究,旨在探讨即便研究对象对激情的感知不同于以往,但激情工作仍然发挥着何种作用。我没有仅仅聚焦于"激情经济"的主体——那些带着激情劳动的人；相反，我更关注那些通常不会唤起激情投入的主体和情境——如刚刚被裁员的失业者、电话客服和不得不从事不稳定的自由职业的人们。① 在这些情境中，激情成为一种忍耐的力量，一种在持续的经济失意中拼凑出正常感的方式。这种分析方法源自并拓展了凯瑟琳·斯图尔特（Kathleen Stewart）提出的"接触区"（contact zones）概念，揭示了激情在构建我们生活世界的社会网络中如何传递与变革。② 因此，激情不应被理解为一个含义固定、自明清晰的术语。更准确地说，激情的持久实用性和相关性应当通过其流动性来理解。它能够与多种对象、情感、话语和历史相结合，展现出激情主体的想象特质。

因此，我将"激情工作"理论化为一种情感结构（affective structure），即一个有多种情感汇聚并在其中流动的定向区域，使得不同主体对激情有各异的体验和解读。这里的"汇聚"并不是文化史学者费伊·邦德·艾伯蒂（Fay Bound Alberti）所述的那种简单的情绪"混合"③。艾伯蒂用情感集群（emotional clusters）来解释情绪状态中多种多样的心理感受，例如，孤独可能包括愤怒、悲伤、嫉

---

① Davidson, *Passion Economy*.
② Stewart, *Ordinary Affects*, 5.
③ Alberti, *Biology of Loneliness*, 16.

妒和怨恨等。同理，激情也可以表现为多种情绪体验。我的研究兴趣不在于激情所能触发的各种情感，即便这些情感极其丰富；也不完全聚焦于这一术语在日常语言中的使用方式，即便这对于情感的语境化和理解其在社会文化中的作用依然十分重要。

我的研究目标更为明确：我旨在探讨激情工作的政治学，即通过分析它如何作为一套解释框架，使得人们在结构性暴力的环境中思考通过劳动实现美好生活的可能。萨拉·艾哈迈德（Sara Ahmed）写道，心理感受"不固着在主体或客体之中，而是流动过程中产生的效果"①。情绪一旦与某一事物关联起来，这种关联就会日益强化，最终被自然化为事物的本质。我进一步扩展了这一关联命题，提出情感结构也会影响在流通过程中被识别的内容。我们越频繁地接触某种情绪，就越容易在其他场合再次唤起它；情绪使用得越多，它的弹性也就越大，直到塑造了世界获得意义的方式。在这个意义上，情绪并非完全主观：正如寺田玲（Rei Terada）所说，习得的情感词汇和培养的情感倾向，会影响我们对情绪表达的认知，并使我们遭遇的情感逐渐被自然化。②激情工作的文化重要性及其意义的流动性，使它能渗透到各种不同的情境中，进而影响工作如

---

① Ahmed, *Cultural Politics*, 7.
② Terada, *Feeling in Theory*, 3.

何被转化、管理和体验。

这一视角也对本书采用的研究方法产生了深远影响。为展现激情工作的灵活性，我整合了各种材料。接下来的章节依次围绕管理意识形态（第一章）、失业问题（第二章）、游戏化应用（第三章）和共享办公（第四章）展开讨论，涉及的内容范围广泛，包括从历史管理文献到当代职业指南，从社会科学对失业的研究到关于建立人脉的建议，再到软件协议与对办公家具的描述。这种广泛的视角部分反映了激情工作在我们生活中的渗透程度，也有助于明确其内在动态的策略性意义。例如，我在第二章整合了不同学科的社会科学文本，以揭示激情工作与失业之间的复杂纠缠。《马林塔尔》（*Marienthal*）是一本对社会学有深远影响的著作，强调了就业在心理上的必要性，展示了如何通过将冷漠标签化、将失业病理化，使失业成为一种无法吸引任何有意义的人类关注的状态。这一论点被进一步引入幸福研究和最优失业保险的政策探讨中，揭示了人们为构建一个让失业成为"理性上的"痛苦的世界所付出的努力。这个例子表明，激情工作如何通过观念、规范和态度的累积，逐渐被常规化为一种情感结构。作为一种理想的衡量标准，它吸引了各方分散的努力，旨在将工作塑造成某种特定形式。

为了捕捉这些趋势，我专注于材料之间的关联，揭示出不同行为主体在提出主张时常常进行的隐秘合作。例如，在第三章分析游戏化案例时，我探讨了心流（flow）理论，这是一种关于专注与投入的心理学理论。当时，我正在批判游戏化中包含的怜悯冲动——认为游戏化的软件协议可以改善低附加值信息工作者的生活——起初我以为心流理论只是能支撑论点的一个普通的补充资料。然而，深入研究后，我被这些不同叙述中激情与怜悯的呼应震撼。心流体验（通常被描述为一种激情体验）源于那些在战争中幸存且未遭受心理创伤的囚犯的心理弹性（resilience），其理论创始人米哈里·契克森米哈赖（Mihály Csíkszentmihályi）借助这种心理投入的特质，试图缓解工厂流水线工人的单调乏味感。从信息工作者到流水线工人，他们在体验心流时的相似性展示了一个以激情为核心的工作世界。

将激情工作理解为一种情感结构，使我们能够关注它的内在逻辑如何从中心向边缘扩展。这种理解揭示了其更广泛的作用，并凸显了它在不同的世界构建项目中所促成的种种妥协，以及施加的种种隐性暴力。有些人可能会质疑如此广泛地理解激情工作是否准确，即将其视为一种文化而非单纯的情感，将其看作结构而非状态，并且将负面情绪与"追随你的热情"这类标志性、时髦的激情工作运动联系起来。我对这个术语的理解源于雷蒙德·威廉斯（Raymond Williams）的理论，他认为文化既不是孤立的，也不是静止的。他指出，情感可以以"情感结构"的形式存在，即一种由冲动、压制和情绪基调组成的模式，这种模式虽有一定的整体组织性，但会因人们的具体生活境遇而有所变化。① 类似地，本书使用"情感结构"这一术语，意在揭示激情如何促成不同形式的认同。它凸显了话语、制度安排和预期结果的多样性，同时坚持认为某种核心主题和逻辑决定了人们应如何与劳动建立关联。

与此同时，情感结构不仅仅被用来描述经验的连续性。它所提供的认知模式本身具有政治性，是一种理解心理感受之异同的方式，也是一种工具，用以设定条件，明确那些在普通工作中不被重视的劳动者应如何得到同情和援助，从而摆脱困境。认识到激情可以通过多种方式表达，不仅激发了变革的呼声，也使得工人的现有社会地位得以维持。这种方式让激情在一定程度上以妥协的形式呈现——即便是那些被边缘化的人群也能体验到作为一个被重视的、富有激情的工作者可能会有的感受——同时绕开了真正创造更公平生活条件时所面临的复杂政治问题。

将激情工作描述为一种复原和忍耐的过程，表面上看似矛盾。毕竟，激情工作的伦理常常被批评为助长了"糟糕工作"的特征，无论是在工资、工作保障，还是过度劳动的伦理方面。那么，激情为何还能继续被视为一种解决

---

① Williams, *Politics and Letters*, 159。关于该概念的进一步阐述，参见 Williams, *Marxism and Literature*。

方案呢？我认为，其中一个原因在于，随着激情逐渐成为一种常态化的后福特主义情感，它也在悄然改变人们对美好生活的理解，以及对生活中优先事项的认知。在这一转变过程中，激情逐渐被呈现为一种情感，它能让人们更接近晚期资本主义中理想化的自我形象：一个能应对经济失望、承受不稳定秩序、具有心理弹性的主体。劳伦·贝兰特（Lauren Berlant）写道，大萧条标志着一个经济与情感的转折，其中"美好生活的承诺已无法掩盖我们这一历史现状的不稳定性"[①]。美好生活的理念已变得支离破碎，那些关于稳步发展的幻想——如通过努力工作获得住房、为家庭创造逐渐稳定的未来，以及提升职业地位——如今变得脆弱易损。在这种特定环境下，激情工作的情感结构被赋予了一种修复和安抚的功能。即使面对着失业、阶级焦虑和不稳定的后萧条现实，激情工作仍坚持认为，工作可以通向某种形式的美好生活。

我将围绕激情工作所聚集的承诺描述为一种妥协，意味着这些承诺比传统意义上的美好生活更微小也更虚幻。这些新的美好生活象征所承诺的内容大大减少，正因如此，它们显得更为适合、易于实现，即使最终无法达成，带来的失望也较为轻微。在一个预期有损伤的环境中，妥协的承诺反而更具情感吸引力，因为它们允许人们在不同

---

① Berlant, *Cruel Optimism*, 196.

的希望投入之间灵活转移与调整。贝兰特指出,在一个破碎的环境中,"人们希望的是,那些未达标或令人失望的事物不会严重威胁生活的持续运行,而是促成……一种带有妥协的忍耐能力"①。这种对未来的适应体现为损害控制:即使无法实现理想目标,也仍能维持某种程度的生存。

这种应对方式在日常生活中产生了实际影响。它缓解了困境,产生了我们日常所称的心理弹性。这种缓解不可小视。面对生活压力,安慰可能成为维系世界的关键要素。然而,深入分析安慰的具体形式同样重要,因为安慰不仅仅是将受损和不稳定的工作未来正常化,它甚至可能强化工作作为常规的标准,并使工作本身成为获得安慰的来源。在激情工作的极端形式下,人们可能会被引导投入更多精力到工作中,以期从工作本身的脆弱性中寻求安慰。我们需要更深入地审视和反思这种扭曲的逻辑。艾哈迈德指出,康复可能意味着我们意识到了结构性伤害;康复也许是一种重新掩盖的过程,以避免真正去面对那些亟须抵抗与拒绝的事物。② 激情工作并不只是掩饰困难,而是在我们面对严苛的劳动条件时重新塑造体验,将失望引导为心理弹性,削弱其带来根本性变革的潜力。但对于一个一方面维持着工人主义社会的规范,另一方面又提供了

---

① Berlant, *Cruel Optimism*, 48.
② Ahmed, *Promise of Happiness*.

最低限度生存保障的体系,我们应当如何评价呢?本书通过分析这种现象,试图阐明妥协背后的政治含义。

充满能量的依附

为了进一步讨论激情,我们首先需要探究该术语的特定含义。为什么要特别关注激情,而不是幸福或投入等其他感受呢?一方面,激情在日常语言中涵盖了许多其他术语的含义,如幸福、投入、爱、喜悦、目标感和使命感,这些都传递出一种乐观的看法:工作可以成为满足感的一种来源。与此同时,激情还特别指向一种充满活力的表达方式。在《冷亲密》(Cold Intimacies)中,伊娃·易洛思(Eva Illouz)将情绪描述为"行动中充满能量的一面,其能量同时涉及认知、情感、评价、动机和身体"①。易洛思认为,所有情绪都充满活力,即使不能直接提供能量,也通过为行动赋予"情绪基调"而影响我们的行为。

然而,尽管各种情绪都会影响行动,激情仍是其中最具活力的一种情感形式。激情在《牛津英语词典》中的定义是,"对某物的强烈欲望或热情;对某一目标的热忱追

---

① Illouz, Cold Intimacies, 2。神经科学家安东尼奥·达马西奥(Antonio Damasio)的研究也深入剖析了情绪与行动之间的联系。达马西奥认为,情绪对行为的产生至关重要——缺乏感受能力甚至可能会妨碍最简单的行动。参见 Damasio, Descartes' Error。

求"。激情是强烈和热忱的：如果它要为一项行动增添色彩，必定是以充满活力、力量和持久性的方式进行。在我们的想象中，一个满怀激情的人语速很快，打着兴奋的手势。激情充满活力，正如雷诺德·劳里（Reynold Lawrie）指出的，它只能通过纯粹的能量表现出来。它表达了"强度""火焰"和"紧迫感"这些状态，促使人们采取行动和施加力量："对某事充满激情却不以某种方式去追求它，是难以想象的。"①

将激情视为一种充满活力的形式，这种情感与对人类活力更为长久的文化想象相关。安森·拉宾巴赫（Anson Rabinbach）指出，历史上，马达和机器常被用作人类劳动能力的隐喻，因为它们为劳动能力的扩展提供了一种语言表达方式。② 18世纪，自动机被视为理想的劳动载体，因为它们被认为是永动机，能无限制地工作，持续运转，且不会抱怨疲劳、不满或厌倦。显然，这一目标从未实现。但对无穷无尽劳动力的渴望一直延续到19世纪和20世纪，人们开始研究人体能量转换的效率。例如，人体工程学和"时间—动作"研究都提出了类似的社会进步主张：通过激发工人的动力、减少疲劳，并找出能最大限度减少浪费的精准动作，以此优化能量的生产和消耗，帮助工人发挥

---

① Lawrie, "Passion", 114.
② Rabinbach, *Eclipse*.

潜力,并在这一过程中推动社会的进步。①

这段历史反映了人类对活力的长期关注以及对挖掘其潜力的渴望。激情在这种背景下展现出其作用,即在人精力衰退的情况下延续并增强其活力。就像永动机这种激发人类劳动活力的理想模型一样,激情在激发内在韧性时似乎无懈可击。在第二章中,我详细探讨了激情如何不断被视为一种能在逆境中激发行动的力量。激情所蕴含的那种执着被设想为可以延展人类追求目标的能力,提供一种超越合理界限的驱动力模型,从而极致地呈现人类的坚韧和毅力。在这里,激情与"自我的良好管理"理念紧密相连。做得更多、承受更多、取得更多成就的承诺,与西方个人主义中那种强壮、能干、独立的男性形象密不可分。从这个角度看,激情工作或许更适合被理解为对"激情"一词所隐含的充沛精力的渴望,而不仅仅是一种对工作的态度。我们所热衷的对象是那些我们不懈追求的事物,激情是一种事物间的力量关系,它往往推动行动且通常不受任何约束。这种力量关系至关重要,因为无论激情投注的对象是什么,它都能唤起能量,促使精疲力尽的人继续前行。

这或许意味着,激情的情感与其对象之间几乎没有区别:前者指的是充满激情的个体,而后者则是触发激情的

---

① 一种对泰勒主义较为同情的观点,参见 Schachter, *Frederick Taylor*。近期,梅丽莎·格雷格(Melissa Gregg)关于国内生产效率的研究也凸显了人们对效率的期望,参见 Gregg, *Counterproductive*。

事物。20世纪中叶，心理学家如亚伯拉罕·马斯洛（Abraham Maslow）和马克·莱珀（Mark Lepper）提出了强调人类内在驱动力的人格理论。① 马斯洛的自我实现概念、莱珀的内在动机与外在动机理论指向一个共同的核心，即人类具有潜在的激情天性。人类生而渴望，当这些欲望得到合理调节时，便会以促进学习、幸福感和自我决定的健康方式得到表达。② 正如马斯洛著名的论断，一个人只有从事真正适合他的事情时，自我实现才能发生。③ 在马斯洛看来，那些未能实现这一原则、从事"愚蠢工作并过着愚蠢生活"的人，最终将因身体病痛和内心不满而退化。④ 充满激情的人格会使激情本身变好，因为即使激情的对象是错误的，也不会使激情本身变得不好——它只是揭示了激情的方向不正确，而修正的办法是将激情转向更好的事物。激情一词体现了欲望的递归结构：我们对激情本身充满渴望，期待欲望的对象能带来活力，并相信这能带来终极的满足与幸福。

---

① 参见 Halpern, *Beautiful Data*; Turner, *Democratic Surround*。
② 本书将在第一章中对马斯洛的理论进行详述。马克·莱珀对内在动机和外在动机（intrinsic and extrinsic motivations）的概念性区分，强调了个性的文化价值，并在美国的个人主义理念中找到了共鸣——这种二元区分一方面强调依赖与顺应，另一方面则突出独立与个人主义。在探讨心理动机的历史时，莱珀指出，具有外在动机的人往往被视为"外部环境力量的棋子"，而具有内在动机的人则被看作"自己有目的行为的发起者"。参见 Lepper et al., "Instrinsic and Extrinsic Motivation", 25; Maslow, *Motivation and Personality*。
③ Maslow, *Motivation and Personality*, 46.
④ Maslow, *Motivation and Personality*, 49.

激情引发了对欲望与活力的探讨,但在研究它时,我们不仅要关注人们所追求的对象,还要追问激情的来源,谁在为它代言,以及它取代了哪些情感依附。激情一词的历史揭示了这些问题的重要性——它的拉丁词根 passio 曾有过完全相反的含义。在人类历史的大部分时间里,passio(指"受难"或"被动的激情")通常被描述为一种被动的苦难,即一种强加于身体的外部力量,使人不由自主地做出行为,需要与之抗争。① 例如,苏珊·詹姆斯(Susan James)指出,亚里士多德认为激情是被动的,因为它们是"我们被外界事物激发出来的反应,是我们不得不承受的状态,我们无法凭借自身力量来体验激情,而必须等待外界环境激发它们"②。当我们受到侮辱时,即使内心不想如此,也会感到愤怒。愤怒会表现出明显的生理反应,如脸红和呼吸急促。即使我们使用平复情绪的技巧,依然无法阻挡愤怒带来的强烈影响。亚里士多德认为,激情是一种疾病般的情感,妨碍人们按照主观意愿行事。

然而,从 17 世纪开始,passio 一词的含义改变了,逐渐被用来表达一个人真实的内在动机。正如阿梅莉·奥克森伯格·罗蒂(Amélie Oksenberg Rorty)所写:"情感不再是对外部侵扰的被动反应,而是成为心灵的活动、自身的

---

① 参见 Dixon, *From Passions to Emotions*; Susan James, *Passion and Action*。
② Susan James, *Passion and Action*, 42.

运动。因此，情感被转化为适当的动机，与欲望一起构成了行动的起点。"①这一转变与激情逐渐从通俗用语中消失基本同步，取而代之的是更世俗的情绪（emotion）概念，来描述西方现代主体的新特征：一个自我封闭、内化且拥有自主意志的主体。② emotion 一词源自拉丁语 emovere，意为"移动"，这一词源准确揭示了内化主体的新身份：情绪被视为从内心发出，再通过表达或行动向外展现。③

现代对激情的定义可以追溯到这种新的情感格局。到了 18 世纪末，激情的含义受到了浪漫主义伦理的影响，这是一种后加尔文主义神学，它将情感视为道德意志的驱动力。④ 浪漫主义的世界观认为，丰富的情感体验蕴含着精神价值。内在情感不仅是带领我们欣赏神圣之美的向导，也是通向超越存在的直觉暗示。这种观点甚至颠覆了 passio 一词曾经蕴含的假设，即情感从属于理性。詹姆斯·埃弗里尔（James Averill）写道，浪漫主义者认为激情

---

① Rorty, "From Passions to Emotions", 159。正如帕日·杜布瓦（Page du Bois）指出的，当基督教信仰传入后，激情一词被添加了肉体痛苦和折磨的含义。随着时间的推移，这一含义发生了转变，激情逐渐变得与欲望类似。"也就是说，其含义已从一种被动体验——在忍耐中感到痛苦，或作为行动的对象时承受痛苦——转变为肉体上的痛苦，最终变成了与悲痛或被动相反的概念，即主动的欲望。"（Bois, "Passion for the Dead", 270）

② Dixon, *From Passions to Emotions*.

③ Averill, "Inner Feelings"。寺田玲对感觉与表达之间关系的讨论非常精彩："通过对表达方式的讨论，我们能理解情感品质的原初实质，其中主体与客体的界限还未明晰。实际上，表达揭示了情感品质作为一个整体、未分化的状态。表达存在于身体与灵魂、外部与内部分离之前。"（Terada, *Feeling in Theory*, 13）

④ C. Campbell, *Romantic Ethic*.

需要保护，不受理性的干扰，以防理性玷污激情所唤起的纯粹超凡的创造力。① 因此，随着浪漫主义的兴起，激情获得了其完整的现代意义。激情的内化特质——强烈的驱动力和欲望——不再受到压制。相反，人们应当以激情为行动的典范，激发善意的行为，并朝着自己命中注定的模样发展。②

从外加的痛苦到内生的真实，激情的历史经历了翻天覆地的变化。这是一个自然化的过程，使得欲望被社会视为一种正常现象，而从批判性探讨中消失。艾哈迈德提醒我们，我们与事物的情感接触"受到过去接触历史的影响，而这些历史在当下无法直接获取"③。我们在某个时刻的情感体验，其实是历史上多次情感接触累积的结果。激情进一步扩展了这一命题，因为它不仅构建了我们解释这些历史接触的框架，甚至在批判性分析的语境中，它依然影响着解释的方式。特蕾莎·布伦南（Teresa Brennan）指出，从 passio 到 passion 的转变，催生了"自我封闭的个体"——这个主体被引导去相信自己的欲望，认为这些欲望源自"他基因中所承载的历史"，而非外部力量。④ 因

---

① Averill, "Inner Feelings", 112.
② 安吉拉·默克罗比（Angela McRobbie）也借助浪漫主义伦理来描述创意工作者充满激情的工作理念。她解释说，浪漫主义的生产模式使创造力和愉悦感成为理想化劳动表达的标准。内心的梦想和幻想被认为是"独特与创造力天赋"的源泉 (McRobbie, *Be Creative*, 107)。另见 Streeter, "Steve Jobs"。
③ Ahmed, *Cultural Politics*, 7.
④ Brennan, *Transmission of Affect*, 77.

此，用来解释我们情感的结构性方式逐渐被自传式的解释取代。

诸如"找到你的激情"这样的号召，正体现了这种自我封闭的内在性幻想。例如，那些反思自身经历的人可能会将"喜欢写小说"描述为自己独特的属性。他们可能会回忆起自己第一次写故事时欣喜若狂的感觉，或者因努力而得到表扬时的自豪感，以及从中获得的肯定。这个问题于是成为反思自身经历的源头，一个通过情感知识的获取与验证来确立基因身份认同的时刻。

然而，这类叙述往往会舍弃背后更为复杂的斗争历史——正是这些斗争奠定了"将精力投入视为常识"的基础。对人类能力和精力的有效运用曾被视为"善"，而随着时间的推移，这一观念赖以成立的政治历史逐渐被抹去。欲望的可变性在讨论激情时尤为重要。激情工作的历史带有一种转移的特征，即常常将一个群体的欲望投射到另一个群体之上，同时，随着激情被视作个人的欲望，这种关系逐渐被压抑和隐藏。激情的这种"自然化"过程决定了我们如何理解欲望：它被视为一种天然的需求，促使我们既不加批判地接受激情，也愿意将其作为动力和行动的源泉。要深入解析激情，我们必须质疑这种对激情的内化：谁有权定义人们应该对什么充满激情？当这段历史被抹去时，又会带来怎样的影响？从这个角度我们可以进一步问：为什么有些对象能轻易激发激情，而另一些对象却几乎无法引起任何兴趣？最后，鉴于激情与工作之间的紧密联系，哪些途径可以帮助我们重新思考激情应如何发展？这些问题构成了本书探讨的核心。

在失望的时刻挣扎

2015年，我刚开始写这本书时，曾感受到一种文化矛盾：一方面，激情在社会中广泛传播；另一方面，人们对经济不平等和艰难处境的曝光所表达的愤怒也在加剧。一年后发布的皮尤研究报告指出，自大萧条以来，人们对"美国梦"的信仰发生了显著变化："2009年，近四成美国人认为，一个人从贫困开始，经过努力工作，可以变得富有，这种情况很常见。时隔五年，这一比例下降到了23％。"① 考虑到当时围绕财富不平等的激烈讨论以及许多人面临的经济困境，这一变化并不令人意外。然而，激情工作依然在公共领域占据着重要的文化话语地位。在我开始研究的四年后，这一趋势在疫情期间再次浮现。与经济衰退类似，疫情为人们提供了一个转向激情的空间。由于失业率激增，生计受到威胁，我们被建议以"成长心态"对待隔离，去发掘自己的激情，以便在封锁结束后有明确的职业发展方向。同时，随着失业的持续，越来越多人被

---

① Currier and Elmi, "State of the Union".

鼓励加入"激情产业",从自己的兴趣出发,创办小型数字业务。甚至连儿童也未能幸免,他们被教导要找到自己的激情,带着更强的韧性成长,以便能在日益严峻的世界更好地生存。①

这些叙述的不断重复凸显了激情在失望时刻的文化重要性。在大萧条的阴影下写作的意大利哲学家弗朗科·贝拉尔迪(Franco Berardi)在《工作的灵魂》(*The Soul at Work*)一书中分析道,全球经济的"崩溃"刺破了"工作泡沫"——突如其来的大规模失业无情地揭示出,过度劳动的伦理导致了"对关键社会功能的放弃,以及语言、情感、教育、疗愈和自我关怀的商品化"②。他推测,普遍的失望情绪将促使人们寻找其他出路,即通过"超经济的生存网络"来重新夺回生活的自由与喜悦。他写道:"在未来的日子里,政治和心理治疗将合二为一。人们会感到绝望、抑郁和恐慌……我们的文化任务是关怀这些人,照顾他们的创伤,指引他们走向幸福适应的道路。"③

危机如果能引导出新的颠覆性想象,就不一定是负面的。贝拉尔迪的宣言与其他自治马克思主义理论家一脉相承,呼吁从社会再生产的角度推动革命。他认为,再生产

---

① 关于新型冠状病毒和激情的文章很多。参见,例如:Levoy, "Coronavirus as a Calling"; Maughan, "Using Behavioral Science"; Regester, "Passion Industry"。
② Berardi, *Soul at Work*, 213.
③ Berardi, *Soul at Work*, 220.

过程能孕育出替代的主体性和生活组织形式,从而对抗工人主义的主流规范。这正是保罗·维尔诺(Paolo Virno)所称的"中立核心"——一种潜藏在失望之中的政治潜力。① 彼得·弗莱明(Peter Fleming)指出,这样的努力至关重要,因为劳动意识形态的最阴险之处并不在于"爱之论"——即企业关心员工的虚伪说辞——因为大多数人早已看穿这种谎言。② 真正的问题在于,即便人们意识到了这种虚伪,也无法想象其他替代方案,觉知本身并未引发任何实际的纠正行动。这个论点与埃里克·卡斯汀(Eric Cazdyn)、詹明信(Fredric Jameson)和马克·费舍(Mark Fisher)等学者的观点相呼应:晚期资本主义的持续并非源于人们对其弊端的无知,而是因为替代性方案已经变得难以构想。费舍对"资本主义现实主义"(capitalist realism)的描述指出,资本主义通过预先塑造人类的欲望,使自身成为人们所能想象的唯一可行的经济和政治系统。③ 因此,当我们意识到问题却找不到解决之道时,便甘愿遗忘资本主义可能带来的伤害。④ 因此,干预的关键在于构建一种实质性的替代方案,抵抗传统美好生活的残酷乐观主义。

---

① Virno, "Ambivalence of Disenchantment", 12.
② Fleming, *Mythology of Work*.
③ M. Fisher, *Capitalism Realism*.
④ Cazdyn, *Already Dead*.

然而，恢复和重建某种状态或秩序的过程，并不一定总是对立或独立于资本主义体系。社会再生产是一个开放的斗争领域，允许不同形式的干预。不同的干预方式各自提出其合理性，阐述在现存的不稳定秩序下，生活应该如何被组织、投入或撤出。自20世纪晚期以来，自治主义和女权主义理论家如迈克尔·哈特（Michael Hardt）、安东尼奥·奈格里（Antonio Negri）、莫雷齐奥·拉扎拉托（Maurizio Lazzarato）、克里斯缇娜·莫瑞妮（Cristina Morini）和保罗·维尔诺等人，都将社会再生产描述为后福特主义价值创造链中的重要环节。现代信息产业对智力、创造力和情感特质的依赖，使得工人的主体性、社会合作与关系变得更关键。这些能力并不能简单地通过延长工作时间来获取——它们必须与各种可以增强劳动能力的服务和环境相结合。因此，像冥想、心理疗法和瑜伽这样的恢复性实践，已成为提升创造性劳动者精神能力的流行方法之一。[1] 同样，代孕服务、公司提供的冻卵福利以及商业化的托儿设施等，展示了商业化生命服务如何利用生殖科学和全球护理链，将生育选择与劳动时间的节奏进行匹配，试图在工人最具创造性和生产力的阶段榨取最大价值。[2]

---

[1] Sharma, *In the Meantime*.
[2] N. Fraser, "Contradictions".

然而,尽管这些论述常常关注社会再生产如何提升生产效果,但我们应当认识到,社会再生产在筛选、分担甚至隐藏生产成本方面所起的重要作用。正如西尔维娅·费代里奇(Silvia Federici)在意大利的工人运动中所认识到的,"社会工厂"(social factory)——由马里奥·特隆蒂(Mario Tronti)提出的充满挑衅意味的术语——描述的不仅仅是资本主义关系进入社会生活的原始领域。社会生活的私人领域——如"厨房、卧室、家"——早已成为资本主义关系的一部分,用以生产和维持商品化的劳动力。① 所谓的"社会工厂"现象,更多地是指这一关系的强化,而不是新事物的出现。正是对这种历史关系的有意遮蔽,才让商品化劳动力的男性化领域被误认为是自我维持的,而非依赖女性化的抚养、照料和家务劳动。②

南希·弗雷泽(Nancy Fraser)指出,社会再生产是"资本主义社会经济生产得以实现的不可或缺的背景条件"③,这提醒我们要关注其隐形化带来的问题。正如众多女权主义者所强调的,将社会再生产排除在经济账本之外,实际上为资本主义经济的发展提供了巨大的便利与让

---

① Federici, *Revolution at Point Zero*, 7.
② 这种简短的描述无法充分反映社会再生产研究的深度和广度。相关概述参见 Bakker and Gill, "Ontology, Method, and Hypotheses"; Delphy, *Close to Home*; Laslett and Brenner, "Gender and Social Reproduction"; Vogel, *Marxism and the Oppression of Women*。关于该概念的最新应用,参见 Oksala, "Affective Labor and Feminist Politics"。
③ N. Fraser, "Contradictions", 102.

步。它将劳动力的再生产加以物化,仿佛这是工人依靠"天然"的自我维系能力所自动完成的,并且将生产领域呈现为一个自足的独立空间,仿佛不依赖无偿的女性化劳动。这种观点不仅掩盖了社会再生产中的劳动,还使得常规生产过程看似不会对其所依赖的人体与社会系统带来任何伤害。如此一来,生产便被幻想为一个可以无限持续且不造成任何损害的过程。①

因此,使家庭和再生产劳动的资本主义关系得以显现,并将其作为优先议题来斗争,已具备了特殊的政治效力。② 再生产的政治化与更宏大的目标密切相关:如果再生产是劳动力的起点,那么它的政治化应当破坏劳动链条的稳定,并在整个劳动体系中引发震荡,带来新的抵抗可能性。例如,要求为家务劳动支付工资,不仅仅是为了应

---

① 例如,费代里奇倡导的"家务劳动有偿化"(Wages for Housework)运动,是为了揭示无报酬的社会再生产劳动为资本主义发展提供的隐藏补贴。费代里奇写道:"我们认识到,资本主义依靠无偿的再生产劳动来控制劳动力成本。而我们相信,一场能成功减少这种无偿劳动来源的运动,将打断资本积累的过程,并在多数女性共有的领域与资本及国家对抗。"(Federici, *Revolution at Point Zero*, 8-9)社会再生产被视为一个蕴含巨大革命潜力的重要领域,因为对该领域的任何干预都将在整个生产链中产生深远影响。在《有限媒介》(*Finite Media*)一书中,肖恩·库比特(Sean Cubitt)将这一讨论扩展至生态系统,他指出,在资本主义体制下,公共资源已成为经济外部化成本的最终承受者。所谓"公共"事物,即意味着不需要承担经济成本,被排除在经济过程之外,可以被轻易忽略,或被无休止地开发利用,如海洋充斥着垃圾、空气中弥漫着有毒烟雾。同样,社会再生产不仅仅是释放生产潜力的场域,更是一种掩盖生产让步的机制。在这里,损害、剥削和暴力行为得以被抹除,被巧妙地忘却,从而被外部化,并被排除在利润与损失的功利计算之外。

② Vogel, *Marxism and the Oppression of Women*.

对经济关系中的性别歧视,更是为了从根本上挑战资本主义社会关系的基础。费代里奇写道:"资本主义依赖无偿的再生产劳动以压低劳动成本……一场成功的运动若能切断这种无偿劳动的来源,将会打破资本积累的进程。"① 通过聚焦社会再生产,我们可以突出那些通常被视为生产"外部性"的要素,揭示被忽视或轻视的生产成本。

社会再生产的政治意义,解释了为什么我们需要重新审视对激情工作的传统看法。尽管劳动力商品化常被用作批判激情工作的依据,但我认为激情与社会再生产之间的关系更为令人不安,因为这种关系可能会侵占失望所带来的未来转机。激情工作已成为恢复的关键场域,被用作一种预防方法,去延展个体在消耗中的承受能力。② 无论是通过职业建议、游戏化,还是共享办公,激情的概念已被用于为经济衰退和失望做好准备,为工人提供缓冲,激励他们重新振作,并重新投入通过工作来实现的、已经妥协的关于美好生活的幻想之中。

屏蔽损害的行为并不意味着损害的消除。本书的部分目的在于揭示激情工作所支持的妥协生活形式,以及在工作中恢复乐观态度所带来的风险。我们可以看到,激情的

---

① Federici, *Revolution at Point Zero*, 8 - 9.
② 在考虑这个问题时,我深受关于心理弹性的学术研究的影响,特别是其对伤害与复原的关注。参见 Cazdyn, *Already Dead*; Evans and Reid, *Resilient Life*; Robin James, *Resilience and Melancholy*。

暴力常常表现为一种尴尬的亢奋状态，短暂的激情是冒着被羞辱的风险才表达出来的；或是在麻木的状态下，激情驱动的行动得以持续，而个人未能意识到其中的乏味和疲惫。然而，最显而易见的是，在维持完好无损、冷静自若的表象的同时，背后往往隐藏着脆弱。在支持资源日益匮乏的世界，人们为了展现心理弹性所付出的努力也意味着断裂更容易毫无预警地出现。

在本质上，这说明激情工作反映了资本主义在特定历史阶段的运作方式。对此的分析揭示了资本主义如何在工资停滞、经济不稳定和不平等加剧的漫长转型期逐步实现自我修复，并通过这一过程缓解经济失望可能引发的革命情绪。矛盾之处在于，这一话语所针对的群体正被迫展现出忍耐的精神，他们亟须找到一条不同的出路。但显而易见的是，这里所倡导的忍耐并未带来实质性改变，无法挑战工作的必要性。通过将精力重新引导至对工作的依附，其他潜在的愿景和替代性的想象空间被压制了。

将激情工作与美好生活联系起来，是我开启关于政治僵局讨论的一种方式：对工作的依附既是生存的必要条件，也是实现繁荣的难题。我们需要关注这一过程的动态，去理解它如何渗入社会的各个方面。一个看似显而易见的解决方案是，我们的依附关系需要改变——如果我们能调整依附的范围，转向追求所期望的结构性变革，那么激情工作的问题便迎刃而解。这个提议很有吸引力，但我犹豫是否采纳它。确实，正如劳伦斯·格罗斯伯格（Lawrence Grossberg）所说的，不同的"意义地图"能拓宽我们的情感视野，但同样真实的是，激情工作不仅促成了对工作的依附，还重新校准了我们的生活条件，使得某些类型的生活难以为继，某些依附也无法实现。① 因此，寻找新的依附关系不能在原有的环境中完成。这不仅仅如主流激情意识形态所倡导的那样，从一种依附转向另一种依附。要实现某些依附，必然要进行斗争：必须挑战那些决定某种生活方式和可能性能否维持的条件。此外，思考工作如何影响了我们对"激情"的理解也十分重要。为了创造一个更有利于关怀的世界，我们或许需要重新定义激情。本书正是基于这一愿景展开，相信通过对激情工作的探讨，可以重新塑造我们对当今工作文化问题的认知。

---

① 格罗斯伯格提出的"关切地图"（mattering maps）概念，对我的写作过程留下了深刻的影响。他提道："这些'关切地图'就像投资组合一样，不仅投资项目多种多样、变化不定，投资的强度或深度也各不相同。这些地图不仅标注了不同领域（如实践、愉悦、意义、幻想、欲望、关系等），还描绘了这些投资所承载的不同目标。关切地图勾勒出了能量的不同形态、数量和场所，它指导人们如何使用及产生能量，如何在各种情绪与激情中找到自己的道路，以及如何在情感和意识形态的历史脉络中生活（Grossberg, We Gotta Get Out, 82）。这里的制图意象对我而言既有用，也有局限性。一方面，它展示了投资的可变性；但另一方面，它并没有充分展现情感投资的模糊特性。它将投资界定得过于清晰，似乎我们清楚自己的投资目标，就好像情感联系具有约束力一样。我希望能打破这些框架，以便我们在处理各种投资时能拥有释放压力的空间。

章节安排

本书共四章。第一章"从幸福到激情"设定了讨论的背景,通过去自然化将激情还原为普通的欲望,并提出问题:究竟是谁在为这种欲望代言?如果人们渴望的确实是激情,那么这种欲望是如何在历史上被持续构建,并且在生物层面被视为自然的呢?这一叙述围绕 20 世纪所推崇的理想情感状态从"幸福"向"激情"转变而展开。我从 20 世纪 20 年代谈起,探索了工作中的"幸福"如何在人际关系领域构成对美好生活的承诺。人际关系领域的所有管理人员——工头、经理和主管——都致力于向一线工人推广"幸福"的议程,因为工人被认为无法识别自己持续不满的根本原因。然而,这种论调在 20 世纪中叶引发了强烈的反对。因为担忧美国工人的过度顺应,人际关系运动谴责了曾被高度推崇的"幸福"理念,认为这一理念具有操纵性且不利于个性的发展。

随之而来的对自我实现和独特个性的重视,为 20 世纪晚期的"激情工作者"理想奠定了基础。这一时期出现的"激情"观念在某种程度上延续了管理理论家的论点:在合适的条件下,工人会自愿投入工作。然而,通过将这种激情自然化为普通欲望,学者、管理专家以及流行作家共同抹去了曾经与激情相关的冲突性历史,将对激情的渴望呈现为工人自发提出的、具有历史一致性的需求。从管理者试图向工人强加的某种情感，到工人似乎自发提出的诉求，从"幸福"到"激情"的叙事转型，揭示了20世纪最成功的企业意识形态项目之一。

第二章至第四章转向对当代的探讨。第二章"失业、无损和心理弹性"聚焦于现今常见的连续性失业现象，即失业逐渐常态化、社会福利逐步退缩的现状。该章前半部分论述的核心是"冷漠"，冷漠通常被理解为失去工作后出现的一种动机结构受损的情感反应。然而，通过对《马林塔尔》——一本对失业问题有深远影响的社会科学著作——的细致解读，我对这种观点提出了质疑。有趣的是，在《马林塔尔》中，冷漠并不是用来表达抑郁或无精打采的情绪，而更多地用来凸显人们对物质匮乏的适应。书中描述的一些失业者，他们找到了满足感和乐观情绪，这使他们失去了再就业的动力。这种发展威胁到了资本主义通过欲望和生存来控制工人的能力，在接下来的几十年里体现在失业政策上，尤其是通过政策制定来让失业变得更加痛苦，从而使再就业的驱动力得以合理化和强制化。

具有讽刺意味的是，失业越是痛苦，失业者就越需要表现出更多的激情。在这一章的第二部分，我探讨了如何将激情转化为一种心理弹性模式，这种模式帮助那些长期失业者在残酷的市场环境中通过展示自己未受损的形象坚持下去。在这里，激情被视为激发人类坚韧和积极品质的动力，赋予人们承受伤害却不露痕迹的能力。通过阅读多种职业指导手册，我揭示了这种对心理弹性的要求如何将其负担扩散至各个领域——从过度热情的社交技巧到自我保护性的握拳动作和冥想，甚至渗入社会关系领域，强迫家人和朋友也参与其中。

第三章"富有怜悯心的想象"围绕心理弹性展开，重点关注另一个工人群体：那些希望拥有工作激情却因工作条件恶劣而无法实现的人们。我通过讨论游戏化运动来探讨这一问题。该运动社群出于人道主义的想象，试图为运用熟悉的游戏元素来转变枯燥、麻木的工作体验提供正当理由。在这里，游戏化被设想为一种可以嵌入软件的游戏技巧，目的是让那些不被重视的信息工作者重新回到充满激情的工作状态，并从中看到精英主义式的职业晋升可能性。当然，这样的观点很容易被视为企业的诡计。然而，通过两个案例研究，我主张游戏化实际上反映了一种更为复杂且令人不安的政治，尤其是在大数据和监控行业行为调控已成为常态的背景下。

这个论点以契克森米哈赖的"心流理论"为起点，这是一个在游戏设计和积极心理学领域广泛应用的专注理论。乍一看，这一理论似乎仅是工业心理学的传统应用。契克森米哈赖在20世纪70年代早期的研究中，提出了一个看似简单的观点，即那些从事单调工作的工人可以通过将工作游戏化来产生兴奋感。然而，这一观点背后隐藏着更复杂的政治内涵。根据契克森米哈赖的说法，心流理论的模型源自战争幸存者的心理弹性，这些幸存者通过"玩耍"与创伤情境脱离，从而避免了心理创伤。理解这一点使我们能深入认识心流的作用——这种参与感既可以从"增益"的意义上来理解，也可以从"抽离"的意义上来解释。它不仅能带来创造性的愉悦，还能提供一种暂停状态，使人在采取行动的同时免受厌倦、疲劳和恐惧等负面情绪的干扰。"开放徽章"（Open Badges）是这一章中的第二个案例——通过构建一种完善的环境形态，将从希望到暂停的过程具体化，旨在优化人力资本的发展。在这个系统中，每项任务，无论多么平凡，都有可能带来积分和徽章，这些符号既是个人能力的标识，也可以作为晋升的"货币"。因此，工人通过将自己交给游戏化程序的算法流程，在积分和徽章带来的多巴胺刺激下，获得人力资本积累和职业发展承诺。

如果第二章和第三章的重点在于重拾工人被剥夺或丧失的激情，那么第四章"城市保护区"则转向了保护工人被假定拥有的激情。这一章的核心人物是那些孤独的中产阶级自由职业者，他们被迫进入不稳定的经济体系，处于被边缘化的状态，缺乏足够的社会资本来维持自信。孤独成了一种难以界定的体验，反映了中产阶级的忧郁情绪，这种被抛弃的状态威胁着个体以充满激情的方式与世界互动的能力——即那些体现出大胆、自发性和创造力的生活特质。

共享办公试图满足中产阶级自由职业者的需求,帮助他们消除因失去传统工作和工作场所的安全感所带来的被抛弃感和风险。通过分析共享办公中的各种元素和话语——从人们对在咖啡馆找不到座位的焦虑,到办公空间的设计美学,再到"工作冲刺"和"搞砸之夜"等活动——我展示了共享办公如何试图打造一个与资本主义节奏相契合的空间。在这个空间里,自由职业者感到"正确",并在情感上与他们对工作的预期保持一致。这种协调通过使工作成为一个紧密相关的核心关注点来实现。例如,通过营造一种氛围,让自由职业者能自由地培养他们的激情,同时保护他们免受自由职业不稳定感和被抛弃感的侵袭。通过这种方式,自由职业者能毫无阻碍地持续投入工作,甚至由于员工在不依赖公司的情况下分享经验、建立社区,这种投入变得更加真实和深入。

在结论部分,我整合了前几章提出的各种线索,提供了一种全新的理解激情的方式。在流行的观点中,激情是最后的手段,它被视为在危机中即兴应对不确定局面的工具,但这并不意味着我们只能以这种方式来理解激情。我探讨了激情在历史上的多种含义,尝试从被动式激情的角度重新理解激情。如果传统上认为激情与力量、强烈的能量以及内在的真实性相关,那么转向"受难的激情"则提供了另一种视角。它引导我们回归一种强调克制与深思熟虑的政治立场——作为一个非主权行动者的伦理意味着，我们应当将自己融入外界充满活力的情感流动之中，与其协作并推动其发展，而不是试图将其据为己有。激情需要留有模棱两可的空间，让我们即使在没有欲望时也能感到自在。本书以批判、诊断和挑战的方式，尝试探索激情的政治意义及其可能性，设想了一条能够打破激情对我们世界持久影响的不同道路。

第一章
从幸福到激情

在 1958 年首次出版的《人的境况》(*The Human Condition*) 中,汉娜·阿伦特 (Hannah Arendt) 提出了政治行动 (political action) 的问题,并将其与劳动 (labor) 和工作 (work) 的区分相联系。她写道,劳动指的是处于*劳动动物* (animal laborans) 状态,即一种专注于生存和维持生计的奴隶模式。与技艺人 (homo faber)——通过"工作"生产出能对世界产生稳定且持久影响的事物——不同,*劳动动物*"被囚禁在与自然的物质交换循环之中",其能量被消耗在维持日常生活上。① 对自我保护的无休止关注抑制了对生产活动潜力的认识,导致劳动动物失去了从伦理角度深入思考"生产行动如何影响世代与集体生活状态"的动力。

在某种程度上,对劳动和工作进行这种区分是对马克

---

① Arendt, *Human Condition*, 115.

思主义理论的悲观主义僵局的纠正。玛格丽特·卡诺万（Margaret Canovan）说过："尽管马克思谈到了制作（making），并使用了手艺（craftsmanship）这一术语，但阿伦特认为他理解历史的角度更接近于动物生活中的生产和消费过程。"① 在阿伦特看来，马克思的视角使我们很难在生产行动中找到乐观主义的立足点，所有工作都有可能被资本主义体系同化，成为劳动。

当时，对人类劳动的惨淡状况感到不满的，不止阿伦特一人。在《人的境况》成书的同时期，管理专业人士与学者就工业劳动的低劣状况展开了激烈讨论。彼得·德鲁克（Peter Drucker）等理论家认为，人的主要动力不是物质激励，而是在工作中找回意义与自豪感。《管理的实践》（*The Practice of Management*）一书比《人的境况》早四年出版。在书中，德鲁克抨击了工业劳动的非人化本质，呼吁管理者充分挖掘工人的全面技能，包括"其整合诸多要素、判断、规划和改变的能力"②。他强调，雇员希望被视为能"自我驱动"的个体，而非机械化的自动机，这样他们才能对工作建立个人情感联系。③

和阿伦特一样，管理学理论家也围绕工作编织了一套道德叙述，从而塑造出工作所能带来的美好生活图景。然

---

① Arendt, *Human Condition*, xii.
② Drucker, *Practice of Management*, 293.
③ Drucker, *Practice of Management*, 304.

而，对这一理想的解读各异。对阿伦特来说，理想的工作归根结底指向政治行动，而手艺则成了一种土壤，用以培育那种以改善世界为目的的生产伦理承诺。对管理学理论家而言，工作的重心在于个人的职业满意度、成功感以及产业和谐。然而，这种观点与阿伦特的看法有所差异，且这种差异绝非微不足道。阿伦特明确指出，工作所带来的"善"绝不应主要围绕人的心理感受。即便人类的劳动变得不那么痛苦，这也并不意味着它能自然地激发出推动生产中道德思考的情感联系。虽然生活可能变得更轻松，但人类仍会像劳动动物一般被束缚，无法或不愿投身到对制作目的的深入思考和讨论中。

然而，阿伦特的哲学理论在管理话语中主要被用来抨击人们不满足的心理状态。举例来说，1973年的联邦报告《美国的工作》(*Work in America*) 在序言中提及阿伦特，却将"劳动动物"与"技艺人"之间的区别简化为自我价值问题。"一些工人的自尊受到如此大的打压，"报告哀叹，"以至于人类作为工人与动物作为劳力之间的区别变得模糊。"报告接着指出："过去20年中的逾百项研究显示……工人最为渴望的是感受到自己及其工作的重要性。"[①] 从生产伦理到心理感受伦理的过渡，反映了人们对工作文化理想主义的想象性共识。此处传达的理念是，从工作中获得

---

① O'Toole et al., *Work in America*, 5-6.

心理回报的期待被视作一种无可争议、贯穿历史的情绪欲望模式,并由此确立起"心理感受在工作中至关重要"的正统观念和常识。这种描述不仅简化了人们对工作的期待,也使得"从工作中获得心理满足"被当作人类欲望的标准,从而掩盖了工作以其他方式服务于美好生活的可能性。

在认真审视激情时,我们需要质疑激情工作与美好生活之间看似天然的联系。资本主义试图让我们相信,如果激情与劳动相结合,工作便能提供真正的人生意义。然而,吕克·博尔坦斯基(Luc Boltanski)和伊芙·夏佩罗(Eve Chiapello)提醒我们,资本主义所构建的美好生活框架永远遵循其积累逻辑:"没有一个市场经营者愿意率先为其雇员提供'美好生活',因为这可能会提高生产成本……[但]另一方面,资本家阶级作为一个整体却有共同的兴趣……那就是采取综合措施来保持利润创造者的忠诚和投入。"[1] 在讨论对美好生活的承诺时,阶级利益的影响不容忽视。虽然工人的经济福利与劳动的联系最为直接,但这也正是雇主最不愿强调的方面,因为这触碰了他们的底线。

马克思认为,在资本主义体系下,劳动成本总是有被压向零的趋势。虽然劳动成本降至零是"永远无法实现

---

[1] Boltanski and Chiapello, *New Spirit of Capitalism*, 415.

的",但资本"能不断接近这一目标"①。因此,随着激情工作文化的盛行,企业在强调工作能带来深度满足感的同时,往往否定工资的重要性,这一点已司空见惯。比起提高工资,将心理感受视为需要解决的问题不仅更能节省成本,在刺激生产力方面也可能更有效;这样做可以促使工人将更多精力投入工作,适应无报酬和超时工作,抑制对企业顺畅运营的威胁。主动融入正常、快乐的企业生活,恰好契合了资本主义对利润无休止的追求。②

激情的渊源

尽管情绪操控效果显著,但我们不该假定它在历史上始终如此,或者作为一种企业策略具有内部连贯性。要解构激情工作的本质,关键是理解在历史长河中,我们对工作的需求是如何形成的。谁提出了这些需求?这些需求是否发生过变化?假如我们认为情绪操控是一种剥削,那么这种剥削如何随着情境变化?我认为,激情工作体现了一种特殊的情感参与形式,源自更悠久的情感依附谱系,其中"幸福"扮演着重要角色。重点并不在于工人随时代变迁的心理感受,也不在于将情绪状态简化为"幸福"或

---

① Marx, *Capital*, 415.
② Lazzarato, "Immaterial Labor", 143.

"激情"之类的词汇。毕竟，心理感受不是静态的现象学事实，而是如布莱恩·马苏米（Brian Massumi）所说的"关于情感观念的观念"，即人们所体验的生理感受被文化模型赋予了普遍认同的意义。① 情感生活的复杂性意味着，工人在过去和现在所经历的情绪状态远不止幸福和激情。我关注的是，从幸福到激情的转变对工作乐观主义的理想化模型背后的意义体系有何影响：包括人们对工作成果的常规期望、这些成果所带来的益处，以及实现这些成果的途径。

幸福和激情代表着不同的情感结构；在历史的不同节点上，它们作为概念上独立的、规范化的情感主体性，被融入企业的仪式、程序、体制和实践。需要强调的是，这并不是在主张所有人的情感体验都是统一的。情感结构是指人们共通的情感模式，但这些模式并不限制具体的情感表达。它营造了一种感应性的场域，让人们的情绪自然地被调谐到一个限定的情感生活领域，而不需要大家在体验、理解和反应上都一模一样。"身体可以被引导或调谐到……相同的情感环境中，"马苏米写道，"即便在该环境中，他们的行为未必一致。"② 无论是幸福还是激情，都涵盖着多种情绪状态和行为模式，但它们也都通过相同的逻辑凝聚这些差异，解释为何某些情感取向被认为更具价值、

---

① Massumi, *Parables for the Virtual*, 92.
② Massumi, *Politics of Affect*, 56-57.

更有用，甚至更道德，为不同社会阶层规定了行为准则，并承诺遵循这些准则将引领人们走向真正圆满的人生。

威廉·雷迪（William Reddy）提出了一个类似的概念，叫作"情绪制度"（emotional regimes），指情绪可以体现出历史特性。① 雷迪解释说，在任何社会中，个体都要通过情绪制度达到"情绪平衡的理想状态"②。这些情绪主要通过"情绪词汇"（emotives）来实现——这些表演性的言语行为不仅有助于解读情感状态，还能指导人们关注和追求应有的情绪敏感度。雷迪认为，情绪词汇界定了情绪生活的情绪范围（emotional repertoire），为人们理解日常的模糊感受定下基调，并赋予某些情绪以优先地位。芭芭拉·罗森万（Barbara Rosenwein）解释说："情绪词汇是被选择的——大多数情况下是无意识的选择——是从庞大的情绪库中被挑选出来的。情绪库中的大部分选项永远不会被提取，因为它们没有被社会承认或几乎未被觉察，而个体是在社会中生活，也是在社会中感受情绪的。"③

但是，情绪生活的多样性是否必然被规范性的情感结构限制呢？在情绪教育（emotional pedagogy）的框架中，情绪制度往往表现出压抑性——它们关注如何强化特定的情感而牺牲其他情感，从而导致对复杂情感的解

---

① Reddy, *Navigation of Feeling*；另见 Reddy, "Against Constructionism"。
② Reddy, *Navigation of Feeling*, 55.
③ Rosenwein, *Emotional Communities*, 19.

读趋于片面。①然而，在管理者话语（managerial discourse）中，幸福和激情的情感结构通过情绪主体化的模式展现出积极的生产潜力。为了控制情绪主体性的分布，必须加强对情绪的识别和审查：我们需要辨别并处理"暴躁"的主管、培养"有魅力"的领导者，以及发现"悲观的空想"并通过心理治疗来消除它。幸福和激情的情感结构不仅与美好生活的理念交织在一起——通过指导人们培养必要的情绪状态，以在工作和生活中获得成功——它们还根据感知到的情绪能力，为主体指定不同的角色，描绘出一种超越传统"美好生活"想象的生活方式：如果想在美好企业生活的正常轨道中找到位置，需要对情绪生活模板进行修正。情感结构非但没有限制情绪生活，相反，它扩展并转化了情绪生活，创造出更多细腻的情感认知，其目标是扩大问题化（problematization）的可能范围，进而培养社会生活中的理想情绪特质。②

虽然历史学家已对美国等地颇具影响力的各种管理哲学进行了详细阐述，却鲜有人从情感框架及其乐观主义工具的角度来分析管理的历史。在此需要提及两部尤为重要

---

① 雷迪将情绪制度的替代物定义为"情绪避难所"（emotional refuge）。参见 Reddy, *Navigation of Feeling*。
② 如福柯指出的，自我认知源于"主体化危机"，而非"主体危机"。幸福与激情的情感结构扩展了情感识别的模式。特别是，看似简单的工资需求，在心理科学的视角下变得复杂，这门科学研究表明，深层次的、未被满足的心理需求必须被识别、治疗及重新调整(Foucault, *History of Sexuality*, 95)。

的著作。尼古拉斯·罗斯（Nikolas Rose）对20世纪的"生产性工人"进行了类似的谱系分析，探讨了工人的主体性随时间的演变。① 他引用英国和美国的案例，论证了心理科学（起源于"二战"时期的研究）在构建生产性主体性（productive subjectivity）方面的重要作用，以及政府行为如何在不同时期塑造出不同的主体性。同样，博尔坦斯基和夏佩罗都通过研究管理学文献来检验他们所称的"资本主义精神"的变迁，这是一种"意识形态"，用来为个人和集体"投身资本主义提供理由"②。这些学者都指出了主体性随时间的演变：从20世纪中叶人际关系学说中强调理性、和平的人际关系——它为个人的发展提供了一条明确的路径——转变为90年代强调自发的自我探索、真正的自主性，以及组织提供给员工的自由环境，使得员工可以通过劳动实现自我成长。

我的研究在许多方面借鉴了他们的成果。不过，尽管我同样关注生产性主体性的构建，但我的研究重点更多关注塑造我们对工作的乐观期待的话语结构，以及我们的情绪生活如何与生产活动紧密相连。我认为，对幸福概念的解读——从20世纪初在管理学文献出现，到20世纪中期对它的否定，再到20世纪末向激情规范的演变——揭示了

---

① Rose, *Governing the Soul*.
② Boltanski and Chiapello, *New Spirit of Capitalism*, 8.

动摇"工人最渴望的事物"(让我再次引用《美国的工作》中的表述)的重要潜能。① 这一过程不仅揭示了我们情感结构的政治性,也让我们得以了解,哪个群体在代言人类的需求?一个群体的利益如何被塑造成所有人的共同欲望?甚至,当我们试图挑战"工作通往美好生活"的幻想时,我们依然很难完全放弃对工作的乐观期待。

当然,可以有多个角度探讨工作文化及其对情绪主体性的影响。安德烈埃·托内(Andrea Tone)和尼基·曼德尔(Nikki Mandell)等历史学家追溯了19世纪末美国福利工作中的情绪管理。② 这与同一时期盛行的泰勒主义(Taylorism)管理理论形成对比,泰勒主义认为工人只关心经济利益,是没有思想的蛮力者;而福利倡导者关注工人的心理感受,致力于在工作场所推行各种福利设施以提高工人的士气和忠诚度。然而,这些福利举措遭到了工人阶级受益者的轻视,他们厌恶这些政策的家长式作风。其他学者——如保罗·威利斯(Paul Willis)和麦克·布洛维(Michael Burawoy)——专注于研究工人的抵抗行为。③ 他们强调,因为工人阶级拒绝接受学校和工厂所倡导的美好生活想象,他们可能会采取以反抗和恶作剧为特征的情绪习惯,催生出从基本的应对到创造性抵抗,甚至到直接对

---

① O'Toole et al., *Work in America*, 13.
② 参见 Mandell, *Corporation as Family*; Tone, *Business of Benevolence*。
③ 参见 Burawoy, *Manufacturing Consent*; Willis, *Learning to Labor*。

抗等一系列实践。

我的分析以20世纪初的人际关系运动为起点,探讨了幸福和激情的主题,为相关研究贡献了新视角。人际关系学说十分重要,因为正如莱因哈特·本迪克斯（Reinhard Bendix）所述,它推动了工作和工人概念的根本变革。① 在这之前,工人通常被放在美德的框架内去评价：被认为具有美德的工人能在企业中逐级晋升并获得成功,那些沉溺于恶习的人则饱受贫穷困苦。然而,心理科学扩展并进入工业领域之后,工人被重新定义为有着未满足需求的心理主体,而这些需求将通过工作得到满足。在这一框架中,本迪克斯指出："工作之所以受到赞扬,是因为它本身所带来的满足感,而非它可能导致的成功。"② 工作对美好生活的承诺不再依赖其他领域的成果：它不需要将自己塑造成提供舒适消费生活的东西,也不承诺任何精神救赎。③ 相反,工作的回报可以直接源自工作本身,工作所带来的心理愉悦本身就足以构成回报。

在接下来的小节中,我将分析三个不同历史时期的情感结构,给出每个时期对工人的本质、情绪需求,以及满足这些需求所必要的做法的独到理解。我探讨了自20世纪

---

① Bendix, *Work and Authority in Industry*.
② Bendix, *Work and Authority in Industry*, 284-285.
③ 福利资本主义下的典型实验,旨在美化工作环境并改善工作场所设施,这些灵感大多源于消费领域。参见 Mandell, *Corporation as Family*; Tone, *Business of Benevolence*。关于工作的精神成分的清晰阐述,参见 Weber, *Protestant Ethic*。

初以来,工作中的幸福感如何逐渐演变成美好生活承诺的幻想。人际关系学派强调情绪福祉的重要性,并召集管理层——包括工头、经理和主管——共同营造一个使流水线工人感到幸福的环境,而这些工人被认为没有能力辨别自己长期不满的原因。管理层试图让工人相信工作中的幸福不仅是可能的,而且是他们应当渴望并理所当然可以要求的。然而,到了20世纪中叶,这种说辞引发了激烈的反响。美国工人的顺应性引发了担忧,而人际关系学派曾赞颂的那种幸福感,则被批评为一种操控手段,被认为阻碍了个性发展。这种所谓的幸福感导致工人的欲望结构受损,使他们对工作产生了冷漠和消极的态度。随后,不满被重新诠释为个性健康的表现——这是一种自我激励的员工模式,这些员工之所以感到不满,是因为缺乏足够的机会来充分展示他们对公司的价值。

20世纪后期,自我激励的员工形象逐渐深入人心。这一时期的众多文献都认为,工人不满的种种迹象,实际上是对成就感的健康欲望的标志,而他们的这种欲望一直受到挫败。一方面,这个时期兴起的激情观念延续了管理理论家之前的论述,即在适当条件下,工人将自发地投身于工作。然而,那些探讨激情的学者、管理专家和流行作家也忽略了激情之前的冲突性历史,将这种欲望描绘成工人自身的需求。随着这一新需求来源的出现,人们开始将激情视为工人争取到的权利,需要对抗那些尚未开化的劳动领袖以维护这一权利。

我对管理者话语的分析主要来自面向经理、高管和有愿景的工人的书籍。这些书籍可以分为两类：一类是针对管理职业化的管理类书籍；另一类是面向大众、探讨管理思想的流行读物。① 不同于学术论文，这些书籍直接针对读者的实际需求，讨论了读者最关心的具体问题。这些书的作者普遍采用通俗易懂且引人入胜的语言，内容也被有序地分为不同章节和多级标题，便于读者快速查找和参考。虽然这些书里偶尔会提及学术知识，但主要内容还是直觉推理、宗教见解、日常观察和个人经历。权威科学、通俗表达和管理知识的融合，为这类书籍赋予了特殊的使命：流行的管理类书籍将新的管理理念转化为实际应用，定义了管理界一致认可的工作中关于美好生活的规范化想象。② 因此，

---

① 我分析了在20世纪30年代到80年代间的48本书。管理类书籍主要通过以下方法选取：首先，通过翻阅《人事杂志》(*Personnel Journal*)——一本面向人事主管和经理的专业期刊——来筛选管理类书籍，直到20世纪70年代，《人事杂志》都会包含每月的新书发布列表和详细的书评，这对于选择分析材料极有帮助。其次，20世纪30年代到40年代之间的若干书籍附有详尽的书评，这极大地便利了新材料的搜集。再次，我记录了在管理学文献中经常被引用的书籍，并将它们纳入分析，其中包括流行的管理类书籍，如道格拉斯·麦格雷戈的《企业的人性面》(*The Human Side of Enterprise*)，还有畅销书如威廉·怀特的《组织人》(*The Organization Man*)以及斯特茨·特克尔的《工作》(*Working*)。这一多元化的档案反映了管理学话语的特性：它反映了公众舆论以及经济和社会变迁的影响。这些文献的作者覆盖了从学术研究者到公共知识分子，从高层次专业人士到大公司的顾问，其中许多人具有两种以上的身份。

② 为了凸显情感结构的变迁并将其成就置于现代语境中，我更倾向于使用广阔的历史笔触而非深入剖析历史个案。这种谱系分析并不试图呈现一部全面的管理思想史，但它确实旨在揭示工作所提议的美好生活背后政治动态的变化。

对这些书籍的分析凸显了美好生活的变化轨迹、实践方法以及被排除的内容,揭示了对"真正"成就感的持续追求如何在工作的情绪回报中不断激发和重塑乐观主义。

打造幸福的美好生活

1938年出版的一本面向管理者的手册《如何成为领导者》(*How to Be a Leader*)在前言中指出:"可能没有什么比理解并影响他人更能帮助实现全面、成功和幸福的生活了。"① 书中强调,幸福既是手段也是目标:要获得幸福,首先需要使他人感到幸福。接下去,书中宣称只要遵循黄金法则,就可以拥有影响力:"时刻寻找每一个诚实的机会,去说那些让他人感到更有价值、更出色、更重要的话,做那些让他人有这些感受的事。"② 这一论述显示了幸福如何作为一种纽带,将管理者和工人这两个角色连接起来,让他们通过对幸福的共同追求紧密相连,为普通工人创造幸福将直接增进管理者的幸福感。也就是说,一个无阶级摩擦的社会依赖于成功地将工人融入这种幸福话语。

历史学家丹尼尔·雷恩(Daniel Wren)指出,这种"互惠互利"的社会关系在20世纪30年代奠定了以人际关

---

① Halsey, *How to Be a Leader*, xi.
② Halsey, *How to Be a Leader*, 31.

系学说为基石的管理哲学。① 人际关系学派摆脱了泰勒主义管理学的束缚（强调工人的生理特性和工作场所的组织结构），并转向心理学，强调社会关系和情绪福祉的重要性。这一建议的核心理念十分简单：人类是社会性动物，若管理者希望工人感到幸福，那么他们不仅需要满足工人对薪资的期望，还应关注工人在认同、尊重和社区归属感方面的心理需求。实现这些目标将营造出充满幸福感的工作环境，进而促使企业变得更高效、更和谐。

这种管理哲学深受埃尔顿·梅奥（Elton Mayo）在1928至1931年参与并解读霍桑工厂实验的影响。在被誉为人际关系学圣经的《工业文明的人类问题》（*The Human Problems of an Industrial Civilization*）中，梅奥写道，广受关注的工业病——"疲劳"和"单调"——并未能真正解释劳动效率低下的根本原因。② 他比较了两家工厂中的重复性工作，发现其中一家工厂的工人感到厌倦且效率低下，而另一家工厂的工人却显示出"对工作的真正兴趣"，甚至感到"随着一日的时光逝去，这种兴趣愈发浓厚"。③ 梅奥认为，这种差异源于工人的情绪状态及企业内部的人际关系，比如，工人与同事的小组关系以及与上

---

① Wren and Bedeian, *Evolution of Management Thought*, 303.
② Mayo, *Human Problems*。梅奥是霍桑实验结果之于管理学意义的主要诠释者，尽管实验数据并非由他直接产出。若想了解梅奥在霍桑工厂研究中的参与细节，参见 Trahair, *Elton Mayo*; Wren and Bedeian, *Evolution of Management Thought*。
③ Mayo, *Human Problems*, 36.

级之间的跨组关系。因此，梅奥指出，工作团队的情绪福祉及其内部的人际关系，对于提升企业的生产效率和盈利能力至关重要。

梅奥将他在心理治疗方面的专业训练融入这套管理理论之中。在他看来，工作与社会在行为、理性分析以及主体的无意识驱动力方面展现出一种相互依赖、有机交错的关系。① 问题常常从一个领域蔓延到另一个领域，例如，在家庭中被压抑的挫败感会在工作场所以适应不良、错误的抱怨、积怨及糟糕的工作表现等形式表露出来。梅奥在其著作中引用了诸多实例。例如，一名员工对主管的愤怒可能是因为主管让他想起了一个讨厌的亲戚，另一名员工的工作态度不佳则可能源于她与母亲的紧张关系。② 这些问题虽然降低了生产力，但也提供了一个转机——如果个人问题能被带入工作场所，那么工作场所就有潜力成为解决社会病态的治疗场所。工作场所能缓解工业社会深藏的、无意识的紧张状态，有助于培养更健康、情绪更稳定的公民。基于这一理念，梅奥在霍桑工厂引入了多种心理治疗方法。例如，他通过非定向访谈来促进"工业适应"，他认为这种方法能缓解工业社会被压抑的紧张情绪，培养

---

① 在《工业文明的人类问题》一书的前言中，梅奥的学生弗里茨·罗斯利斯伯格（Fritz Roethlisberger）提到，梅奥持事物之间"相互依存"的观点，"例如，单独研究工人或管理者的行为是不够的，两者的行为互相影响，彼此依存"（Mayo, *Human Problems*, xii）。

② Mayo, *Human Problems*, 87, 100.

出一个更高效、更易管理的劳动阶层。①

在随后的几十年中，许多人开始质疑梅奥对霍桑实验结果看似合理的解释。实验缺乏严格的控制，这就为生产力提高的其他可能提供了解释空间——例如，实验过程中参与者组别的变更、与实验对象生产力直接挂钩的经济激励措施的引入，以及在小型实验室中实施严格管理纪律可能带来的胁迫性压力。②然而，关键并不在于实验中所发生的事情的真实性。正如梅奥的学生弗里茨·罗斯利斯伯格所述，梅奥更像是一位"思想领域的探险家"、一个"撒下种子"的播种者，而非一位系统性的思考者。③梅奥为管理行业勾勒出亚伯拉罕·扎莱兹尼克（Abraham Zaleznik）所称的"宏观图景"，他的主要贡献在于彻底转变了我们对管理在工作场所及社会层面所扮演角色的看法。④

梅奥的著作《工业文明的人类问题》的书名本身就寓意深远，它暗示了对人际关系的关注不仅仅是为了提高工业生产力，更重要的是为了社会的健康。借鉴埃米

---

① Mayo, *Human Problems*, 81.
② 关于解释上的争议，参见 Gillespie, *Manufacturing Knowledge*。还有一些关键论述，包括凯里（Carey）的《霍桑研究》（"Hawthorne Studies"）、弗兰克（Franke）与考尔（Kaul）的《霍桑实验》（"Hawthorne Experiments"）。
③ Roethlisberger, *Elusive Phenomena*, 50-51.
④ Zaleznik, "Foreword", 9。另见 Wren and Bedeian, *Evolution of Management Thought*。

尔·涂尔干（Émile Durkheim）的理论，梅奥指出，工人脱离传统生活方式后，会陷入"失范"（anomie），即一种无所适从、幸福被摧毁的状态。① 因此，工业界有重铸社会关系的道德义务，应为工人建立富有同理心的人际网络，帮助他们走出工业异化带来的不幸福。詹姆斯·丁格利（James Dingley）发现，这种对涂尔干理论的解释充其量也只是片面的——梅奥采用了涂尔干对资本主义体系的批评，却没有遵循他的道德哲学。② 尽管如此，这种对涂尔干观点的部分理解，有效地为人际关系理论增添了道德合法性，使企业得以扮演解救异化社会的救星角色。

这种观点进一步凸显了工业领域业已存在的极度不平等的权力差异。人际关系学说继承了梅奥理论的核心思想，并将治疗师与病人之间的等级关系转换为管理者与工人之间的关系。③ 在这种框架中，工人被视为无法识别其不幸福根源的非理性个体，他们需要依赖受过专业训练的管理精英，以揭示和解除这些负面的情绪状态。另一方面，管理者被赋予了类似治疗师的角色，需要与他人建立联系，同时必须行使自我控制，尤其是要避免受到工人所表现出的情绪状态的影响。这种把工人视为非理性的

---

① Mayo, *Human Problems*, 125.
② Dingley, "Durkheim, Mayo".
③ Illouz, *Saving the Modern Soul*.

"病人",而将管理者视为理性的"治疗师"的观念,将劳资关系融入公共生活中个人身份的构建领域。如理查德·吉莱斯皮(Richard Gillespie)所述,梅奥的精神分析框架甚至在早期就已使他能将"工人对管理控制的任何质疑都解读为精神障碍的表现"①。这种理念被广泛采纳,影响日益扩大:一旦假定工人缺乏自我表达的能力,他们的任何投诉都可被轻易驳回,任何要求也都可被视为无理且被忽略。

这种新的角色设定显著影响了工业领域处理冲突的方式。该时期的管理学文献越来越多地暗示,普通工人的看法无关紧要,尤其是他们对工资和福利的要求。例如,在《人们对商业有何期待》(*What People Want from Business*)一书中,大卫·豪瑟(David Houser)在标题为"工人无法言说"的章节中指出,工人通常无法准确表达他们不满的原因,这是因为他们缺乏识别真正不幸福的源头的能力。② 根据调查,他指出,虽然大多数工人将工资和晋升视为影响其幸福感的最重要因素,但他们"真正"渴望的是满足其尊严和自我价值感的东西,如获得上级对工作表现的认可。在豪瑟看来,工人遭遇了被误解的问题。工人或许会提出他们之所以不幸福的"看似合理的理由"——

---

① Gillespie, *Manufacturing Knowledge*, 73.
② Houser, *What People Want from Business*.

如工资过低等在文化层面可被接受的抱怨——却无法识别"真正的原因……那些更深层且未被揭露的因素"①。这类研究"表明",工人对他们"真正"渴望的东西缺乏准确的理解,这为管理层提供了武器,使其能够定义工人所应想要的"正确"事物。

虽未直言,但这一论断的核心是,如何将美好生活的框架从结构公正转变为心理公正——这涉及一个问题,即人们的欲望是否与其理想化的情绪状态一致。我们没有理由认为工会和工人为薪资、保障和职位晋升所展开的斗争是为了情绪上的进步;相反,更准确地说,这种斗争针对的是资本主义体系内固有的权力差异。然而,当管理者和心理学家将心理感受确立为美好生活的终极目标时,他们不仅改变了有关工作的对话,也重新定义了公众对恰当欲望对象的普遍认知。工人的要求变成了可被忽略的东西,因为它们被视为源自未成熟的意志、一种未能触及工人心理需求实质的欲望结构,如豪瑟所述:"员工无法直言'我对个人价值的感受频频受到冒犯,对得到应有尊重的期待不断落空',他们不会用这种抽象的话语来思考或表达。"② 这种忽略是管理层长期采用的一种剥夺策略:他们需要让工人相信,被管理才符合他们自身的最佳利益,因

---

① 另见 Erwin Schell and Gilmore, *Manual for Executives and Foremen*, 81。
② Houser, *What People Want from Business*, 73.

为管理者本身在直接的生产过程中无法发挥作用。管理史学家杰拉德·汉隆（Gerard Hanlon）指出，管理者缺乏工人所具备的技能、创造力和工具，因此，他们对工人的控制取决于消除工人在生产过程中的独立性。①

在此背景下，幸福的概念已成为规范个体行为的手段，而个体能否获得幸福则取决于其欲望是否正当，并与意志的强弱挂钩。正如萨拉·艾哈迈德指出的，意志的偏差主要被视为路径问题，而非目标问题——"那些有着错误意志的人"，她写道，仍被认为是在"寻求幸福"②。这种对幸福的普遍追求赋予了理性的、男性主导的管理阶层以权力，去满足那些意志薄弱的工人未意识到的需求。例如，在讨论领导力时，乔治·哈尔西（George Halsey）强调，领导者的核心任务是通过揭示工人的深层欲望来"指明道路"③。他写道："所有自发的行为都源自个人对具体和抽象事物的欲望，他们认为拥有这些能带来满足感或幸福。"④ 如果工人表现欠佳，那是因为他们追求幸福的方向有误：他们对美好生活的设想并未顺应通往幸福的正确路径。领导力要求擅于调整欲望结构，或者用哈尔西的话说，"对意愿进行组织"，以此

---

① Gerard Hanlon, *Dark Side of Management*.
② Ahmed, *Willful Subjects*, 4.
③ Halsey, *How to Be a Leader*, x.
④ Halsey, *How to Be a Leader*, 9.

确保员工在追求正确的(即那些通往幸福的)目标方面实现和谐统一。① 奥德韦·泰德(Ordway Tead)重申,领导的艺术应该涉及"在一段时间内调整自己与被管理者的欲望和目的,最终使他们的欲望与自己的趋于一致"②。这种影响不应通过强制或操控实现,而应通过启发和提升来完成。通向真正幸福的道路必须"使工人坚信这是为了他们自身的利益",领导者必须揭示这些更深层次的欲望,向工人明示那些他们真正想要的、能带来真正喜悦的目标。③

"全知的管理者"和"无知的工人"之间的划分,体现了人际关系学说如何将意志(will)视为一种所有权问题。艾哈迈德解释说,意志——无论对错——可被用作占位符,作为社会权力的表现形式,将某些团体和人群标记为容易做出错误选择的人,并因此默认他们是任性的(willful):"将任性行为归置于特定场所,使得带有这种特征的主体成为一个能瞬间被我们认出的形象。"④ 意志问题并不必然根据行动而划分给特定团体。对于某些人群,人们已预设他们的意志存在缺陷——人们需要做的,便是找出能体现这一负面假设的例证。我们在为人力资源经理设计的培

---

① Halsey, *How to Be a Leader*, 8.
② Tead, *Human Nature and Management*, 4.
③ Tead, *Human Nature and Management*, 63.
④ Ahmed, *Willful Subjects*, 17.

训手册中看到了这种逻辑的运用。在警告经理们留意"精神病态人格"时,心理学家唐纳·赖德(Donald Laird)列举了一大堆潜在的心理弱点(涵盖20多个类别,包括"古怪的人""扰乱者""消极者""尽责者"),其包罗万象的程度使我们几乎可以默认大多数工人都在某种程度上有心理问题。① 赖德提醒人力资源经理,他们不应期望找到"正常"人,因为这种类型的人极少。相反,人力资源经理需要仔细评估人们行为偏差的程度,容忍那些"性格缺陷"较轻微且"愿意接受适当照顾"的人。② 换言之,重点并不是识别异常行为本身,而是深入评估偏差的程度、范围及其可管理性。

然而,人际关系学说深知,改变工人的欲望说起来容易,做起来难。工人的思维方式在历史长河中沉淀而成,要说服他们改变这些观念,需要巨大的努力。因此,尽管人际关系学说自诩为重视理性思维的科学研究,其倡导者却强调,想要付诸实践,必须具备感染力,才能打动普通受众。

历史学家罗兰·马尔尚(Roland Marchand)指出,19世纪30年代的企业沟通风格大都强调"平民语言",管理类书籍建议经理要触及工人的内心而非理智,认为这种沟

---

① Laird, *Psychology of Selecting Employees*, 22.
② Laird, *Psychology of Selecting Employees*, 24.

通风格能让管理层精英显得更有人情味,对于那些通常思维简单、难以理解复杂论点的普罗大众更具说服力。① 一本指南中提到,经理在与下属互动时需避免表现出"优越感、家长作风或居高临下的态度";相反,他应当使用大家熟悉的日常语言,让下属相信他是"团队的一员",更像是一个朋友而非说教者。② 另一本指南则建议,高层管理者"有权利甚至有义务,为其事业注入一些激情与魅力",因为单凭理性思考难以说服员工,他们需要被"激发、吸引并激励"③。

对情感吸引力的需求渗入工作场所的语言、行为习惯和物质规则之中。绝大多数管理类书籍都会强调微笑、善于倾听、记住他人名字的重要性,同时建议在公开批评和发出威胁时保持克制。④ 例如,一本指南建议新晋初级管理者应迅速了解同事,并记住关于他们的一些细节,因为"友好不仅是表面的礼貌,更是对个人独特性的基本尊重的体现"⑤。许多书籍甚至更进一步,提醒管理者不要提出工人难以回答的问题,以免使他们感到尴尬;还警告管理者不要留被认为是愤怒象征的胡子样式;建议他们与工人

---

① Marchand, *Creating the Corporate Soul*.
② Beckman, *How to Train Supervisors*, 27.
③ Tead, *Art of Leadership*, 90 - 91.
④ 参见 Beckman, *How to Train Supervisors*; Halsey, *How to Be a Leader*; Erwin Schell, *Technique of Executive Control*; Tead, *Art of Leadership*。
⑤ Niles, *Middle Management*, 89.

一同微笑，而非对工人微笑；鼓励他们以温和友好的态度解雇员工。① 甚至有一本指南要求管理者"测量每名员工与他人接触的时长"，以便"客观、量化地评估每个人与他人的关系"②。这些分散的情绪调节目标确保了人际关系学说贯穿于工作场所的细微之处，使之成为改变工作场所氛围、样貌及话语的不可忽视的因素。

虽然工人及其情绪生活是干预的焦点，但管理层同样是干预的对象，可能在某些方面甚至更为关键。在成为这一新的美好生活承诺的传播者之前，行政管理者必须首先将其信仰体系内化。在迄今最畅销的自助书籍之一《人性的弱点》(*How to Win Friends and Influence People*) 中，戴尔·卡耐基 (Dale Carnegie) 开门见山地向读者强调人际关系的重要性。他建议读者反复告诉自己："我的受欢迎程度、我的幸福以及我的自我价值都取决于我处理人际关系的技巧。"③ 为了让他人接受并相信这一美好生活的理念，管理者必须首先深刻理解人际关系的重要性，并调整自己的情感倾向。管理学文献提醒说，人际关系不是雄心勃勃的管理者可以随意操控以推动自己利益的工具。归根结底，建立幸福的人际关系依赖管理者的

---

① Wilson, *Getting Things Done in Business*; A. Cooper, *Employee Training*; Heyel, *Human-Relations Manual for Executives*.
② Chapple and Wright, *Guide for Supervisors*, 11.
③ Carnegie, *How to Win Friends*, 13.

真诚。欧文·谢尔（Erwin Schell）则写道，良好人际关系的艺术本质上是由"性情"决定的。① 这些积极的人际关系不仅体现在特定的用语或行为上，更"构成了语言和行为背后的氛围或基调"②。例如，一个试图让员工感受到工作重要性的高级管理者，本身也需要展现出同等的热情："他看起来很激动；他自信而坚定；他挥动手臂，使用手势……他言行一致，对自己的表现充满信心。"③

管理学文献并不认为欲望、情感与行动三者之间的一致可以轻松达成。作为治理手段，对美好生活的幻想已被规范性地内嵌在机构评估机制之中。这一时期的众多管理学文献集成了一系列检查清单、调查问卷及问题集。一些内容具有反思性质，它们要求管理者审视自身的情绪管理技能，并在发现缺陷时进行改善。例如，谢尔请读者深思诸如"热情""愉悦"和"平和"等性情倾向。在这些章节中，高管需要思考如何将这些情绪特质有效地融入他们的生活方式中。例如，在讨论"愉悦"的章节中，作者要求高管反思："愉悦仅仅是工作时间的外衣，下班后即可轻易脱下，还是一种需要日渐养成的内在品质？"④ 在其他文献中，情绪能力以清单的形式呈现（见图表 1.1）。例如，

---

① E. Schell, *Technique of Executive Control*, 15.
② E. Schell, *Technique of Executive Control*, 13.
③ Wilson, *Getting Things Done in Business*, 223.
④ E. Schell, *Technique of Executive Control*, 13.

在《如何培训主管》(*How to Train Supervisors*)一书中,有一节专门指导高层管理者要留意工人和领班的一系列态度,从"感兴趣"和"充满活力"到"脾气暴躁""对抗"和"易怒"。[1] 这一时期的书籍常将情绪属性二元化,分为正面和负面,这些清单微妙地向管理层展示了他们的情绪能力将如何被上级监督和评估。

矛盾的是,对愉快的人际关系越重视,监控就越必要。尽管纪律措施本身变得更体恤被惩戒者的感受,但迅速识别并处理幸福裂痕的需要变得愈发迫切。这是因为在这一时期,管理话语开始将幸福本质上视为一种与阶级利益相冲突的脆弱情绪。如某本书所述,即便成功营造出幸福的氛围,"来自四面八方的思想、建议和想法不断涌入,任何一个都可能取代我们精心设计的理念"[2]。因此,管理者必须时刻警惕,以维护这一幸福的表象,他们甚至被建议要对"缺乏不满"的迹象保持怀疑,因为"沉默是危险的征兆",可能是深藏的、未被表达的强烈不满。[3]

---

[1] Beckman, *How to Train Supervisors*, 90.
[2] Halsey, *How to Be a Leader*, 14.
[3] Wilson, *Getting Things Done in Business*, 17.

建议评估方案

领导力评价量表

评分标准		
9.5 非常优秀	8 好	6.5 不及格
9 优秀	7.5 尚好	6 差
8.5 非常好	7 及格	5.5 非常差

一、对领导力特质的评估

请仔细回顾之前的评分(见第64页)。重新阅读所有问题,并根据需要进行相应修正。将这次修正后的评分填写在"自评"栏,来自他人的评分请填写在"他评"栏。

特质	自评	他评
1. 正直、真诚、诚实		
2. 公平、公正		
3. 主动性、勇气、自信、果断		
4. 得体、结交并维持友谊的能力		
5. 热情、激发他人热情的能力		
6. 好奇心、观察力、开放思维		
7. 判断力		
8. 细致、周全		
9. 足智多谋、独创性		

续　表

特质	自评	他评
10. 协调能力、战略能力、执行能力		
领导力特质评分 （以上所有评分的平均值）		

首先要改进的特质：＿＿＿＿＿＿＿＿＿＿＿＿＿＿

计划：＿＿＿＿＿＿＿＿＿＿＿＿＿＿＿＿＿＿＿

接下来要改进的特质：＿＿＿＿＿＿＿＿＿＿＿＿

计划：＿＿＿＿＿＿＿＿＿＿＿＿＿＿＿＿＿＿＿

图表1.1　乔治·哈尔西在1938年出版的《如何成为领导者》一书中设立了这一评估体系，用于衡量"领导力"所需的情感技能。这类评估工具在当时的文献中相当常见。（摘自哈尔西《如何成为领导者》，第181页。）

20世纪初期至中期，工作场所的幸福氛围是纪律、幻想和诱惑三者复杂混合的结果。毫无疑问，人际关系学说未能完全让工人和管理者相信这种新的美好生活幻想。然而，正如本迪克斯指出的，人际关系学说引入了一套影响深远的"新激励词汇"，从根本上重新框定了人类欲望的概念。[①] 它将传统的需求对象替换为心理欲望，营造出对工作保持乐观态度的可能性。人际关系学说不

---

① Bendix, *Work and Authority in Industry*, 314.

再把工作视为挣扎与劳碌的场所,而是将其定位为通向美好生活的路径,一个能带来幸福的领域。然而,到了20世纪50年代初,幸福的表象开始出现裂痕。人际关系学说所依赖的角色——非理性工人和讨人喜欢的管理者——此时因被用来操控人们的情感而遭到批评。幸福也被视为一种粉饰而受到攻击——它制造了"愉悦的机器人",面带并非发自内心的微笑,丧失了个性和意志。①

幸福的顺应与冷漠

20世纪中期,美国经历了一次重大的文化转型,这对人际关系学说中的幸福观念产生了深远影响。特别是在梅奥主义时期颇具影响力的魅力型领导力概念,在第二次世界大战和冷战结束后受到了严重的质疑。如弗雷德·特纳(Fred Turner)所述,战后知识分子主要将战争暴行归咎于法西斯的"权威型人格",即一种缺乏独立思考且容易服从权威的人格类型。② 这类人格缺乏理性思维,容易被煽动性言辞影响,并倾向于依赖他人的肯定和指导。③

20世纪50年代,组织文化作家如赖特·米尔斯

---

① Mills, *Sociological Imagination*, 172.
② Turner, *Democratic Surround*, 3.
③ 对顺应的恐惧给多个领域带来了深远影响。参见 Frank, *Conquest of Cool*; Ogata, *Designing the Creative Child*。

(Wright Mills)、威廉·怀特（William Whyte）和大卫·雷斯曼（David Riesman）等将这种担忧凝聚成了"顺应"(conformity)这一概念。①《财富》（Fortune）杂志编辑兼畅销书作家怀特提出了尤为尖锐的批评，对管理者话语产生了深远的影响。在《组织人》一书中，怀特直接质疑了梅奥对"社会道德"的信念，即认为"个体的最终需求"就是在工作场所找到归属感。怀特不仅对社会归属感的重要性持怀疑态度，还质疑这一观点所依赖的基础。他观察到，通过将工人视为"无法理性地解决自己的问题，甚至无法认识到自己的问题的非逻辑动物"，人际关系学说有效地阻止了社会对工人观点的重视。因此，人际关系学说并不真正追求为工人提供归属感，而是强调"个体应该放弃自己的信念，以便找到归属"②。

对人际关系学说的批判同样让其所承诺的幸福变得可疑。怀特接着质疑："如果'幸福'的代价是自愿的自我压抑，那么这样的幸福还有价值吗？"③ 他指出，想要得到幸福，个体"不仅必须接受控制，还要装出乐在其中的样子。即便是被安排到不如愿的岗位或地点，也得面带微笑。在倾听那些与自己立场不同的观点时，必须表现得善

---

① 参见 Mills, *White Collar*; Riesman, Glazer, and Denney, *Lonely Crowd*; Whyte, *Organization Man*。
② Whyte, *Organization Man*, 35-36.
③ Whyte, *Organization Man*, 349.

解人意"①。在强制幸福的规范下,不幸福的真相往往隐藏在虚伪的微笑和空洞的愉快姿态之后。如果仅此还不足以引起警觉,雷斯曼等作家进一步警告,对虚假幸福的反复渲染可能会永久地抑制真实的情绪表达。"白领无法轻易区分工作中的强制性友善与工作外自发的真诚友善,因此,在工作场所表现的表面幸福,会带来更严重的后果——妨碍深刻人际关系的发展和真正的生活乐趣。"② 幸福不再是一种真实的自我表达,而是被塑造为一种欺骗和操控的手段,这种手段被用来压抑工人的个性,替缺乏安全感的领导层培养出驯服的工具人。

然而,对幸福观念的否定并没有消除人们在工作中对美好生活的幻想,而且与美国企业的变迁也并非背道而驰。在《酷的征服》(*The Conquest of Cool*)一书中,托马斯·弗兰克(Thomas Frank)写下了他的观察:企业对顺应的推崇并没有如批评者所描述的那样显著。实际上,20世纪50至60年代在向基于信息和创造力的经济体制转变的过程中,人们逐渐明白,一味要求顺应会严重阻碍企业的盈利能力和发展。弗兰克提到,"谨慎、顺从以及等级制度等旧价值观"日渐过时。即便是在最理想的状况下,这些旧价值观也只会在组织运作中增加不必要的官僚程

---

① Whyte, *Organization Man*, 151.
② Riesman, Glazer, and Denney, *Lonely Crowd*, 266.

序；而在最糟糕的情况下，它们会抑制对抗激烈商业竞争所必需的创造力与灵活性。①

因此，顺应这一术语凝聚了一种文化思潮，它是对20世纪初管理思想的重新包装，而非彻底摒弃。反文化文本把企业生活描绘为"技术官僚体制"，即一种剥夺人们的自发性、快乐和自由的无意义的官僚系统，但这种描述并不像表面上那样与商业目标相悖。② 这一时期，管理精英并没有反驳反文化描绘的枯燥工作观。相反，他们吸收了这些批评，创造了一幅全新的、焕发活力的美国工作图景。这些管理精英通过承认工作的挫败感，努力塑造了关于"真正的"幸福与不幸福的新定义，以此培养新的工人主体性。对幸福的批评转化为一种机遇，催生了一种新的情感结构，使工作的影响更深入地渗入社会各层面。

例如，思考一下顺应引发的不幸福与失范造成的不幸福之间有何不同。在人际关系学说中，不幸福模式以好斗却迷失方向的工人为原型。据称，工业的弊病根植于对生活的普遍不满。当工人在社会中感到迷失方向时，他们往往会将不满转嫁于主管、同事和工作，从而引发劳资纠纷。相比之下，顺应者的不幸福可能看起来并不显得不幸福。在顺应型企业文化的影响下，工人学会了压抑自己的

---

① Frank, *Conquest of Cool*, 28.
② Roszak, *Making of a Counter Culture*, 4。另见 Reich, *Greening of America*。

欲望，隐藏不满，通过追求浅层次的乐趣来找寻一种折中的满足。哈佛商学院的著名管理学理论家克瑞斯·阿吉里斯（Chris Argyris）讨论了工人在意识到工作无法满足他们深层次需求时，如何被迫调整自己的心理预期。在坚守幸福教条的同时，顺应型企业文化"压制了内在需求的表达，强调表面或肤浅需求的表达"，从而人为地扭曲了欲望的结构。① 阿吉里斯通过一个例子来说明这一点，他描述了一名假想中的员工，他选择留在一个无法满足其真实需求的组织中，不得不做出妥协："迪克进行自我防御的方法之一是降低工作环境在心理上的重要性。他可能会（不经意地）这样想：'见鬼去吧；我不想陷得太深。为什么非得逼自己选择留下或离开呢？这些真的那么重要么？我只会做必要的工作，不会多做任何事。我会把实现自我的需求压下去，等到下班后，我再好好享受生活！'"②

人际关系学说所提供的幸福不仅空洞，而且它的最大问题是，扭曲了人们的欲望，使工人偏离通向美好生活的道路。管理学文献将幸福等同于被动和冷漠，那些对充实的工作失去希望的工人也放弃了追求充实生活的希望，他们已经学会了在单调却安稳的普通生活中寻求满足。例如，阿吉里斯惊讶地发现，"冷漠、不感兴趣的流水线工

---

① Argyris, *Personality and Organization*, 92.
② Argyris, *Personality and Organization*, 90.

人"已成为模范员工,因为他们"经过调整,并适应了"工厂的工作。① 这样的工人跟得上工作节奏,几乎不给主管添麻烦,但在工作的执行上缺乏灵活性和投入,导致工作质量不佳。幸福理论让工人习惯冷漠和妥协的生活;他们不再追求有趣、回报丰厚的工作,而是在心理上接受了用承受枯燥的生活来换取稳定而肤浅的满足。这一时期,改变工作性质的动机仍充满道德色彩:这涉及提供真正令人满足的工作,使工人不仅被动地感到满足,还能体验到真实的、由奋发努力带来的快乐。

道格拉斯·麦格雷戈(Douglas McGregor)、弗雷德里克·赫茨伯格(Frederick Herzberg)、彼得·德鲁克和克瑞斯·阿吉里斯等管理学专家,以及威廉·怀特和亚伯拉罕·马斯洛等知名作家,都通过将注意力从组织群体和人际关系转移到个体及其在工作中的成就感,为这种情感结构奠定基础。马斯洛在 1954 年出版的《动机与人格》(*Motivation and Personality*)中提出的需求层次理论,在提供理解框架方面具有深远影响——这一框架被管理精英用于支撑他们关于工作满足人类深层需求的论点。在马斯洛的理论中,自我实现是人类的最高需求。与归属或自尊等需求不同,自我实现(被定义为个体"从事其天赋所适合的活动"的需求)本质上与体力、心理和创造性劳动的

---

① Argyris, *Personality and Organization*, 121.

实践紧密相关。马斯洛在谈论创造性生产时明确表达了一种观点:"音乐家必须作曲,画家必须绘画,诗人必须写诗。"他的论点是,个体只有在"实现了他的潜能"时,才能达成自我实现。这种自我实现建立在每个人独有的生产潜力之上,需要通过具体行动来激发持续的满足感。①

在将具体行动定位为美好生活的关键时,需求层次理论提供了一个有力的隐喻,供管理精英宣扬新的自我本位观念。赫茨伯格及其同事将这个理念融入了颇具影响力的双因素理论(dyadic scheme)之中。该理论认为工作动机有两个因素,"满意因素"(satisfiers)和"不满意因素"(dissatisfiers)。② 他们认为,工资等不满意因素虽然是必要的,但程度有限,它们可以防止工人对工作产生负面情绪,使工作变得可接受,但无法产生人们想要的满足感。他们认为,真正的幸福只有通过满足"个体自我实现的需求"才能获得。然而,这一需求无法仅靠经理的指令来满足。赫茨伯格及其同事的研究成果挑战了20年前豪瑟的论点,证明了管理者在共情认知上的能力是有限的。管理者"预测工人需求"的尝试,多半已显示出"管理者无法做出准确的预测"③。他们注意到,个体差异极为多样和复杂,不适合采用家长主义的管理方式。因此,解决方案必

---

① Maslow, *Motivation and Personality*, 46.
② Herzberg, Mausner, and Snyderman, *Motivation to Work*, 111.
③ Herzberg, Mausner, and Snyderman, *Motivation to Work*, 109.

须着眼于工作结构的重新调整：在工作过程方面，赋予个体更大的自主权，以便他们得以"发挥其实现创造性成就的能力"①。

"个性"概念被描述为企业和员工成功的关键。一份文献指出，强调团体顺应性的传统方法造就了一群"沉闷且没有干劲"的劳动力，削弱了机构的"活力与自发性"②。"个体是创造力、自发性、灵活性、主动性、多样性的源泉——所有这些都是维持机构活力和增长的要素。"管理者应相信员工的"自由意志"的力量，充分发挥他们的独特性，而不是强迫他们顺应仅能满足管理者自身目标的特定模式。③ 另一份文献强调，应将所有工人视为具有"特殊特质""独特敏感性"和"深层需求和情感"的独特而完整的个体。④ 虽然传统的人际关系学说聚焦于谨慎防范及修正负面特质，但20世纪中叶的管理哲学越来越强调顺应员工的天赋个性，以"帮助他们发挥本能潜力"⑤。这一理念同样适用于管理者：对于自身的不良特质，也无须过度自责或控制。某文献建议，"试着接纳自己本来的样子；在发现自己有某些特质时，不必刻意突出'优点'或'缺点'"；真正的自我掌控，源自与天赋本性共进退，而非试

---

① Herzberg, Mausner, and Snyderman, *Motivation to Work*, 114.
② Dimock, *Philosophy of Administration*, 6.
③ Dimock, *Philosophy of Administration*, 71.
④ Steckle, *Man in Management*, 131.
⑤ Dimock, *Philosophy of Administration*, 73.

道格拉斯·麦格雷戈影响深远的管理理论——"Y理论"②——使这种哲学在许多方面得到了普及。在《企业的人性面》一书中,麦格雷戈颠覆了人们对人类欲望的传统看法。他解释说,与流行观念相反,人们并不天生讨厌工作,也不渴望被他人指挥或回避责任。他指出,人际关系学说的缺陷在于,它接受了这些假设,并将它们融入"X理论"③中。尽管这一理论的初衷是善意的,但其本质上是专制的。人际关系学说并不相信员工能自主制定高效的目标、流程与标准,它提供的所谓员工自主只是虚伪的表面,实则要求员工严格遵循管理层设定的思想与原则。

麦格雷戈认为,内在需求是生理本能,应当被实现而非被操纵——尝试操控这些需求将引发难以平息的根深蒂固的怨恨。这种观点是他反对人际关系学说的核心理由——X理论可以巧妙地操控员工,让他们在不自觉中"得出管理者预设的答案,却误以为是自己的想法"④。他强调,"让人们感觉自己重要与使人们真正变得重要之间有本质区别"。前者可能会破坏管理者的诚信,并引起下

---

① Steckle, *Man in Management*, 59.
② [译注] Y理论(Theory Y),认为人天生愿意工作、能主动承担责任和寻求成长,因此应通过内在激励来激发员工的积极性。
③ [译注] X理论(Theory X),认为人天生厌恶工作并缺乏责任感,因此需要通过外部监督和严格的规章制度来管理员工。
④ McGregor, *Human Side of Enterprise*, 125.

属的反感。① 管理者应当把员工当作成年人对待，而不是试图通过安抚来寻求暂时的和谐："视员工为执行命令的工具的管理者，永远无法得到专业的团队支持。"② 被当成小孩对待的员工，顶多只能交出胡乱应付的工作，最坏的情况下甚至会生出愤怒和怨恨，他们绝不会为雇主奉献"充满想象力和创造力的努力"③。

为了培养具有创新精神和专业素质的员工，管理者应采用 Y 理论的管理方式，这一模式对员工持完全不同的看法。在这种模式下，管理者需要对"普通人的智力和能力持相对较高的评价"；他们必须认识到，"大多数人都具有成长与发展的能力，能够承担责任，取得创造性成就"④。与以员工为目标和中心的 X 理论不同，Y 理论要求管理者成为耐心且乐观的培养者。管理者被鼓励帮助员工识别他们自己的目标，引导员工将这些目标与组织的利益保持一致，并提供他们所需的支持和资源，以便他们朝着自己希望的方向成长。

这种对人性的看法为从追求幸福到追求激情的转变提供了舞台。情感结构催生了一种新的互惠交换条件：管理学文献主张，一旦工人被安排在合适的岗位并获得足够的

---

① McGregor, *Human Side of Enterprise*, 125.
② McGregor, *Human Side of Enterprise*, 174.
③ McGregor, *Human Side of Enterprise*, 174.
④ McGregor, *Human Side of Enterprise*, 140.

自主权,他们将唤醒内心深处对自我实现的渴望,变得自我激励、负责任并充满动力。激情学说保留了对幸福的幻想,将工作视为通往美好生活的路径,但也重塑了个体进入这种美好生活想象的主体性。在这一体制下,通过直接体验获得的幸福不再是追求的目标。尽管幸福可能是激情的一种结果,但管理学文献现在明确表示,在激情的整体架构中,幸福与其他因素的关系更为复杂。毕竟,幸福的丑陋内核是被动和冷漠,这些与激情行为形成了鲜明对比。

当激情成为理想时,包括不幸福和愤怒在内的负面情绪也随之被改变。拒绝被动幸福可能是激情行为的表现:既显示了对现状的不满,也体现了推动改变的真正动力。托马斯·斯帕茨(Thomas Spates)让读者想象被安抚的"幸福"是什么样子:"你可以设想,一名工人待在他的办公桌、工作台或机器旁,看起来很'幸福'。他就是那么幸福。事实上,他对现状如此满意,以至于他不想改变工作的节奏或条件。"① 这种"就是"幸福的工人已成为一种象征:他对现状感到满足,以至于停止追求个人成长,甚至"抵触变化",并且不愿向组织贡献新思想以改善它。相比之下,斯帕茨指出,"不幸福"和"进取"的员工会主动

---

① Spates, *Human Values Where People Work*, 185.

"寻求变革、改进、创新,以及更有效地完成工作的方法"①。

虽然幸福的情感结构排斥焦虑、不幸福、愤怒和不满等负面情绪状态,但新的激情情感结构则将这些负面特征视为与工作保持健康关系的合理迹象,甚至是引发激进思想和变革的火花。在这种情况下,这些负面状态不应简单地被幸福取代。相反,它们需要被精心引导和管理,以便激励个体采取适当的经济行为实践。② 因此,从幸福到激情的转变是一个复杂的过程,不仅仅是从一个理想转换到另一个理想,它还涉及美好生活本质的改变:美好生活不再排除焦虑或不满的时刻,而是将这些负面状态视为激发实现真正成就感所需动机的重要组成部分。

激情的需求

20世纪末,激情的情感结构越来越受到重视。随着工作满意度问题引起公众关注,这一问题被视为工人明确提出的需求。正如哈罗德·谢泼德(Harold Sheppard)和尼尔·海瑞克(Neal Herrick)观察到的,到了20世纪70年代初,关于"蓝领忧郁"和"白领困境"的讨论已

---

① Spates, *Human Values Where People Work*, 185.
② Drucker, *Practice of Management*.

超越了管理精英群体的范畴。这一问题因对优质工作的需求未能得到满足而渗入公众意识之中,它被认为是"社会关注的重要领域",需要政府、知识分子和公众的关注。① 这一时期,报纸、杂志和其他流行出版物将不满描述为困扰美国劳动人口(尤其是对工作要求日益增长的年轻人)的疾病。《财富》杂志的作家贾德森·古丁(Judson Gooding)指出,虽然过去人们"毫无疑问地接受工作的必要性",但他们现在坚持在工作中寻找意义,如果发现工作不讨喜或无趣,他们甚至会辞职:"工作不再是终身的,工人只有在喜欢并感到满意的时候才会继续干下去。"②

以往的文献主张工人无法理解工作的心理重要性,但到了20世纪70年代,新的文献重新定义了自我实现的愿望,认为这是工人意识到并积极追求的目标。例如,古丁描述他在全国各地与数百名工人、工头和经理连续交谈数月的情况时指出,他们对改善工作条件的需求具有惊人的一致性。他们讨论了工作中存在的问题以及如何改善这些问题。③ 这些工人的不满并非源于薪资问题,而是因为他们感到缺乏激情,这表明工作没有满足他们的志向和才能。联邦政府资助的学术研究为这一观点增添了科学的可

---

① Sheppard and Herrick, *Where Have All the Robots Gone?*, xiii.
② Gooding, *Job Revolution*, 2,6.
③ Gooding, *Job Revolution*, 6.

信度。① 密歇根大学调查研究中心利用大规模样本进行的研究，常常被用作"自我实现是一种内在需求"的证据。该时期的一份基于对1000多名工人的访谈报告指出，工人们希望能在工作中找到更多意义，并且他们的工作满意度主要取决于才能是否得到充分发挥以及工作是否有趣。②

这些自陈报告假定，个体对欲望的自我认知是透明而清晰的，仿佛欲望是存在于个体内部的一个独立实体，不受外部环境的影响，并且个体本身能最客观地评估和确定自己最渴望的事物。然而，如果主流的企业观念认为，一份好工作应当带来良好的心理感受，那么对"你想要什么"这一问题的回答，已不可避免地被编织进了关于"你应该追求什么"的观念中。关于什么能带来美好生活的假设，往往充斥着一系列价值判断，影响我们对欲望的描述。此外，这一时期的研究不仅测量了工人的欲望，还将研究结果解读为对激情的天生需求的证据，从而为《美国的工作》提供依据，该书声称"正如过去20年中超过100项研究显示，工人们最渴望的是……感到他们的工作及自身的重要性"③。

对激情作为一个历史上持续存在的现象的描述，得到

---

① 《美国的工作》联邦报告是由美国劳工部主导的、对工作生活进行深入探究的最重要的调查之一。参见 Davis and Cherns, *Quality of Working Life*。
② Sheppard and Herrick, *Where Have All the Robots Gone?*
③ O'Toole et al., *Work in America*, 13.

了"过去20年中超过100项研究"的支持,这种描述忽略了欲望的冲突性历史、构建过程中的斗争及其表达带来的后果。激情被视为人性中天然且简单的部分,这意味着在探索和追寻我们内在的欲望时,我们可能会体验到美好生活,并发现意义、获得认可以及构成传统幻想的其他要素。因此,激情有可能被描绘成需要捍卫的东西——需要保护,以抵御机械化力量或拒绝承认个人才能和个性的不明智的管理者的伤害。例如,拉尔夫·纳德(Ralph Nader)在提到"对工作意义的追求——与对工作本身的追求不同——是历史上最未被探索的领域之一"时,忽视了欲望漫长且复杂的历史。他倡导在动机研究方面进行更多的探索。[1] 这一建议不仅体现出对心理需求的关注是一种新现象,还暗示这种新现象标志着工人长期斗争的一个重要胜利,是企业和社会所忽略的关键因素。

这一立场将激情视为一种道德权利,鉴于20世纪70年代的文献已清晰揭示了不满情绪的社会后果,这一点并不夸张。正如《工作生活的质量》(*The Quality of Working Life*)的序言所述,工作的心理重要性的共识需要从社会角度来理解,其关键在于探讨"工作生活如何影响工人的个人生活,反之亦然"[2]。斯特茨·特克尔(Studs

---

[1] Nader, "Afterwords", in Lasson, *Workers*, 261.
[2] Davis and Cherns, *Quality of Working Life*, 2.

Terkel）在1974年出版的超级畅销书《工作》中，通过生动的口述史，将工作的艰苦以前所未有的、亲切的真实性展现出来，这种表达方式与之前的讨论有所不同。特克尔对工作的批评非常直白："这本书讨论的是工作，因此它本质上涉及对精神及身体的暴力。"① 通过整合128个不同职业的人的访谈——包括环卫工、服务行业员工和性工作者——他塑造了一系列生动而细腻的形象，描述了日常工作生活中的挑战，这些挑战不仅影响了受访者的即时工作环境，也波及他们的整体生活质量："这关乎溃疡和事故，关乎争吵和打斗，也关乎神经崩溃以及不公正对待。"②

《工作》中的一个核心形象是美国工人，他们在工作中缺乏成就感，但依然对其抱有渴望。特克尔指出，工作中的困境并未阻止人们追寻"日常的意义以及日常的生计"，因为正是它们将"真正的生活"与"周一至周五的死气沉沉"区分开来。③ 工作越单调，逃避现实、投入幻想和游戏的冲动就越强烈。这种逃避让工作体验似乎变得更有趣、更有意义。特克尔政治自由主义者的身份，显示出无论是政治右派还是左派，都对心理层面的满足有着共同的追求。双方都支持这种浪漫的个体主义，将激情视作为了个人深层信念而进行的艰苦斗争。

---

① Terkel, *Working*, xiii.
② Terkel, *Working*, xiii.
③ Terkel, *Working*, xiii.

特克尔对不满的劳动可能造成的社会伤害的警示，与管理者话语中对冷漠的长期批判不谋而合。20世纪末，管理学文献持续强调，禁锢感会损害人们的心理健康，并引发社会问题。例如，古丁描述了"对工作的憎恨"，认为这不仅悲哀，还"危险"，警示这可能导致"恶性循环"，"对国家的社会结构造成严重影响"，结果可能在工作场所引发"死亡威胁""家庭破裂""滥用药物"和"公然的破坏行为"[1]。另一篇文献以一个典型家庭为例，展示了没有激情的工作对个体造成的持续伤害："每天早上出门上班，无异于对自我的一次打击。他的家人自然也能感受到这一点。由于父亲对工作强烈不满，孩子说道：'爸爸总是很暴躁。以前他常带我们去看电影，但最近很久没有去过了。'妻子也表示：'工作让他非常不幸福，这种情绪自然反映在他居家的态度以及与家人的对话之中。他天性中的乐观态度渐渐消失了。'"[2]

从制度层面看，这些观念催生了"提升工作生活质量"运动，该计划号召企业通过提供使工作丰富化和扩大化的机会来重构工作环境。[3] 这一运动主张实施如工作角色轮换、自主工作团队和扩展工作职责范围等组织政策，以期帮助员工发掘他们最具激情的工作领域。尽管这些努

---

[1] Gooding, *Job Revolution*, 77.
[2] Westley and Westley, *Emerging Worker*, 92.
[3] Conference Board, *Job Design for Motivation*.

力受到赞扬，但人们也意识到了它们的局限性。激情学说假定工人有独特的愿望和才能，而笼统的企业规划不能完全处理这种复杂性。克莱尔·沃夫（Clair Vough）建议，培养激情需要针对个人。① 这要求将工作职责与工人的身份认同相匹配，使工作成为自豪感的来源。如果能成功地做到这一点，即便地位较低的工作岗位也能激发员工的工作激情。沃夫分享了一个清洁工的故事。这位清洁工感到困扰，因为他的工作成果没有得到认可。为解决这个问题，他请求专门负责工厂的一个特定区域，并说："我只希望你们每天早上检查我的区域，并与别人的区域做对比。我相信我能在团队中做到最好，我想证明这一点。"②

关于激情的讨论在其涉及的范围内具有平等性质。虽然它认同不同职业之间满意度的差异，但它仍认为人们在工作中寻求成就感的愿望是普遍存在的。清洁工和高管一样，都有可能追求自我实现，企业也应对他俩一视同仁，提供必要的支持。然而，这样做是有代价的。当将激情作为工人的优先诉求时，其他的道德责任可能会被忽视或遮蔽。例如，沃夫在强调心理正义的同时，可能忽略了清洁工与高管之间的工资差异、工作动力转化为更高薪资的可

---

① Vough, *Tapping the Human Resource*.
② Vough, *Tapping the Human Resource*, 81.

能性，以及不同职位所提供的安全保障和福利等其他重要因素。1973年，莎·利威坦（Sar Levitan）和威廉·约翰斯顿（William Johnston）警告说，假设工人愿意为"更好的工作质量"而牺牲大部分工资是一种幼稚的想法。这揭示了关于激情的讨论涉及注意力政治学——即什么是重要的，什么是不重要的。① 虽然管理者不会声称薪酬不重要，但强调激情作为规范，为忽视工作中长期存在的重要问题提供了新借口。它开启了多种可能性，包括批评那些轻视激情、过分强调工资重要性的工会领导人。古丁认为，这些领导人与现实中的人类需求脱节，他们的要求只是在变化的经济中寻求存在感的绝望尝试。② 更糟糕的是，那些继续推动提高工资的工会，可能被视为工作重组的绊脚石——他们对企业意图的怀疑阻碍了新职场政策的实施。

当心理满足成为工作的目标时，任何阻碍激情实现的因素都会被视为需要消除的障碍。理查德·艾瑞什（Richard Irish）在他的管理学著作《如果情况不见好转，我可能会要求你解雇我》（*If Things Don't Improve Soon I May Ask You to Fire Me*）中，生动地阐述了激情在工作中的推动作用。艾瑞什明确指出，激情应该是每个人追求的目标："工作是我们想做的，而不是我们必须做的。"③ 然

---

① Levitan and Johnston, *Work Is Here to Stay*, 79.
② Gooding, *Job Revolution*.
③ Irish, *If Things Don't Improve Soon*, 49.

而，他也认为，并非所有传统意义上的"好"的工作环境都能有效培养这种情感。他断言，人们自然倾向于"在糟糕的情况下隐忍，最终在职业不满中慢慢枯萎"。因此，他提倡对裁员采取一种新的、积极的态度。① 他认为，解雇没有激情的员工可以"终结这场在职的闹剧"，并带来"巨大的自尊提升"，因为员工最终摆脱了不幸福的工作，重新获得自由，重新踏上追求激情的道路。② 因此，重视心理满足支持了工作保障的瓦解和不稳定性的产生，通过这种方式，它可以提供寻找激情所需的最人性化的自由。

消除那些妨碍人们在工作中追求激情的障碍，也会导致那些不认为工作需要激情的人出现新病症。早期的管理文献曾警示，顺应可能导致欲望结构的扭曲，但到了20世纪70年代，相关文献则开始将那些在企业的善意面前仍拒绝激情的人病理化（pathologizing），将其描述为心理异常。例如，一本管理指南指出，"有些人满足于重复性和外部强加的控制"，而且这些人的动机结构存在根本性缺陷，他们拒绝在工作场所和其他领域寻求自我实现。③ 他们的"动机水平可能永远无法达到自我实现的高度"，并将一直

---

① Irish, *If Things Don't Improve Soon*, 7.
② Irish, *If Things Don't Improve Soon*, 20.
③ Conference Board, *Job Design for Motivation*, 28.

保持"冷漠、不参与和缺乏承诺"[①]。将某些员工描述为特定类型,体现了激情规范的强制功能。随着自我实现被视为一种生物学需求,将持续拒绝接受管理者话语所倡导的激情规范的工人归类为异常变得更容易。管理者话语最初将工作抵抗问题归咎于工业化带来的人际关系异化,随后又将其归因于拒绝幸福的顺应性。到了20世纪70年代,这种话语进一步将对强制性激情的抗拒解读为个体欲望的先天缺陷。因此,工作中的激情表现被视为健康心理生活的晴雨表,也成了衡量一个人能否充分参与社会和公民生活的指标。

对美好生活的虚幻追求

美好生活可以被视为一种导向性目标:它根据其乌托邦式的承诺指引我们的行动方向,同时因引导我们远离歧途,它也封闭了某些可能性。这解释了为什么美好生活的理念具有深刻的政治性。正如卡蒂·威克斯(Kathi Weeks)所述,关于我们想要什么(什么能给我们带来幸福)的想法可能会通过"成熟愿景和既定结果"而封闭"可能的未来",这甚至限制了我们对乌托邦的想象。[②] 美

[①] Conference Board, *Job Design for Motivation*, 29.
[②] Weeks, *Problem with Work*, 90.

好生活的理念为我们关于未来的构想奠定了基础，并在它的周围吸引了一系列积极的情感。当某个目标被认为能带来美好生活时，这个目标本身就被视为有价值，从而吸附了能量和积极的情感。数十年来，管理话语已将激情塑造为这样的目标，强调它能满足人类共有的自我实现需求。因此，以工作为中心的美好生活也优先考虑了心理正义，使得个人成就感成为工作的核心目标。

追踪工作中偶然出现的乐观态度能让我们重新审视这段历史。幸福和激情的激荡反映出我们屡屡得不到满足的欲望史：在这一历程中，人们构想的美好生活的框架屡次被证明无法达到预期，因而需要不断修正。当美好生活未能满足我们的期望，也无法维持其价值时，这意味着什么？当我们期望从工作中获得的东西反而带来失望时，这又说明了什么？首先，这可能凸显出人类欲望的可变性，正如管理学文献所强调的，反文化青年拥有新欲望。其次，正如萨拉·艾哈迈德所暗示的，这也可能表明"美好生活"概念存在更深层次的问题，我们对工作及其回报的理解有限，导致我们未能正确识别持续不满的根源。

对美好生活的虚幻追求，揭示了投身激情事业所需承担的代价。当激情被认为是必要的、有益的、人类与生俱来的需要时，我们就将激情的优点视为不容置疑的事实，而非一个有待验证的假设。① 这个事实也与那些偏向资本利益的行为模式和信念体系紧密相关。不仅正确工作中的正确情感能带来美好的生活，人们还被告知要改造自己，主动寻找体验这些正确情感的方法。从幸福到激情的变迁说明了这种需求的政治特性，它提醒我们必须思考：是谁在提出工作的需求，一个群体的需求如何转化成大众的需求，以及这些需求带来的后果。

当代关于激情的讨论掩盖了关于表达欲望权利的长期斗争，它使人们难以理解为何拒绝激情是有意义的：这种拒绝可以视为对自主权的主张，是对一个不那么依赖工作、工作不再是生存必要条件的不同世界的权利的主张。本章的目标在于通过创造讨论空间来启动这一过程。首先，我们必须开辟一个空间，来讨论我们对工作的期望，这样才能有效地进行批判。我们不必急着将不满视为负面现象，认为其亟须解决。把批判放在一边，先去探索由不满引发的各种故事，可能会发现多样化的乐观关系和对美好生活的丰富想象。后续章节继续探讨如何将对激情需求的深入审视带入当代工作文化之中。

---

① Terada, *Looking Away*, 3.

第二章
失业、无损和心理弹性

> 我们正在经历史上最严重的经济衰退之一……所以,这个剧本原本讲述的是一个以裁员为生的男人的故事……当电影拍好时,就变成了关于一个男人试图弄清楚他想要什么,以及他想要在生活中追求什么的故事。此外,我不得不删掉所有我起初编写剧本时感觉合理但在当前情境下不再有意义的讽刺性裁员场景。
>
> ——贾森·赖特曼(Jason Reitman),接受特瑞·格罗斯(Terry Gross)关于其电影《在云端》(*Up in the Air*, 2009)的采访时如此表示

在目睹大萧条期间的大规模失业后,贾森·赖特曼决定在电影中将企业裁员的讽刺场景替换为工人对裁员消息的真实反应。于是,电影开头出现的震撼人心的一幕,颇能体现电影的创作方向。在这一幕中,职业裁员专家瑞

恩·宾厄姆（Ryan Bingham）对着被裁的员工发表了关于激情的陈词滥调，随即在员工暂时平静下来的瞬间迅速夺走了他的门禁卡。宾厄姆的台词——"任何一位建立帝国、影响世界的杰出人物，都曾有过你这样的经历。正因为他们经历过，他们才能做到"——意在讽刺那些陈腐的职业建议，以及那种认为失业可能成为人们重新发现激情、追求更美好生活的积极时机的刻板观念。但在经济衰退的背景下，赖特曼担忧，讽刺的基调可能会让电影显得"虚假"且缺乏尊重。

作为补救，赖特曼在电影中再现了真实的场景——来自圣路易斯和底特律的被裁员工在接到裁员通知时表现出的震惊和痛苦。评论家对这些场景反响热烈，称其为对全国性苦难"惊人的先见之明"、许多美国人在经济衰退中不得不面对的"更真实的悲剧"[①]。赖特曼自己也深切感受到了这种全国性伤痛的深刻性和真实性：他表示，他几乎不需做任何努力，这些被裁员工就能自然地流露出失业的痛苦。拍摄期间，一旦被告知他们被解雇，这些参与者几乎立刻就回到了他们的"感官记忆"中。赖特曼说："他们的肢体语言会变化，肩膀会下垂，眼神会移开，一个女孩甚至长出了荨麻疹。"[②]

[①] 参见 Dargis, "George Clooney and Vera Farmiga"; Morgenstern, "In the Air"。
[②] A. Thompson, "20 Questions"。

有些讽刺的是，激情从电影中被讽刺的主题转变为救赎性的要素。电影末尾，在家庭和浪漫关系的启发下，宾厄姆开始反思自己生活和职业的无意义。[1] 赖特曼解释说，这种转变关联到人生目标这一主题："你在生活中寻找何种目标？你渴望什么？"[2] 这一转向也受到了他对失业者采访的启发。赖特曼解释说，在那些谈话中，"很少"有人提到收入损失。相反，人们一再表示："我不知道我应该做什么……"这更多地是关于目标感的缺失。[3] 因此，目标不仅被认为是工人曾经拥有、现已失去的东西，它还被视为失业的主要代价和这场衰退的核心危机。

《在云端》展示了经济衰退如何把激情的叙事转变为一种社会公益，为那些失业的人们——他们正经历"目标感丧失"的动荡期——提供复苏的动力。[4] 影片末尾，宾厄姆决定追求有目标的生活，这象征着激情的价值，即便它可能仍指向错误的方向。在经历了自我发现的过程之后，他准备以激情追求一种不同的生活方式。我们看到他有可能从追逐飞行里程和冷漠的工作中解脱出来，转而投

---

[1] I. Fraser, "Affective Labor and Alienation".
[2] Popsugar, "Buzz Interview".
[3] Gross, "For Reitman".
[4] 值得注意的是，这种失落感是通过传统的家庭观念和异性恋浪漫观来缓解的。詹姆斯·霍伯曼（James Hoberman）在电影杂志《村声》（*Village Voice*）中写道："如电影中的几个情节和结尾的一段彩虹蒙太奇所表达的，失业者赞美亲人给他们带来的慰藉，自由市场的残酷可以通过对家庭价值的情感信仰得到缓和。《在云端》警告我们无法回到过去——然而，这部电影充满了虚假的欢乐和虚伪的思想，假装我们似乎可以回到过去。"（Hoberman, "George Clooney"）

身更有意义的事务。因此,虽然激情曾被视为陈词滥调,但如今在其必要性被普遍接受之后,对它的批评也随之失效。赖特曼不愿嘲讽激情,因为激情在塑造一个有目标的世界和美好生活中扮演着重要角色。实际上,正是因为存在失落,关于激情的老生常谈才显得强有力且值得传播:当存在需要重建的断裂时,我们会回归那些正统家庭价值观、浪漫关系以及在工作中寻找意义的观念中去。

心理上的萧条

虽然就业从未能保证激情的产生,但它通常被视为美好生活的必要条件。对许多人而言,就业仍是他们设想的支撑消费主义、通向财富积累的主要途径。① 然而,大萧条却通过将失业文化在日常生活和大众意识中逐渐常态化,向这种观念发出了挑战。实际上,尽管在大萧条后的十年间失业率有所波动,但就业条件仍极其不稳定。在新冠疫情大流行的几个月前,美国失业率达到"50 年最低"的 3.5%,屡获赞誉。② 这实际上是个平平无奇的成就,这个数字是在 2009 年失业率达到 10% 的高峰后,历经数年才实现的,而且大多数人的工资也并未随之增长。③ 不论如何,

---

① Benanav, *Automation*.
② Rugaber, "U.S. Unemployment Rate Falls to 50-Year Low".
③ DeSilver, "For Most U.S. Workers".

疫情只用了几个月内就抹除了这些成绩。到了2020年4月，失业率又飙升至14.7%，之后在2021年稳定降至约6%。①

当然，失业率只反映了美国失业问题的一个侧面。② 首先，它未能展示就业领域的不平等现象。即便在失业率处于历史低点的时期，统计数字仍低估了少数族裔在失业和贫困人口中的比例。③ 黑人的失业率至少是白人的两倍，且他们通常是经济衰退的最大受害者，在失业后再就业的难度也更大。④ 这种差距也体现在所谓的"美国的两种经济形势"的地理分布上，其中消费高昂的沿海地区如纽约和加利福尼亚经济增长迅速，而铁锈带上的各州则继续深陷失业和贫困的泥沼。⑤

另外，通常使用的U-3失业率⑥并没有考虑到未充分就业和长期失业⑦问题，这两个问题随着自雇和临时工作的增加而变得尤为重要。⑧ 罗格斯大学赫尔德里奇中心

---

① Ivanova, "Unemployment Rate Could Hit 25%".
② 参见Fox, "What's Really Wrong with the Unemployment Rate"; Gregory, "America's Hidden Unemployment Crisis"; Wells, "Government Says Unemployment Is at 5%"。
③ Glaude, *Democracy in Black*.
④ Glinton, "Unemployment May Be Dropping"; White, "Racial Gaps".
⑤ Kendzior, "Geography"; Schwartz, "Poorest Areas". 这种分裂的赋权感在不同的政治派别之间表现得尤为明显，而且这种现象还在加剧。
⑥ [译注] U-3失业率（U-3 unemployment figure），最常引用的失业统计数据，衡量的是劳动力中没有工作、能工作且在过去4周积极寻找工作的人的比例。这个数字由美国劳工统计局定期发布，是衡量失业水平的标准指标。
⑦ [译注] 未充分就业（underemployment），指从事的工作不足以充分利用就业者的技能或时间。长期失业（long-term unemployment），通常指失业时间超过27周的情况，可能伴随技能退化和再就业困难。
⑧ Walters, "Demise of Unemployment?".

(Rutgers University Heldrich Center)在2008至2015年间进行的全国性调查显示,经济衰退期间被裁的人中有五分之一在这七年间一直未能找到工作。① 在那些再就业的人之中,有一半的人花了两年以上的时间找工作,四分之一的人只能接受临时工作。这些趋势还表现出种族、教育和年龄方面的明显差异。长期失业者往往受教育程度较低、年龄较大,且多为西班牙裔和非洲裔美国人。② 在大萧条后再就业的人更有可能未充分就业,例如,工作时长少于预期,或不得不从事临时工作,或打零工。③ 长期来看,这种妥协似乎带来了不利后果。经济学家指出,那些在经济衰退期间自愿降低职业层级的人,在经济形势好转时发现,很难再回到原来的层级。④

这些当代问题源于新自由主义重组的长期过程,尤其是自20世纪80年代中期起,企业从"利益相关者"(stakeholder)模式转向"股东至上"(share holder)模式,这一转变极大地削弱了对工人生计的保障。⑤ 在利益相关者模式下,企业需遵守社会契约,服务员工和社区的利益;而在股东至上模式下,企业则将投资者利益置于首位,促使

---

① Sharone, Blustein, and Van Horn, "Long-Term Unemployment", 552.
② Krueger et al., "Are the Long-Term Unemployed on the Margins".
③ Barnichon and Zylberberg, "Underemployment"; Katz and Krueger, "Role of Unemployment".
④ Barnichon and Zylberberg, "Underemployment".
⑤ Kalleberg, "Job Quality", 429.

企业领导追求短期利益。① 这种朝向股东模式的意识形态转变，深刻影响了社会对工人的认知。工人日益被视为削减企业利润的负担或成本，而去除这些成本则能获得股东的认可。相应地，企业采用了一种精简而严苛的人力策略，致力于压低劳动成本并保持员工人数的灵活。工作被标准化并外包到海外，以利用更廉价的劳动力；高成本的长期员工被低成本的临时员工替代；工会也被解散，以便企业能对劳动过程实施最大程度的控制。②

这些趋势为我们的解释提供了依据：为什么即便失业统计有时显示的是充分就业，失业仍在情感上被人们感知为一种持续的危机。在本章中，我讨论了在后萧条时期尤为明显的连续性失业模式（serialized pattern of unemployment）：在这种情况下，即使在正常的经济环境中，工人也必须预期并应对反复的失业周期。这种模式在21世纪初就清晰地显现出来，就像管理理论家道格拉斯·霍尔（Douglas Hall）提出的"易变职业生涯"（protean career）概念，它要求工人将每份工作都视为一生中多重职业路径中的一个临时职位。现在，工作的变动被视为积极的，而且是正常的职业生涯的一部分，因为裁员已成为一

---

① Kalleberg, *Good Jobs, Bad Jobs*.
② 到21世纪初期，这种关于工人的观点被总结为一个广为流行的商业术语——7%规则。"据这条'规则'，"艾琳·哈顿（Erin Hatton）写道，"一家公司一旦宣布大规模裁员，其股价就会上涨7%。"（Hatton, *Temp Economy*），还可参见Hyman, *Temp*。

种常态。① 因此,当凯丽·莱恩(Carrie Lane)在同一时期对失业的科技行业从业者进行采访时,她发现,受访者倾向于将失业归咎于自身和经济环境,但几乎没有人批评雇主没有提供"终身雇佣"。她写道:"现代科技行业的从业者已不再期望公司提供此类保障。"②

然而,连续性失业的情感影响并不容易消除,特别是随着失业风险的增大和持续时间的延长。20世纪70年代,平均每个人在找到新工作前需要失业11周。到了21世纪初,这个数字增加到17周,经济衰退期间更是上升到40周的高点,目前已降至约23周。③ 失业持续时间的延长带来了更大的情绪消耗。根据招聘机构瑞士特(Randstad)的报告,现代求职过程平均需要4个不同版本的简历、4封求职信、7次申请以及5场不同的面试。④ 同样地,职业教练托尼·贝什拉(Tony Beshara)建议,求职者应将求职看作一种数字游戏,很难通过一次申请就获得成功,即使找到工作之后,他们也必须做好在未来可能需要重复这一过程的准备。贝什拉指出:"你可能会感到沮丧、被拒

---

① 对于解雇的日常性质的描述,可见格罗特(Grote)在《哈佛商业评论》上发表的《逐步指南》("Step-by-Step Guide")。维护专业联系的必要性可以通过关于"烧毁桥梁"(burning bridges,通常指断绝关系的行为)的广泛讨论来理解,这也是离职过程中的一项常见建议。参见 Castrillon, "5 Tips"。
② Lane, *Company of One*, 39.
③ 美国劳动统计局资料,从圣路易斯联邦储备银行获取。
④ Randstad, "Art of the Job Hunt".

绝、被否认、被遗忘、被忽略、被欺骗……在经历所有这些困境之后,你还必须振作起来,冒着一切再次重演的风险,继续前行。"①

这种情绪压力导致了贝什拉所描述的"心理上的萧条"(psychological recession),即工人们即使在就业时也会担忧自己的工作情况。虽然求职过程中的压力可能引发同情,但职业顾问认为,公众意识中对失业的关注不应被贬低或忽视。实际上,当代上班族不得不考虑失业问题。心理准备对他们而言非常重要。对此,正确的应对策略应该是面对和处理这种现实的担忧,而不是忽视它。也就是说,失业的常态化表明,需要在当代工人的心理构建中植入一种不同的心理态度。从根本上讲,工人需要具备前所未有的心理弹性,这样他们在面临失业时才能避免强烈负面情绪的影响。

冷漠与不良适应

失业何以承载如此巨大的心理意义?我们可以从employ(雇佣)这个词说起,它来自拉丁语动词 implicāre,意为"纠缠、涉入、紧密连接"②。在某种层面,就业

---

① Beshara, *Job Search Solution*, 19.
② Oxford English Dictionary, "Employ".

(employment)是一种纠缠,通常是以工资作为回报,与雇主建立契约关系。然而,就业中的"紧密连接"之意也暗示着工作与社会生活的规范交织。被雇佣意味着被利用,即在一段时间内,将个人的时间和能力投入特定目标中。unemployment(失业)中的 un 暗示了这种连接的断裂,而这种断裂又会转化为其他缺失,包括维持生活的能力、个人的社会价值以及心理福祉。这一点在众多自助书籍的标题中得到体现——《求职不恐慌》(*The Panic Free Job Search*)、《失业后如何保持理智》(*Keeping Your Head after Losing Your Job*)、《在不丧失理智的情况下找到职业道路》(*Finding Your Career Path Without Losing Your Mind*),等等——这些书名都暗示了失业可能导致更深层次的缺失。人们担心的是,与雇主的连接断裂可能导致一系列其他断裂——如与更广泛的社会脱节或自尊的丧失——最终使主体因陷入绝望而变得更加不适合被雇佣。

在本节中,我将探讨冷漠或我所称的"不良适应"(maladapted adaptation)如何构成这种断裂,并建立起环境(失业)、主体(不适合被雇佣者)以及被视为"威胁"的人群(长期失业者)之间的联系。莫雷齐奥·拉扎拉托提醒我们,"失业、就业和工作并不是客观存在的'自然'现实"[①]。失业的概念在不同的时间点具有不同的含义,涉及

---

① Lazzarato, "Neoliberalism in Action", 111.

一系列关注点和意识形态。① 于是,我们可能会问:冷漠如何在失业的叙事中扮演重要角色?激情又如何被看作解决冷漠问题的答案?

马修·科尔(Matthew Cole)对20世纪30年代的马林塔尔研究进行的深刻的批评性审视,是一个很好的切入点。② 《马林塔尔》是一部社会学经典著作,其德文版于1933年出版,英文版则于1971年出版,被誉为"理解失业的社会科学研究的奠基石"③。书中的案例聚焦在一个名叫马林塔尔的工业村庄,这是一个拥有478户家庭的社区,位于维也纳东南方向约20英里处。1929年,当地唯一的纺织厂突然倒闭,导致全村陷入失业状态。④ 首席研究员玛丽·雅霍达(Marie Jahoda)认为,马林塔尔为研究失业对社区的影响提供了一个罕见的微观世界。因为这是一个"完全失业的社区",与通常只是部分失业的情况不同。⑤ 因此,尽管雅霍达及其同事承认特定环境的重要性,

---

① 参见 Walters, *Unemployment and Government*; Welshman, "Concept of the Unemployable"。
② Cole, "Re-Thinking Unemployment"。[译注] 2007年,马修·科尔在《社会学》期刊上发表了一篇题为《重新思考失业问题:对雅霍达等人的学术遗产的挑战》的论文,向雅霍达等人于30年代在奥地利马林塔尔地区的研究提出了质疑。科尔指出,马林塔尔研究用道德话语来理解和解释失业,并隐含了一些预设信念,如"人性"与"工作"的关系具有性别差异。科尔主张从这种过时的信念中解放社会学的想象力。
③ Cole, "Re-Thinking Unemployment", 1133.
④ Jahoda, Lazarsfeld, and Zeisel, *Marienthal*.
⑤ Jahoda, Lazarsfeld, and Zeisel, *Marienthal*, 3.

但在《马林塔尔》一书中，失业被视为一种具有变革力量的客观现实——它对人和事物的影响超出了阶级和个体心理状态的范畴。

《马林塔尔》的叙述聚焦于长期失业及其对"社会人格结构崩溃"的影响。① 该书初版问世的几十年后，合作研究者保罗·拉扎斯菲尔德（Paul Lazarsfeld）指出，这本书在 1970 年代仍没有过时。他解释称，该时期的失业状况扭曲了人们的正常心理状态。他写道，长期失业是一种病态，会使"受害者"陷入"冷漠"之中，使他们失去动力，无法"再抓住他们仅剩的机会"②。他们的目标感逐渐被侵蚀，阻碍了他们采取恢复快乐状态所需的正确行为。他承认，在"机会的减少"与"志向的降低"之间存在着某种"恶性循环"③。

这种论述是描述 20 世纪 30 年代经济大萧条时期失业状态的典型话语。历史学家威廉·沃尔特斯（William Walters）的解释是，虽然此前的讨论多由维多利亚时代的道德观和劳动市场的周期性特征等话语所主导，但大萧条时期长期失业十分普遍，这使得研究者将心理健康概念引入讨论。④ 在这一新框架下，工作被视为一种结构，将人

---

① Jahoda, Lazarsfeld, and Zeisel, *Marienthal*, xi.
② Jahoda, Lazarsfeld, and Zeisel, *Marienthal*, vii.
③ Jahoda, Lazarsfeld, and Zeisel, *Marienthal*, vii.
④ 参见 Peter Miller, "Psychotherapy of Work"; Walters, *Unemployment and Government*.

们融入社区，并提供目标和地位；而工作的缺失则会引发"精神障碍"，如"焦虑，压力和抑郁"，这些障碍使人们变得"心灰意冷"——用今天的话说，变得"冷漠"——因为个体脱离了劳动力市场。①

这些描述中对冷漠的强调，使我们看到激情在失业叙事中扮演了多么重要的角色。冷漠被定义为激情的反义词，常被描述为"无激情的存在"，一种对通常能"激发兴趣或行动"的事物漠不关心的状态。②冷漠被暗指为一种病态，这让我们不得不关心到底什么才是心理正常：一个充满激情潜力的自我，总是准备在外部力量的激发下迅速采取行动。冷漠意味着这种潜力的消减，它出现在情感受损、无法被其他对象或生命体影响的人身上。

这种解读将冷漠与其他负面情绪区分开来。悲伤和愤怒的人仍具有感受性并可能被改变，冷漠的人则抵制外界的各种影响。因此，若按照劳伦斯·格罗斯伯格的说法，情感构成体现了"世界的意义"，或如梅丽莎·格雷格（Melissa Gregg）和格里高利·塞格沃斯（Gregory Seigworth）所言，体现了"行动和被影响的能力"，那么从概念解读的角度来看，冷漠可被视作一种反情感。③冷漠

---

① Walters, *Unemployment and Government*, 85.
② Oxford English Dictionary, "Apathy".
③ 在谈及情感时，格罗斯伯格指出，"这些情感构造在赋予世界意义——指的是重要性，而不是符号化的意义——的过程中起到了定义性作用"（Grossberg, *Cultural Studies*, 194）。另见 Gregg and Seigworth, *Affect Theory Reader*, 1。

意味着情感作用变得迟钝，凸显了冷漠在资本主义文化中的风险。冷漠不仅对生产力产生负面影响，而且由于缺乏潜在的激情主体，资本主义难以把握和操纵人的主体性。如让·鲍德里亚（Jean Baudrillard）所言，冷漠的群体会"消失"①。冷漠的无激情特性阻碍了其主体被诱惑或威胁成为可商品化的劳动力。

我稍后将继续探讨冷漠，但首先有必要讨论科尔关于《马林塔尔》叙事中"有偿工作规范性"的论述。在《马林塔尔》中，就业被暗示为除了赚取工资之外，对健康功能也是必需的。科尔指出，雅霍达及其同事曾表示，"无可挽回和绝望的感觉比经济剥夺本身更具麻痹的效果"，但他们没有考虑到经济剥夺可能是导致这种感觉的原因。② 尽管《马林塔尔》描述了贫困，并涉及性别化的育儿与有偿工作的关系，但该书主要将有偿工作视为"成年男性生活的正常默认状态"，而将失业视为"本质上的问题"，认为失业会贬损成年男性的身份，侵蚀他们的道德目标感，甚至导致心理状态的退化。③

这种批判引出了一个问题，即失业与痛苦情绪之间是

---

① Baudrillard, "Masses".
② Cole, "Re-Thinking Unemployment", 1136.
③ Cole, "Re-Thinking Unemployment", 1135。雅霍达的研究成果广泛地支持了这一评价。在《就业与失业》（*Employment and Unemployment*）中，她论述了有偿劳动的规范是如此普遍，以至于责怪失业者的沮丧和无力"毫无意义"："这样做无异于要求失业者凭一己之力去颠覆所有人都在遵循的强制性社会规范。"(23)

否存在自然关联。诚然，失业会让人感到绝望和无能为力。但是，如果判定失业与痛苦情绪之间存在着直接关系，其实就混淆了失业本身的直接影响和其他与失业有关的因素所引起的复杂情绪效应。① 当这些影响情绪的因素被掩盖时，我们就更容易认为提供就业机会可以解决失业的"苦楚"，而不是去挑战那种把工作当成人类生存的优先事项和必要条件的主流社会秩序。②

虽然科尔的批评富有洞见，却没有深入探讨冷漠的特殊性，这一点在我们理解《马林塔尔》将冷漠概念化的特殊方式后显得格外重要。从逻辑上来说，由于有偿工作是社会的常态，失业者就应该感到悲伤和消沉；但事实上，这并非《马林塔尔》的研究者实际观察到的情况。尽管他们生动地描绘了匮乏的样貌，但最终得出的结论却是，"马林塔尔地区最常见的基本态度"并不等同于绝望或抑郁。相反，研究者使用了一个较为温和的词——"顺其自然"（resignation）——来描述他们所观察到的态度。这种状态被定义为"整体心境相对平静，甚至偶尔会出现安详和喜悦的瞬间"。大多数持这种态度的家庭继续维护其家庭生活，照顾孩子，甚至"整体上感觉比较幸福"，但问题是，他们"没有对未来的规划，缺乏与未来的联系"。这个

---

① 参见 Burchell, "Effects"; Cole, "From Employment Exchange"。
② 另见 Weeks, *Problem with Work*。

社区虽然存活了下来，成员之间还互相提供一些帮助，但他们的存活伴随着"需求的降低和期待的缺失"，这削弱了他们解决困境的动力。①

我们必须在这一背景下理解《马林塔尔》的道德内涵。在这个社区中，失业并不是通过引发抑郁或悲伤而令人痛苦的。即便在一开始确实有不快乐的情绪出现，但未能持续太久；虽然社区里资源匮乏，但仍能维持生存。但是，从研究者的角度来看，对匮乏的成功适应反而带来了问题：因为过度适应贫困的环境，这些顺其自然的人也丧失了为更好的未来改变现状的意愿，这对他们的未来构成了严重的威胁。某个家庭的例子表明，尽管马林塔尔的大多数居民面临逆境，但他们仍相信"总能设法维持生存"："我们总会设法活下去；这不可能让我们全都倒下。"② 然而，研究者认为，这种态度可能盲目乐观。他们接受了自己的现状，却不自觉地将自己置于未来的风险之中。因此，《马林塔尔》最后得出了"心理弹性逐渐消失"的悲观结论，指出早晚会有一天，鞋子无法再修补，瓷器无法再更换，疾病也因缺医少药而无法好转。"这个过程的终点，"他们写道："是毁灭与绝望。"③

从而，《马林塔尔》重新定义了对失业进行适度适应

---

① Jahoda, Lazarsfeld, and Zeisel, *Marienthal*, 53.
② Jahoda, Lazarsfeld, and Zeisel, *Marienthal*, 47-48.
③ Jahoda, Lazarsfeld, and Zeisel, *Marienthal*, 87.

的观念。一种原本平常的适应方式——即在面对困境时设法忍受贫困并寻求满足——却被描绘为有害的适应，被认为压抑了行动力，损害了生命的展开。这种从适应（adaptation）向不良适应（maladaptation 或 maladapted adaptation）转变，应当被视为一种政治行为，它是用于保护卡蒂·威克斯所说的资本主义文化至关重要的生产主义规范秩序的手段。① 在《马林塔尔》中，生产力的规范暗示着结构的延续，将工作解释成值得过的、有价值的未来的唯一保障。因此，研究者分析了马林塔尔的年轻人所写的对未来的希望的文章，并发现，只有那些正在接受学徒训练的人才会"在他们所学的行业领域，对未来有具体的、个性化的计划"，其他人则"毫无头绪"，或只是表达了对"解放被压迫者的世界革命"的"泛泛的希望"，但"对自己的具体未来没有任何规划"②。这暗示了结构性变革的梦想是一种空想，而非激进的想象，抱有这种梦想的人受到了从老一代传递给年轻一代的"无望的气氛"的影响。

因此，冷漠不仅仅是欲望缺失的表现。在《马林塔尔》中，冷漠用来标示可接受与不可接受欲望之间的区别。"冷漠"这一标签被用来将那些产生错误欲望的人病

---

① 拉法格（Lafargue）将懒惰视为一种政治立场，因为它在各个方面都拒绝了提高生产力的要求。参见 Lafargue, *Right to Be Lazy*; Weeks, *Problem with Work*。
② Jahoda, Lazarsfeld, and Zeisel, *Marienthal*, 61-62.

理化，并通过一系列最终会伤害冷漠主体的"自然的"发展过程来论证这一点。书中有一章特别描述了这种现象，利用多种技术手段来标示马林塔尔地区男性无法适应资本主义的时间节奏。研究者记录了马林塔尔地区的男性在街上驻足的次数、他们行走的步速，以及他们如何分配一天的时间。这反映出他们失去了对时间的感知，因而无法快速行动、提高效率或避免无所事事。"一切事情的发生似乎都是无意的，"研究者总结道，并进一步将典型的马林塔尔男性描述为一种"原始的"和不思考的人，完全由本能驱动："他听到一些轻微的声响，就走到街上去；过了一会儿，他就忘了声响这回事。尽管如此，他仍站在外面，直到另一些微不足道的感觉促使他做出别的行动。"① 冷漠的危害因此被认为远超收入的损失。它迫使人们沉沦至乏味且缺乏激情的生活中，最终将失业者塑造成动物般令人担忧的对象，他们的存在被视为公共安全的威胁。②

在上一章中，我探讨了随着激情兴起，满足于幸福如

---

① Jahoda, *Employment and Unemployment*, 70-71.
② Cole, "Re-Thinking Unemployment", 1137. 如拉扎斯菲尔德所述，失业导致的冷漠会"缩减个人的实际影响范围（effective scope）"，此术语主要用以说明工人阶级的简陋消费模式如何限制他们追求更美好生活的可能。"实际影响范围"一词也有更广泛的应用。例如，拉扎斯菲尔德展示了对思想的过度宽容可能削弱学者提出深刻、大胆、革命性见解的能力。从这个角度看，失业不仅是一种经济问题，更是一种削弱个体潜能、阻碍人们拿出最佳表现的状态。参见 Lazarsfeld, "Sociology"; Lazarsfeld and Thielens, *Academic Mind*。

何被视为一种负面情感。虽然知足者对自己的状态感到满意，但幸福带来的被动性阻碍了他们采取能自我提升并为公司带来利润的行动。同样，我们认为冷漠是负面的，这不仅仅因为它带来不快乐，更因为它阻碍了激情充沛、有明确目标的个体的形成——这样的个体有能力并愿意以自我提升的方式将自己的劳动力商品化。正如大卫·哈维（David Harvey）指出的，资本主义依赖工人持有生产性消费的伦理观，这种对生活的态度使劳动者的行为符合资本主义的需求，并培养出愿意将劳动力无缝融入资本主义发展的自愿行为。① 激发工人的动力，并将其指向资本定义的目标，是这个系统不可或缺的一部分。受威胁的正是这一激励体系。如马林塔尔所示，已适应匮乏的社区对被资本主义边缘化的恐惧要小得多。冷漠——及其背后对无激情的指控——被用来将那些不愿意顺应资本主义要求的人群问题化。在后续章节中，我将论述冷漠如何被扭曲，以证明痛苦情绪的增加是合理的，即这种痛苦能产生"适当"程度的压力，迫使人们继续寻找工作。但是，一个生物政治（biopolitical）项目的轮廓已经显现，其中失业人群被分为正常的和冷漠的两类，而后者被视为资本主义的威胁。

---

① Harvey, *Spaces of Hope*, 103.

上午	
6—7	起床。
7—8	叫醒孩子,因为他们得去上学。
8—9	孩子出门后,我去小屋里取柴火和水。
9—10	等我回来,妻子总会问她该煮些什么;为了回避这个问题,我就去了田里。
10—11	这时,正午无声无息地来了。
11—12	无所事事。
下午	
12—1	我们在下午1点吃饭;孩子这会儿才放学回家。
1—2	饭后,我会扫一眼报纸。
2—3	出门。
3—4	去特雷尔(小商店店主)的店里。
4—5	在公园看人砍树;为公园感到可惜。
5—6	回家。
6—7	晚饭时间——吃面条和粗粒小麦粉布丁。
7—8	上床睡觉。

图表2.1 类似的马林塔尔居民的日常时间表强化了失业等于闲散的观念,如"这时,正午无声无息地来了"。摘自《马林塔尔》(雅霍达、拉扎斯菲尔德和泽塞尔著),第68页。

失业与痛苦情绪之间的联系远比看起来复杂。尽管《马林塔尔》和大萧条将失业自然化,并重新构建成一种心理现象，但失业的另一个重要维度是社会适应过程——人们能适应失业带来的生活品质降低，而不会反抗这种境遇。长期失业所引发的心理应对状态，表面上看似平静，但这种平静恰恰是冷漠的核心问题：适应带来的满足感抑制了激发变革所需的愤怒情绪。在这样的论证之下，一个新视角浮现了出来。马林塔尔社区温和的表象——一个甘于忍受贫困的社区，人们要么坐在家里无所事事，要么无目的地漫步，或站在街头，听着无意义的声响——现在看来只是一个表象，它揭示了失业的真正病态：一种几乎难以察觉的冷漠状态。这种状态导致失业者逐渐难以适应资本主义下的生活，静静地步入衰败。[①]

被精心组织的不幸福

我们现在可以理解如何将不幸福与失业关联起来。《马林塔尔》不仅描述了失业带来的不幸福，而且揭示了这种不幸福为何是就业规范的必然结果。如果冷漠出现是因为失业状态尚在可忍受的范围内，那么就必须采取措施，将原本可以忍受的状态变得难以忍受，以此激发失业

[①] Harvey, *Spaces of Hope*, xi. 时间性无疑是资本主义的一个关键维度，而同步功能的失调——无论是劳动节奏跟不上生产线的移动，还是司机无法准确适应服务对象的时间安排——不符合资本主义工作的协调特性。有关时间性劳动的理论探讨，参见 Sharma, *In the Meantime*。

者关注并改善他们的现状。不幸福可以被视为一种治理的技术手段，这种技术通过调整某些变量来预防冷漠的产生，激励失业者重新找到工作。然而，这种治理策略往往被掩盖，隐藏在一种规范之下，这种规范使得失业者看起来"自然而然"地感到不幸福。

我们在布鲁诺·弗瑞（Bruno Frey）和阿洛伊斯·斯图策（Alois Stutzer）的一篇关于幸福经济学的基础性文章中看到了这种关联动态。在综合分析了大量关于该主题的文献之后，两位作者强调了失业与不幸福之间的紧密联系。他们在研究中指出，调查数据一致显示，"失业者自评的幸福感水平远低于就业者"。他们称这一结果体现的是失业的"纯粹"影响，即在控制了"收入损失以及其他对幸福感的间接影响"等因素后，这种联系仍然显著。① 然而，考虑到测量幸福感的复杂性、结果的普适性问题，以及失业的"间接影响"难以量化，我们有充分的理由质疑这一强硬的结论。②

然而，即使存疑，已建立的共识仍具有强大影响力。以弗瑞和斯图策为例，他们关于失业带来不幸福的常规假设使其得以拓展论点，提出因果关系反向运作的可能。也就是说，不是失业导致不幸福，而是不幸福的人难以保持

---

① Frey and Stutzer, "What Can Economists Learn", 419.
② Krueger and Schkade, "Reliability"; Deaton, "Financial Crisis"。要深入了解幸福经济学对测量幸福感的概述，可参见 Aronczyk, "Confidence Game"。

就业:"不幸福的人表现欠佳,容易被裁员。而幸福的人更适应工作生活,较不可能失业。"① 这一推理展示了失业这一标记如何成为一种启发式工具,使得多种负面联想成为可能。正如萨拉·艾哈迈德指出的,"如果我们不断将两个词语一起使用,它们之间的联系会逐渐增强……一旦这种联系建立,一个词似乎会几乎自动地引出另一个词"②。我们可以继续探索这种与"失业"相关的联想:如果失业导致不幸福,而不幸福又使得人在工作中表现欠佳,那么长期失业便容易被用来证明某人不适合工作。失业引发的不幸福被视为解释失业者失去就业能力的原因。这种关联被视为"自动的",是一系列假设拼接而成的"自然"结果,形成了一个看似符合逻辑的结论。

确实,众多关于失业的研究都描述了对失业者的偏见,这种偏见不仅隐含地存在,还被明确地实施,而且往往没有受到指责。例如,在随机简历的研究中,科里·克罗夫特(Kory Kroft)及其同事发现,每增加1个月的失业时间,求职者从招聘广告中获得的回应率会下降约4%至7%。③ 失业超过6个月后,与行业相关的经验就不再被看重。④ 到了这个阶段,所有的申请者都被视为无价值,很少

---

① Frey and Stutzer, "What Can Economists Learn", 419。作者补充说,虽然有证据表明可能存在相反的情况,但"因果关系主要还是失业导致了不幸福"。
② Ahmed, *What's the Use?*, 50.
③ Kroft, Lange, and Notowidigdo, "Duration Dependence", 1125.
④ Ghayad, "Jobless Trap".

被认为拥有任何有用的技能。①

我们很容易将其归咎于雇主的主观歧视。但这样一来，我们就会忽视这种歧视是如何被有意编排，以促成一种强制就业的文化环境。我之前提到，冷漠可被视为一种不良适应，这个标签被用于那些过度适应失业的人——那些在生活中拒绝承认就业对其未来幸福的重要性的人。20世纪70年代末，经济学家开始通过这些术语来构建"最优失业保险"，试图主动解决他们所称的失业保险的"道德风险"——失业保险福利可能补贴"非生产性的闲暇"，从而无意中助长了人们对失业状态的适应，导致失业时间的延长。② 在这种情境下，最优失业保险的目标是减少福利系统中的"失真"，既要保障那些因非自身过错而失业的人，又要确保失业者被激励去寻找再就业的机会。③ 为此，这些经济学家主张，

---

① 关于这一现象的原因总结，参见 Kroft, Lange, and Notowidigdo, "Duration Dependence"。经济学家提出了四种可能的解释：失业者可能因为被认为生产力较低而难以被雇佣；他们的技能在失业期间可能被认为已经贬值；也可能是出于纯粹的歧视；另外，随着时间的推移，工人可能会逐渐失去动力，对求职过程的热情减退。无论具体原因是什么，失业者难以获得工作这一看法已得到广泛认可，甚至招聘广告中也明目张胆地出现了"失业者不必申请"的字样。2011年，在短短四周内，出现了超过150份明确要求申请者目前必须在职的招聘广告。参见美国国家就业法律项目（National Employment Law Project）中的《招聘歧视》（"Hiring Discrimination"）报告。
② 关于20世纪70年代末的重要研究，参见 Baily, "Some Aspects"; Flemming, "Aspects"; Shavell and Weiss, "Optimal Payment"。
③ 这与失业的历史密切相关，特别是非自愿失业的逻辑。参见 Walters, *Unemployment and Government*。霍本海恩（Hopenhayn）和尼科里尼（Nicolini）在《最优失业保险》（"Optimal Unemployment Insurance"）一文中，也使用"失真"一词来阐述"反效果"需要如何被管理。

福利制度的基本机制必须惩罚连续性失业的工人。即便拥有失业保险福利，失业者也应理性地认识到，重返工作岗位符合自身利益。①

对失业保险的设计建议是基于上述主张提出的。经济学家斯蒂芬·沙维尔（Steven Shavell）和劳伦斯·韦斯（Laurence Weiss）提出了一种赔付方案，最初支付额度较高，然后随时间递减，降低赔付率旨在制造对失业的负面看法，使公众更强烈地意识到，失业时间延长可能导致利益损失。② 类似地，弗莱明（J. S. Flemming）建议失业保险的数学模型应当考虑休闲时间的价值。③ 如果休闲被视为比消费更有价值，就会鼓励推迟求职——相较于损失部分购买力，人们更看重自由时间的增加。这一系列研究还涵盖了更多因素——例如，监控对求职努力的影响、对再就业者工资的征税，以及消费的流动性——这些都是为了精细化基于效用的模型，确保再就业相比于失业更具吸引力。④

请注意这里如何通过不幸福来规范性地强化再就业的"理性"行为。在数学模型中，任何出现在失业状态下的幸福迹象——因与模型所预设的效果相悖——都必须通过

---

① Hopenhayn and Nicolini, "Optimal Unemployment Insurance", 414.
② Shavell and Weiss, "Optimal Payment".
③ Flemming, "Aspects".
④ Fredriksson and Holmlund, "Optimal Unemployment Insurance Design"; Hopenhayn and Nicolini, "Optimal Unemployment Insurance"; Chetty, "Moral Hazard".

调整惩罚机制来将其转化为非理性且短暂的现象。失业保险被滥用的可能性越高，失业的惩罚性就要越强。最优意味着存在一种向再就业"自然"驱动的条件，这种逻辑通过预先调节可能影响这些决策的众多因素而被严格构建。① 这些努力随后将导致工资被压低和工人的议价能力被削弱。正如经济学家早就认识到的，削减失业保险会压低"保留工资"（reservation wage），即求职者愿意接受的最低工资水平。② 因为，工人越是绝望，他们对工资的要求就越低，因而他们重新找到工作的速度也就越快。长期来看，这类政策将增强企业压低工资的能力——绝望的失业大军构成的过剩劳动力池，将使企业在工资谈判中拥有更大的议价权。③

虽然最优失业保险以政策治理为中心，但其影响很容易扩散到其他规范之中。例如，经济学家兰德·加亚德（Rand Ghayad）推测，雇主对求职者提交的工作申请的回应率急剧下降与失业福利的终止（在美国体制下，为失业满六个月时）之间的相关性可能与失业保险的时限有关。由于大多数工人会努力在福利终止前找到工作，雇主会认

---

① 不同的论文对"最优"（optimal）一词的定义各有不同。例如，我最近阅读的一篇论文，从"福祉"角度来定义"最优"，这种定义与其他最优失业保险论文中的政策观点形成了鲜明对比。参见 Shimer and Werning, "Reservation Wages"。
② 重要文献可参见 Feldstein and Poterba, "Unemployment Insurance"; Mortensen, "Unemployment Insurance"。
③ 要了解马克思主义视角下的"剩余劳动"理论的发展，参见 Tyner, *Dead Labor*。

为那些剩下来的人是最不易就业的。这里的经济论证凸显了再就业的时间敏感性，为歧视创造了条件，从而增加了再就业的压力。① 通过这些措施，失业政策将介入《马林塔尔》中的核心问题：失业未能为失业者提供适当的、纠正性的信号，使他们保持平静和满足，而不是激励他们找到新工作以避免生活的持续衰退。

因此，失业的痛苦来自世界构建中的一种集体努力。这种痛苦在社会领域广泛存在，通过不断加剧失业者生活的系统性障碍，使他们感知到这一点。新失业者经常会感受到巨大的时间压力，亟须快速找到工作。他们不仅需要应对收入减少和医疗福利缺失的问题，还得面对一个事实：随着时间的推移，他们再就业的可能性会逐渐降低，这使得求职者在寻找工作时不得不焦急地加快步伐。就业指南甚至建议，一旦听到可能会裁员的消息，员工就应该开始寻找新的工作机会，利用尚处在就业状态的优势来争取更好的职位。② 对于那些无法迅速重返职场的人，则建议他们采用创造性的方法来掩盖那段明显的失业期。例如，玛丽·格雷（Mary Gray）和西达尔·苏里（Siddharth Suri）观察到，在线众包平台有时被失业者用来策略性地

---

① Ghayad, "Jobless Trap".
② 例如，虽然"面试之友"（Interview Guys）建议失业者在被裁后花一两天时间进行必要的自我照顾，但他们也警告："最应避免的就是养成坏习惯和陷入抑郁。"通常建议被裁员工休息不超过一周(Gillis, "What to Do")。

展示他们是独立且高效的个体。① 同样，从事志愿工作也常被用来构建一种叙事，以此消解"非生产性"失业期带来的污名。② 我们可以从中看出，失业文化导致工人失去议价能力，加剧了对他们的剥削。

然而，尽管这些做法存在问题，但它们都以个体具有理性为前提。理性选择理论（rational choice theory）假设个体是基于激励和惩罚的效用进行计算和行动的理性主体③，他们的行为可以通过数学模型进行预测，而且他们会根据这些模型的驱动采取行动。然而，这一假设并不适用于那些被视为难以理解其动机结构的冷漠者。对于这一"非理性"群体，治理的话语将采取更为痛苦和强制的语气。

我们可以从弗雷和斯图策关于失业的第二种论述中看到这一发展。他们认为，失业不仅影响失业者本人的幸福感，还会影响其他广大公民——即便某些人自己并未失业，但较高的失业率也可能让他们感到不幸福。④ 在这种论述中，失业被视为破坏就业所带来的美好生活的一个因素，这种美好生活包括就业保障、健康的经济环境、税收的合理使用及低犯罪率。共享的美好生活理念可以形成一

---

① Gray and Suri, *Ghost Work*.
② Allan, "Volunteering as Hope Labour".
③ Davies, *Happiness Industry*.
④ Frey and Stutzer, "What Can Economists Learn", 420.

种集体的道德准则，让个体利益向社区利益看齐。① 但这种绑定的原则也给个体的行为带来了压力。如果失业导致他人感到不幸福，那么对失业状态的主动选择就不仅是个人的问题——它将变成公共健康问题和社会关注的话题。

这一论述实现了最优失业保险的"道德风险"未曾做到的飞跃。它为削减需要帮助的人群的福利提供了依据，显著限制了他们领取福利的能力。② 1996 年，美国在福利改革法案中撤销抚养未成年儿童家庭援助（Aid to Families with Dependent Children, AFDC）就是一例。如玛丽莎·查佩尔（Marisa Chappell）指出的那样，撤销该计划的主要理由是，认为它助长了领取者（通常是非白人单亲母亲）的懒惰、依赖和性放纵倾向。③ 这反映了长期存在的"反效果论"——认为福利并没有带来改善，反而造成了依赖。④ 劳伦斯·米德（Lawrence Mead）的观点对该改革产生了深远影响，他认为此类计划鼓励了贫困，允许贫困者以不负责任的方式行事，且不予问责："尽管穷人感到失败，社会却为他们提供了回避正常功能的方式，这是其他人所没有的……社会不再明确告诉穷人他们应当做什么。"⑤ 米德认为，福利及其对"依赖性"的鼓励，使得领

---

① Mattingly, *Moral Laboratories*.
② Binkley, *Happiness as Enterprise*.
③ Chappell, *War on Welfare*.
④ Somers and Block, "From Poverty to Perversity".
⑤ Mead, *From Prophecy to Charity*, 44.

取者在心理上与正确的工作取向脱节，威胁到整个社会的美好生活。①

在这场论述中使用的"冷漠"的衍生词——如失败、气馁和泄气——提醒我们激情在不良适应中所扮演的背景角色。或许，米德并不期望失业者对工作充满激情。然而，激情勾勒出一种规范性背景，使人期待"正确"态度，即积极主动的意志。对米德和《马林塔尔》的研究者而言，福利制度的问题在于无条件的救济促进了对贫困的适应。政府福利领取者被允许对工作保持消极态度——将工作视为自愿选择而非社会责任——这让他们对通常意义上的幸福漠不关心、无动于衷，从而浪费了纳税人的钱。②

因此，解决方案应以"严厉的爱"的面目出现。③ 接替 AFDC 的"困难家庭临时援助"（Temporary Assistance for Needy Families, TANF）福利计划缩短了援助时长，并附加了"工作福利"条款，强制要求领取者去找工作或参加职业培训。这些规定意在用新自由主义"自利的竞争行为"取代政府福利领取者的"依赖心态"④。我们可以从 TANF 提供的职业培训计划的性质中看到，它假定政府福利领取者的心理状态有问题，因此在培训中更关注心理状

---

① Mead, *From Prophecy to Charity*, 14.
② Mead, *Beyond Entitlement*.
③ Ramesh, "Does Getting Tough on the Unemployed Work?".
④ Binkley, *Happiness as Enterprise*, 163.

态而不是技能或教育。正如桑福德·施拉姆所述:"当申请人首次进入福利办公室时,主要关注的是评估他们是否存在阻碍'做好就业准备'的个人问题。目的是让受助人改变他们的行为模式、心理状态,解决他们的个人问题,使他们不仅更积极,也更能吸引雇主。相对而言,通过教育和培训提升其就业能力的需要则被忽略。"①

"失业导致不幸福"这一看似自然的命题,实际上可能掩盖了一种努力,即有意识地营造出一个让失业者持续处于不幸福状态的世界。从 TANF 的案例中,我们可以看到这种制造不幸福的极端意志。毕竟,那些未能符合福利条件的人不仅仅会被批评或警告,而且在治疗所谓"失败主义心态"的幌子下,他们被剥夺了基本的食物、住所和医疗援助,最终可能被置于死地。② 在实施 TANF 后的 1990 至 2008 年之间,美国贫困人口的预期寿命经历了历史上最大的一次下降。③ 这些例子反映了冷漠的实际功能:为剥夺生命找到合理化的借口,将失业状态推向致命的境地。因此,人们越来越难以将失业视为一种可行的选择。考虑到生命面临的真正威胁,期望人们探索替代方案,开辟可以挑战工作规范的新空间,便显得过于不切实际了。

---

① Schram, "In the Clinic", 87-88.
② Binkley, *Happiness as Enterprise*.
③ Geier, "Shocker Stat of the Day".

激情与心理弹性

从失业的威胁性背景出发进行理论化，为我们提供了一个关于激情在就业过程中所扮演角色的新视角。众所周知，在美国的求职环境中，求职者能否成功很大程度上依赖他们与招聘经理间的人际契合度。① 然而，在失业的文化构架中，展现积极性不仅有助于建立联系，也是与失业的负面影响保持距离所必需的。如果社会期待失业者感到不幸福，那么积极情绪的表现就显得尤为必要，这表明其心理状态未被失业的阴影所侵蚀。正如《卫报》的职业专栏作家所写的那样，"在失业的重压下保持积极"可能很困难，却是"求职成功的关键前提"："如果你表现得消极或无动于衷，这种情绪在与人交流时可能会显现出来，那么他们可能不会选择你。"② 这句话凸显了失业的悖论：在失业被视为导致不幸福以激发求职动力的同时，失业者需要投入更多努力，以让自己与假定的不幸福保持距离。

在本章接下来的部分，我将探讨多种就业指南，展示

---

① 参见 Gershon, *Down and Out*; Lane, *Company of One*; Sharone, *Flawed System/Flawed Self*。有关制造业工作的研究，参见 Chen, *Cut Loose*; Silva, *Coming Up Short*。
② Freedman, "Tips"。

激情文化的盛行如何与招聘流程相关联。① 充满激情的求职者在展现一种坚不可摧的活力形象的同时，也逐渐成为一个勇敢无畏的工作主体，他能快速克服连续性失业造成的创伤，不停歇地进行生产活动。这一叙述帮助人们与那些受伤害、受人鄙视的人格模型保持距离，这一点随着失业带来的破坏性加剧而变得愈发重要。因此，与"批评激情是空想和不切实际的"观点相反，我强调了一种文化逻辑：它展现了激情在其浪漫主义中的绝对实用性，这种情感承诺能超越劳动市场的变化无常。

就业指南是非常适合引导此类探索的文化遗物。这些指南通常由职业顾问和教练撰写，目的是教育读者掌握求职过程中的规范操作。② 其内容涵盖了所谓的"就业能力培训"③，旨在增强个人向潜在雇主展示自我价值的技巧，包

---

① 我分析了共计 31 种书籍，选自亚马逊的"求职与职业"和"求职"类别，以及图书馆资源。我优先选择了亚马逊"新书及畅销书"榜单上排名靠前的书籍，且仅考虑 2007 年之后出版的作品。同时，我对博尔斯的《你的降落伞是什么颜色？》(*What Color Is Your Parachate?*) 和耶特的《终极求职简历》(*Knock'em Dead*) 进行了历史比较分析，前者有从 1983 至 2020 年的不同版本，后者则有从 1985 至 2016 年的不同版本。
② McGee, *Self-Help, Inc.*。职业指导话语经常被其使用者以复杂方式运用，有时这种使用甚至可能颠覆了原作者意图传达的信息。我并不认为读者会原封不动地遵循这些建议，但总体来看，这类话语展示了在常态化的不稳定环境中个体的期望。参见 Fogde, "Governing through Career Coaching"。
③ "就业能力"也被定义为"可转移能力"——它们主要是交流能力，这些能力不限定于任何职业路径，而是适用于所有就业部门。我们可以看出，就业能力在很大程度上是自我主体化的工具。对求职者的评估基于他们用流行词汇描述自己的能力，以及他们使用"符合行业要求"的语言的能力 (Skills You Need, "Employability Skills")。另见 Berglund, "Fighting against All Odds"; Gershon, *Down and Out*。

括掌握行业热词、对常见面试问题的策略性回答，以及精湛地展示自己的积极性和热情。换言之，就业指南揭示了求职者如何在就业市场的期待下调整自己的言辞，并如何将自己呈现为有价值的劳动力资源。①

我们可以从《你的降落伞是什么颜色?》这本书说起。这本书被认为是最有影响力的就业指南之一，也是探讨激情主题的经典文本。这本书最初于1972年出版，此后每年都有更新内容的新版本发布。作者理查德·尼尔森·博尔斯（Richard Nelson Bolles）一直亲自参与书籍的年度修订，直到2017年去世。之后，这本书的年度修订本仍以他的名义出版，直到2021年版，由职业教练凯瑟琳·布鲁克斯（Katharine Brooks）协助编辑和更新内容。

在其他地方，我曾解释过这本书的不同版本如何围绕"激情的自我发现"这一项目不断发展。② 在将近50年的修订中，作者博尔斯打磨出了一套复杂的"激情的自我发现"工具，完成这一过程可能需要几周甚至几个月的时间。然而，博尔斯向我们保证，投入的时间是值得的。一旦完成，读者将能够了解到他们的"梦想工作"，这一工

---

① 就业能力是一种与体制过程相呼应的话语。虽然职业指导书籍传授关于自我呈现的通用方法，但每个国家的法律——如关于残障人士就业保护的法律——也会对就业能力的含义产生影响。例如，关于精神疾病患者在英国为表现其就业能力所需承担的情绪劳动，参见 Elraz, "'Sellable Semblance'"; 关于残障人士需要如何适应瑞典的相应体系才能被视为"具备足够的就业能力"，参见 Garsten and Jacobsson, "Sorting People In and Out"。
② Hong, "Finding Passion in Work"。

作将与读者在七个方面的独特兴趣完美匹配——包括他们最喜爱的可迁移技能、知识类型、工作环境、同事类型、薪资范围、理想居住地以及人生使命。①

《你的降落伞是什么颜色？》自问世便主导着这股文化潮流。② 在首次出版之时，大多数指南还仅仅侧重于根据技能将员工与工作岗位相匹配。博尔斯则倡导一种更全面的方法，将个人内在的欲望纳入职业规划的考虑之中。③ 在1983年的前言中，博尔斯阐述了激情如何通过培养求职者的热情，从而塑造出给潜在雇主留下深刻印象的人格："实际上，充满热情的求职者比那些平淡无奇的求职者更有可能找到工作，尤其是在工作机会稀缺的时候。"④ 最初，他因"花朵测试"⑤的篇幅长且需要大量时间，犹豫是否将其置于文本核心，但最终于1987年将其从附录转移到正文。⑥ 到21世纪初，寻找个人激情已被作为一种实用的求职技巧广泛传播，宣称至少有"86%的成功

---

① Bolles, *What Color Is Your Parachute?* (2013 ed.), 119.
② Hall, "Protean Career".
③ Houston, "Job-Planning Expert".
④ Bolles, *What Color Is Your Parachute?* (1983 ed.), 16.
⑤ [译注] 花朵测试（flower exercise），让读者在一朵花的七个花瓣中填写自己的技能、兴趣、价值观、工作环境偏好等等，以最终确定职业方向。
⑥ "花朵测试"本被称为"快速求职地图"，最初被收在附录中。但在1987年的版本中，博尔斯将它挪到了正文的第四、五、六章中。他的理由是："之所以将它从附录移到正文，是因为里面的练习非常关键，我认为每一位认真的读者、求职者或换职业赛道的人士都不应该忽略这些内容。由于读者可能并不会读完整本书，他们常常错过这张地图。我认为需要改变这种情况。"这些章节是一个开始，后来被修订成为"花朵测试"。Bolles, *What Color Is Your Parachute?* (1987 ed.), xiii.

率"找到工作,远超通过朋友推荐(33%)、职业机构(5%至28%)、直接打电话给小公司的老板(47%)以及回应互联网上的招聘广告(4%)。①

然而,到2013年,博尔斯对激情的看法发生了变化。他注意到,求职的繁重负担已经需要求职者展现出前所未有的坚韧精神,这也意味着求职者需要更多的"希望":"我了解到,尽管我可以教授最聪明、最创新、最有效的求职技巧,但如果求职者的态度不对,这一切都会化为乌有。"一个"满腹怨气"和"对未来感到沮丧"的人,无论他对求职有多少了解,都会发现很难找到工作。② 因此,就业指南的使命是在读者心中激发信心。博尔斯写道,《你的降落伞是什么颜色?》本质上是"一本伪装成求职指南的希望之书",而"希望"是通过对激情的洞察来培养的,这种炽热的欲望赋予人们在求职挑战中持续前行的内在力量:"过去,你可能会觉得求职更像是一种义务。而现在,你则迫切希望找到那份理想的工作。因此,你会加倍努力,更投入,也更坚定不移,否则你可能会感到厌倦并选择放弃。坚持将成为你的代名词,因为这是一场值得为之献身的战斗。"③

当然,这种思维方式不仅存在于博尔斯的著作中。例

---

① Bolles, *What Color Is Your Parachute?* (2020 ed.), 26-29.
② Bolles, *What Color Is Your Parachute?* (2013 ed.), 8.
③ Bolles, *What Color Is Your Parachute?* (2013 ed.), 36.

如，米哈尔·费舍尔（Michal Fisher）在《在不丧失理智的情况下找到职业道路》一书中表达了相似的观点，阐释了激情何以培养出求职者在求职过程中所需的"坚韧和决心"。费舍尔写道，那些深藏的梦想对于激励人们"早上起床并持续努力，为自己奋斗……尤其是在遭遇挫折、失望和危机时"至关重要。①《被淘汰了！接下来怎么办？》（Eliminated! Now What?）的作者琼·鲍尔（Jean Baur）指出，"进行一次成功的求职活动需要的努力，往往比日常工作还要强烈得多"。只有激情才能确保求职者在面对求职过程中不可避免的拒绝和失望时在情感上做好准备。② 招聘过程中遭遇的挑战越大——包括苛刻的招聘经理、反复无常的承诺以及漫长的等待过程——对充满激情的心理弹性的需求就越迫切。③

我们需要理解激情的能动性维度——它如何作为一种动力，帮助求职者承受求职过程中的挑战。在《热烈的激情》（The Vehement Passions）中，菲利普·费舍尔（Philip Fisher）告诉我们，情感可以被策略性地调控，用来预防、减缓或改变可能的情绪冲突或危机。预防意味着对情感路径的了解，以及通过事先调整逻辑顺序，得到不同的情感结果。例如，菲利普·费舍尔对比了"高昂的情绪"和

---

① Michal Fisher, *Finding Your Career Path*, 46.
② Baur, *Eliminated!*, 38.
③ Beshara, *Job Search Solution*.

"低落的情绪",后者包括"悲伤、沮丧、焦虑和绝望"①。我们可以用这一分析来理解博尔斯在书中的表述方式。求职者不必因拒绝而感到沮丧和精疲力竭,他们可以从激情中得到激励,他们成为能轻易摆脱失败,并抓住机会为自己的职业生涯开辟新道路的积极追求者。

无论激情实际起到了什么作用,它都能让我们重新编织关于失业的可能性的新篇章。这个词唤起了对某种主体的想象;这种想象中的主体对失业的看法与通常认为的"自然"进程有着根本的不同。菲利普·费舍尔在"高昂的情绪"(spiritedness)的定义中暗示了这一点:"通过'情绪高昂'(spirited)一词,我们必须构想出高能量、青春的活力、愉悦的感受、快乐、自信……与步履蹒跚或停滞不前形成对比。"② 这些词汇必须激发出特定的想象和倾向。在这种情境中,激情的充沛能量被想象为充斥着一个主体,带来不受约束的希望,这种希望能打破失业带来的束缚。

确实,将具有激情的心理弹性浪漫化,是新自由主义文化的一种计策。这种观点强调经济困境中的个体能动性,将在不可持续的劳动市场中适应和成功的责任强加给个体。③ 即便是作为一种计策,心理弹性也对新自由主义竞争的残酷性起到了一种奇异的效果:它让伤害似乎消

---

① Philip Fisher, *Vehement Passions*, 228.
② Philip Fisher, *Vehement Passions*, 230.
③ Rose and Lentzos, "Making Us Resilient".

失,从而构筑出造成更多伤害的能力。在《世界的新出路》(*The New Way of the World*)一书中,皮埃尔·达多(Pierre Dardot)和克里斯蒂安·拉瓦尔(Christian Laval)写道,虽然资本主义历来试图将工人转化为商品,但在新自由主义下,这种暴力行为变得更强烈,"个体被塑造得更能忍受他们面临的新环境"。忍耐成为再生产的技术,个体的忍耐能力触发了一场竞争更激烈的"连锁反应",进而产生了更严酷的环境。① 萨拉·艾哈迈德在《过一种女性主义的生活》(*Living a Feminist Life*)中也发表了类似见解,她认为"心理弹性是承受更多压力的能力;有了心理弹性,即便外部压力继续增加也无妨"②。人能承受的越多,通常就会被期待承受更多的困境,这被看作一种"自然"发展。就业指南的角色就是培养这种忍耐能力,教导求职者"在失业打倒他们时重新站起来",从而使连续性失业的损害看起来无影无踪。③

自力更生和坚韧不拔的精神是塑造心理弹性的主要表现形式之一。例如,在《工作是最重要的投资》(*Do Over*)中,乔恩·阿卡夫(Jon Acuff)直面失业的困难,指出人们常常误以为只有在申请第一份工作时才需要表现出资源利用能力和动力。然而,当工作只是更长职业轨迹的一小

---

① Dardot and Laval, *New Way of the World*, 262.
② Ahmed, *Living a Feminist Life*, 189.
③ Baur, *Eliminated!*, viii.

部分时，失业带来的"恐惧"变得不再是"一次就能击败的巨龙"，而是"需要每天跨越的海洋"①。这样的就业指南，包括玛莎·费奈（Martha Finney）的《复原》（*Rebound*）和丹·萧伯尔（Dan Schawbel）的《自我推销》（*Promote Yourself*），通过称赞那些勇于面对并采取行动的人来正常化这种恐惧。② 求职者被誉为幸存者，并因其不屈不挠的坚持、自力更生的能力和有目标的毅力而受到赞美，这些词汇都和詹妮弗·席尔瓦（Jennifer Silva）所说的"情绪经济"相吻合，在这种经济中，新自由主义环境高度重视自我改变和情感力量的叙事。③ 我们可以思考以下关于"毅力"的描述："毅力让你想呕吐。毅力让你想哭。毅力让你失眠。这很难受。下次，当你因即将做出一个艰难的决定而感到自己像个懦夫并想吐的时候，别自责。下次，当你因流泪而觉得自己软弱可笑时，请不要再让'坚强的人不会哭'这种谎言左右你。正确看待毅力。毅力不像勇气，因为它不是一种感觉，而是你的选择。"④

这种对毅力的描述将失业的艰难转化为一种男性化的战胜叙事，在这里，身体的症状——如哭泣、呕吐和失眠——不再是对焦虑和绝望的反应，而是值得称赞的毅力

---

① Acuff, *Do Over*, 17.
② 参见 Finney, *Rebound*; Schawbel, *Promote Yourself*。
③ Silva, *Coming Up Short*.
④ Acuff, *Do Over*, 212-213.

的体现。这种对毅力的描绘与过劳的大众文化产生共鸣，该文化常将令人咬紧牙关的困难塑造成对人类坚韧的赞美。几乎所有就业指南都强调这种内在强度的必要性：劳动力供应超过需求，因此，获得工作的可能性取决于求职者展示其热情和心理弹性的程度。

这让我们联想到达多和拉瓦尔的观点，即心理弹性可能支撑一种有毒的竞争文化。① 杰伊·莱文森（Jay Levinson）和大卫·佩里（David Perry）所著的热门就业指南《求职游击战 3.0》（*Guerrilla Marketing for Job Hunters 3.0*）展示了这种奋斗隐喻可以走多远。求职所投入的努力必须超越传统的自我探索。求职者需培养一种"我能行"的态度和对行动的强烈偏好，通过极端的"突击战术"展现自己，策略包括未经通知直接进入办公室、请求与经理会面、将简历装在一个带咖啡杯的盒子里寄出，随后坚持不懈地打电话给经理以安排喝咖啡的会面，并且关键是，从不接受"不"作为会面的答复，总是寻找面对面交流的机会。② 这类行为介于绝望和骚扰之间，展示了极端的热情如何使人易于遭受羞辱。持续敲门并与陌生人大胆交谈的要求，需要求职者愿意承担被忽视、羞辱和贬低的风险，所有这些都是为了在雇主眼中显得"充满激情"。然

---

① Dardot and Laval, *New Way of the World*.
② Levinson and Perry, *Guerrilla Marketing*, 35 - 36.

而，随着失业备用军的迅猛增长，这样的尴尬展示已变得不可避免——对那些迫切需要在众多求职者中脱颖而出的人来说，这已成为一种必须承担的挑战。

竞争激情

这种无休止的比较和胜过他人的驱动力为新自由主义的竞争文化定下了基调。在《自助公司》（*Self-Help, Inc.*）中，蜜琪·麦克吉（Micki McGee）阐述了20世纪70年代经济衰退期间，生存主义叙事悄然融入自我提升类书写中，这一时期"生存的隐喻"在文化上尤为贴切。[1] 读者被教导应将生活视为竞赛，他们是参赛者，目标是通过击败对手从而赢得胜利。这一趋势在今天的就业指南中仍在延续，通过确认即使在困难的经济环境中，胜利和获得工作仍是可能的，激情支持了这种叙事：需要做的只是培养旺盛的精力、心理弹性和决心，以超越他人赢得理想的职位。

在本节中，我将通过审视另一套具有悠久历史的求职系列书籍——《终极求职简历》——来探讨数字技术在塑造这种观念中的作用。自1985年以来，马丁·耶特（Martin Yate）每年都在编写和更新这本畅销书。与注重激情的自我发现的《你的降落伞是什么颜色？》不同，《终极

---

[1] McGee, *Self-Help, Inc.*

求职简历》更专注于求职的传统要素，如简历编辑、面试技巧、职位选择等。《终极求职简历》可能并非最具创新性或最全面的"数字"求职指南——这一领域已有《领英成功求职黄金公式》(*The Power Formula for LinkedIn Success*)、《领英完胜秘籍》(*Maximum Success with LinkedIn*) 和《2小时极速求职》(*The 2-Hour Job Search*) 等作品——但这本书每年多次修订，为我们提供了深入理解技术如何改变求职话语的宝贵资料。

从1985年《终极求职简历》首版问世开始，我们就可以看到技术在求职过程中有多么实用。当时，耶特引导读者在求职时充分利用图书中馆的书籍。他遗憾地指出，很多求职者以为找工作仅仅意味着回应报纸上的招聘广告，但这种方法通常效果不佳，因为"总有众多合格的人在争夺最好的职位"[①]。为了抢到这些职位，求职者需要展现出自我驱动力，通过查阅图书馆的参考书籍来了解公司的服务和产品，从而将自己打造成"准备最充分"的候选人。[②] 耶特强调，求职本质上是一场竞争。掌握自我呈现的技巧极为关键，因为合格的应聘者比比皆是，获取工作的机会往往取决于那些能使一个人脱颖而出的微小优势。

因此，毫不意外地，互联网一开始也被视为一种能让

[①] Yate, *Knock'em Dead* (1985 ed.), 22.
[②] Yate, *Knock'em Dead* (1985 ed.), 21.

求职者获得相对竞争优势的工具。在1994年版的《终极求职简历》中,耶特热情地将"电子求职"描述为"你武器库中的新工具",并就该技术何以提供重要帮助提出了一些乐观的建议。① 例如,他对电子分类广告的潜力感到兴奋,不仅因为它们构成了一个庞大的职位数据库,还因为电子格式可以提供更全面的职位要求描述。因此,求职者可以"定制文书并将[他们的]专业知识专注于适当的方向",从而在与那些回应传统报纸广告的申请者竞争时获得"实质性优势"②。

耶特对能在短时间内整合大量公司信息的数据库服务尤为热衷。例如,他提到要在与3M大公司面试前充分利用数据库。只需通过电话进行快速查询,就可以将"真正令人惊叹"的大量信息传真给申请者,包括"超过15页的数据,提供了从3M成立至今的完整概述"。所有这些额外信息都会给求职者提供实质性优势。耶特表示,在面试中,"将非常明显地展现出你比其他申请者敏锐两倍"。他补充说:"在竞争激烈的求职过程中,能完美回答'你对我们公司了解多少?'这个问题,可能会成为制胜的关键[原文如此]。在线服务通常能提供关于特定公司的详细信息,远超你的想象。"③

---

① Yate, *Knock'em Dead* (1994 ed.), 59.
② Yate, *Knock'em Dead* (1994 ed.), 62.
③ Yate, *Knock'em Dead* (1994 ed.), 63.

然而,随着个人计算机变得日益普及,互联网最初提供的竞争优势在随后几年逐渐降低。事实上,到2000年,耶特对该技术的热情已显著减弱,他在正文中仅留下了一小节关于电子求职的内容。他甚至警告求职者不要过于依赖互联网。"利用这个令人惊奇的新工具来增加你的优势,"他写道,"但是,不要完全依赖互联网,即便它充满了吸引力和希望。"耶特在这里指的是互联网的技术能力,它使申请者能"在30分钟内将[他们的]简历发送给数千个雇主和猎头"①。讽刺的是,尽管在线求职的效率很高,但电子申请在获得工作方面的可靠性降低了。随着电子申请的数量增加,在没有其他因素介入的情况下,简历被阅读和考虑的可能性也随之降低。

耶特对互联网的热情似乎逐渐减退,但他也不曾倡导人们远离数字技术。我认为,他的态度模糊是因为他发现,数字文化重塑了人们对职业身份表现的期望。因此,我们应试着超越耶特的视野。互联网使得提交申请更便捷,而在申请者人数大大增加的情况下,组织内部的推荐显得尤为重要,这也使得人脉网络变得更关键。许多现代求职指南都推荐使用网络平台领英(LinkedIn),认为它是建立人脉网络、认识更多职业相关人士的最佳方式之一。拥有广泛的人脉网络可以让求职者在领英的搜索算法中获

---

① Yate, *Knock'em Dead* (2000 ed.), 20.

得更高的曝光率，并提供潜在的职业机会以及与公司相关的联系，从而提升被录用的机会。领英指南利用平台的特性——推荐、联系和搜索引擎算法——指导用户改变并增强他们的职业社交网络，至少达到大几十人，这是职业教练所说的可以使人脉变得实用的魔法数字。①

然而，正如我们从初期的互联网应用中看到的，一旦某种求职方式普及化，其实用性就会逐渐降低。如果求职过程的关键在于证明自己比别人更优秀，那么一旦某种做法普及，它将使你看起来只是"平庸之辈"，不再能为你在激烈的竞争中提供优势。这一点在最新的就业指南《要赢更要受欢迎》（*Superconnector*）中得到了体现，它开门见山地宣布"人脉网络已死"，并指出，"我们过分强调数量、只为建立人脉而社交的做法已将这一曾经可靠的商业成功支柱扭曲成了无实际效果的幻影"②。这一观点得到了商学院教授亚当·格兰特（Adam Grant）的支持，他在畅销书《沃顿商学院最受欢迎的思维课》（*Give and Take*）中指出，"人脉网络"一词已带上了"负面色彩"，并传递了一种"虚伪"的人际交往方式，这种方式往往给人一种狡诈和利己的印象，而非真诚和诚恳。③

---

① Breitbarth, *Power Formula*; Dalton, *2-Hour Job Search*; Schepp and Schepp, *How to Find a Job*.
② Gerber and Paugh, *Superconnector*, 20.
③ Grant, *Give and Take*, 30.

确实，人脉网络并不总是建立在真诚的专业关系之上。无论是在社交网络出现之前还是之后，人脉网络指南都旨在改变人们对人脉关系的感知，引导读者将"职场人脉"的定义拓宽。《别独自用餐》(Never Eat Alone)的作者基思·费拉齐（Keith Ferrazzi）指出，大多数未经培训的读者可能会将他们的"关系花园"想象为一小块整齐的草坪，只包括朋友、同事和商业伙伴。然而，为了发挥人脉网络的作用，我们应把这座花园想象成"草木丛生的丛林，隐藏着无数秘密角落"。不论是朋友的熟人，还是亲戚的朋友，甚至是健身房和教堂的陌生人，都应被视为潜在的人脉网络。① 这样做的目的是让人们看到更广阔的职业资源，并加以利用。

然而，随着社交网站让远程联系变得更容易，这些联系的独特性及其对构建竞争优势的帮助也相应减少，从而导致它们的实用性逐渐降低。要想脱颖而出，就必须付出更多努力。正如格兰特所指出的，远程联系只有在投入了真挚情感后才能发挥效用。他特别鼓励读者"奉献"：助人为乐，真心希望他人成功，以此脱离那些自私地"索取"或出于自利目的利用他人的芸芸众生。这类书籍赞扬一种基于无私地服务他人以建立联系的方式，例如，无偿花时间给别人提建议，即使这可能与自己的个人利益不

---

① Ferrazzi and Raz, *Never Eat Alone*, 46.

符；愿意为他人做出牺牲；把新认识的人介绍给可能对他有帮助的人。① 只要坚持足够长的时间，格兰特保证，你将体验到"互惠圈"的潜力，足够多的人因欠你人情而试图以某种微小的方式改善你的处境，让你感觉到仿佛整个世界都在用善意助你一臂之力，帮你成功。

众多人脉专家借用社会学家马克·格兰诺维特（Mark Granovetter）在1973年的里程碑式研究中提出的"弱连接理论"（strength of weak ties）来支持这一观点。格兰诺维特提出，大部分工作机会不是来自强连接（如朋友或亲戚），而是来自弱连接，因为弱连接更广泛，能从不同来源高效地汇集信息。② 这其实很有道理。拥有的连接越多，你接触到潜在工作机会的概率就越高，因此抓住机会的可能性也就越大。然而，在日益激烈的就业竞争中，"弱连接"的含义已不同往日。在社交媒体盛行的时代，弱连接指的是那些你虽然认识但未深入交往的人。若想让这些人记住你，你就要更具激情地投身于这些弱连接。格兰诺维特在书中反复强调，建议你做一个利他主义者并不等于让你当"垫脚石"或"软柿子"，而是为了让你在众多竞争者中脱颖而出，利人最终是为了利己，从而获得更多机

---

① 参见 Coburn, *Networking Is Not Working*; Gerber and Paugh, *Superconnector*; Grant, *Give and Take*; Robinett, *How to Be a Power Connector*。
② Granovetter, "Strength of Weak Ties".

会。① 为了实现这一点，按照格兰诺维特的说法，弱连接应被暂时"休眠"，但由于此前曾为对方提供帮助，这些关系中仍积蓄着可以随时重新唤起的潜在情感。②

然而，关于弱连接还有其他值得注意的事情。理论的发展表明，弱连接的力量并不是均匀分布的。如格兰诺维特在论文发表的十年后指出，弱连接对就业有利的假设更适用于受过高等教育的人。③ 一个人初始的社会地位是决定弱连接价值的重要因素。你的社会地位越高，弱连接就越重要。实际上，后续研究表明，对处于社会较低层级的人来说，弱连接通常会带来负面影响——依赖弱连接的女性、黑人、贫困者和未受教育者往往面临更低的收入或更难找到工作。④ 这一发现促使格兰诺维特得出结论：弱连接通常只有在连接到职场中位阶较高的个体时，才能带来成功。⑤

格兰诺维特的开创性论文《弱连接的力量》（"The Strength of Weak Ties"）的早期草稿以"重新审视异化"

---

① Grant, *Give and Take*, 10.
② 格兰诺维特将"休眠人脉"（dormant ties）定义为"过去经常见面或关系密切"但"后来失去了联系"的人。在这些关系中，赠与者展示出的慷慨被深植其中，当重新激活这些人脉时，依然可以建立信任关系。参见 Grant, *Give and Take*, 50。
③ Granovetter, "Strength of Weak Ties: A Network Theory Revisited".
④ 关于社会资本的文献非常丰富。关于早期假设，参见 Montgomery, "Job Search and Network Composition"。关于这一效应的详细解释，参见 Granovetter, "Strength of Weak Ties: A Network Theory Revisited"。关于这一议题的综述，参见 Tassier, "Labor Market Implications"。
⑤ Granovetter, "Strength of Weak Ties: A Network Theory Revisited", 207.

为开篇。他的初衷是依托自己的社会学背景，探讨通过不同社会阶层间的互动，来激发更活跃的公民生活的可能性。他引用早期的扩散研究，强调高地位人士即使只是通过与社会边缘人群的弱连接，也能获得好处。[①] 这些社会边缘成员较少面临社会规范的压力，因此可能引领一种趋势，最终这种趋势会被有声誉的专业人士采纳。反过来，这些有声誉的专业人士则通过提升社会边缘成员的社会地位来回报他们。

显然，随着商业语言的演变，弱连接的使用已发生转变，而在建立人脉网络时强调激情，则使得弱连接更倾向于在背景相似而非差异显著的个体间出现。这一现象与人际网络文献中对利他主义的肤浅陈述密切相关。因为慷慨与效率的要求需同时满足，按照格兰诺维特的规则，理想情况下帮助他人的时间应不超过五分钟。所以，在帮助他人实现其激情时，我们不能完全忽略自己的激情和需求。正如斯科特·格伯（Gerber）和瑞恩·波（Paugh）在《要赢更要受欢迎》中强调的那样，真正了解自己是成功建立人脉网络的关键。只有别人在某种程度上与你有共同的激情时，你才能快速高效地帮助他们实现激情。因此，即便出于最佳的意图，激情也成了相似人群聚集的圆桌，它"偶然"将地位相仿、兴趣相似的人聚集在一起。

---

① Granovetter, "Strength of Weak Ties".

但是，奋斗和毅力的故事仍在上演。虽然弱连接不够平等，但我们也不必失去信心。相反，这种认知会让我们把激情用于寻找并结识地位较高的人。职业指南通过提供"巧妙的策略"，帮助我们克服天生的社会地位劣势，从而在职业道路上取得进展。一本指南介绍了所谓的"X射线搜索技巧"，通过在谷歌搜索引擎使用布尔运算符，可以查找领英上那些通常无法直接访问的公开个人资料。① 史蒂夫·道尔顿（Steve Dalton）进一步建议读者在联系这些高地位人士时发挥创意，如搜索他们最近发表的文章，然后将初次接触伪装成发送"粉丝邮件"，表达对文章的兴趣并提出希望就此进行更深入个人交流的请求。② 在这里，激情与技术能力共同成为克服结构性障碍的关键。正如之前所述的"突击战术"，成功依赖激情，即克服一切困难与那些自己并非天然就能接触的高地位人士建立联系的渴望和决心。

然而，为何一种提升能力的赋权方法会变成强制性的自我推销劳动呢？科林·克雷明（Colin Cremin）指出，就业能力之所以有吸引力，是因为它是对不可能达成的自我掌控的幻想。③ 他认为，就业能力的标准如此具有投机性和模糊性，以至于它在根本上是无法实现的。虽然人们可

---

① Freeman, *Headhunter Hiring Secrets 2.0*, 144.
② Dalton, *2 - Hour Job Search*, 92.
③ Cremin, "Never Employable Enough".

以获得一些提升就业能力的提示，但都不能保证让其真正具备就业能力。虽然是一种幻想，但又由于可以付诸实践——如通过优化简历、更熟练地展示自我等方式提升自己的竞争力——它的确能驱动个体不断证明自己的就业能力。或者更简单地说，欲望与其无法实现之间的关系可以视为一种"有效失败"——即使人们屡次因未能如愿而感到失望，这种失望反而激发他们重新投入那个支撑欲望的幻想之中。[1]

持续建立人脉并塑造个人品牌，可以展示一个人的专业性，并传达出激情等有价值的特质。然而，这也意味着社会一定会期待所有人都采取这样的行动。因此，如果就业能力并非绝对的标准，而是相对的标准，我们就有理由问：人脉网络的构建和个人品牌的塑造，难道永远没有尽头吗？互联网通过提供赋权的幻象，掩盖了这种实为增加劳动强度的要求。未能找到工作的人常常收到以下具体分析：他们的人脉网络规模太小，或者不够深入；他们在网上打造的形象不够面面俱到；他们对数字网络的利用策略不足；等等。这种逻辑抚慰了人们的自尊心，推动了"有效失败"过程，并将关注点从就业能力的无法实现上移开。另外，因为成功的例子在文化中随处可见，普遍的不稳定性常常被对主导地位的渴望所掩盖，人们更倾向于突出自己在

---

[1] Bloom, "Fight for Your Alienation", 792.

就业能力上的相对优势，从而引入"我应得"的叙述，而非共同认识到就业能力本身就是一个站不住脚的目标。①

缓冲区

我们可以从另一个角度来考虑这个问题，即心理弹性掩盖了什么？心理弹性叙事所构建的背景工作和基础设施，旨在让连续性失业带来的破坏消失不见。在《自我照顾是一种战争》("Selfcare as Warfare")一文中，艾哈迈德对自己提出的"缓冲区"（buffer zones）概念进行了深入反思。缓冲区是指特权可以降低脆弱的代价，帮助缓解失败的影响，并在个体经历崩溃时提供必要的支持。例如，在《失业的礼物》（*The Gift of Job Loss*）一书中，读者被鼓励将裁员看作踏上"梦想假期""学习新语言"，或与亲人"享受珍贵时光"的契机。② 这些令人愉快的活动无疑有助于恢复找工作的热情，但它们都依赖一个缓冲：能在一段时间内不工作本身就是一种特权，这意味着需要有足够的存款来补偿眼前收入的损失；能用失业的时间来加强社会关系，也表明社会关系不会因收入的中断而受到影响。

哪怕是没有特权的人，也依然被期待具备忍耐能力。

---

① Lorey, *State of Insecurity*.
② Froehls, *Gift of Job Loss*, 57.

即便在缺乏特权的情况下，人们仍被期待能"适当地"处理伤害，而丝毫不流露出受伤的样子。这种要求在裁员现场就已显现，人们被告诫要避免做出可能影响未来就业机会的冲动决定。《复原》一书警告说："以有损颜面或失控的方式发泄情绪，可能会将你未来职业生涯中所需的支持者变为敌人。"① 在这种情境下，心理弹性意味着要表现出另一本书中提到的"尊严"，即在不扰乱工作场所的前提下，被裁员工需自行私下处理和化解负面情绪。②

那么，如何才能在压力之下保持冷静的外表呢？这个问题之于那些没有优越地位的人尤其重要，对他们来说，被裁不仅仅意味着换工作或休息的机会，更是一场可能威胁自己及家庭安全的重大财务危机。我们可以通过分析缓冲方法来追踪连续性失业造成的损害。例如，在《复原》一书中，作者建议读者找一个简单的词或短语，如，"家庭第一"或"我没事"，并在回工位的路上默念这些词。作者费奈保证，"等你坐在工位上时，你可能还没完全平静下来，但至少你会保持冷静"③。对那些还有房贷要还或有孩子要养的人而言，在心中默念"我没事"可能是他们所

---

① Finney, *Rebound*, 33. 正如伊兰娜·格尔森（Ilana Gershon）所述，这是合理的，因为劳动市场的不稳定性已使得友好地终止工作关系成为一种合理做法。鉴于员工在离职后可能需要前公司的推荐信、过渡项目及机会，他们需要避免"烧毁桥梁"并继续将曾经的工作关系视为重要的社会资本。参见 Gershon, *Down and Out*。
② Baur, *Eliminated!*, 6.
③ Finney, *Rebound*, 39.

拥有的唯一缓冲。这些小技巧能让人表现得若无其事，即便他们实际上感觉很糟。

因此，我们毫不意外地发现，油管上汇集了大量被裁员工的自白。这些视频大多在车内或家中拍摄，这是人们在被裁员后进入的首个私人空间。在这些视频中，人们常常失去外在的镇定，真实地展示了连续性失业带来的沉重伤害。这些视频通常呈现的是人们倾诉激愤和哭泣的亲密场景，他们表达对这种不公正情况的愤怒、对未来的绝望和恐惧。尽管这些视频被放在网络平台，表面上看是一种公开的表演，但这些未经剪辑的视频的播放量通常寥寥无几，因此依然保留了私密性，更类似于一种私人的幕后表演。这些视频策略性地挑战搜索和分类算法，旨在遵循一个规范：失业带来的负面影响应被私密处理，避免在公共场合表达，防止任何信息能追溯到个人身份。

从这个意义上讲，被裁员工的视频不仅展示了心理弹性如何掩饰普遍存在的伤害，还揭示了人们仅有的微薄缓冲。对那些缺乏特权的人而言，油管上的匿名社交媒体社群可能成为少数几个愿意倾听的平台之一。在《求职不恐慌》中，我们看到了类似的缓冲办法，提醒读者要注意失业可能引发的"消耗能量的情绪"。为了把这种消极情绪转变为自信，作者保罗·希尔向读者介绍了一种可视化技巧：他们需要回想一个成功的时刻，并通过做出一个物理动作或大声喊出一个充满力量的词语来"锚定"这一记忆。这一动作需反复执行，逐渐加快节奏，直至读者达到"高峰状态"，在这个状态下，动作的"速度和活力"能被转化到求职的日常活动中。①

尽管这种方法显得有些极端，但在求职指南中并不少见。《找到理想工作的终极方法》(*The Job Search Solution*)建议读者在脑海中清晰、生动地想象自己经历挫折、失望和震惊的场景，并反复播放，直到负面情绪被"中和"②。其他建议包括：在焦虑时服用百忧解；在恐惧时做几个深呼吸；如果付不起电费，可以去健身房洗澡和看电视；让自己被鼓舞人心的信息围绕，以防疑虑悄悄滋生。③ 我们可以理解这些建议为什么有效：它们能暂时掩盖并替代焦虑状态，激发更强烈的情绪反应，以帮助求职者顺应对自身忍耐力的常规期望。

在话语层面，对失业者的关注往往只强调求职者个体的情绪劳动。然而，细读职业指导书籍会发现，实际情况并非如此单一：缓冲失业的支持系统实际上延伸至整个社会，包括家庭、朋友、亲戚和陌生人，即便通常我们认为心理弹性是一种个人自我克服的能力。例如，在《失业后如何保持理智》一书中，作者罗伯特·莱希（Robert

---

① Hill, *Panic Free Job Search*, 69.
② Beshara, *Job Search Solution*, 10.
③ Leahy, *Keeping Your Head*; Levinson and Perry, *Guerrilla Marketing*; Martini and Reed, *Thank You for Firing Me!*; D. Miller, *48 Days*.

Leahy)在某一章节直接向读者的家人提出建议,描述了他们可以采用的策略以帮助失业者恢复。对那些与失业者关系紧密的人来说,建议他们展现更多的耐心,倾听失业者的心声,并留下鼓励的话语:"观察伴侣的长处……把这些记录下来,贴在冰箱门上,告诉他们你看到他们这样做时有多开心。"① 在莱希等作者看来,克服失业这件事需要大家"共同承担"②。再就业不仅是个人的努力,而且是一个需要每个人共同支持的过程。

在这个背景下,人们普遍预期会有一个由家人和朋友组成的支持网络,这些人对求职者持非评判性态度,并能为其加油助威。这种角色是一种规范性的期望。《纽约时报》专栏作家罗伯·沃克(Rob Walker)指出,为失业的伴侣聘请职业教练,以便在不显得唠叨的同时给予支持,已成为一种常见做法。在与失业者交流时,家人和朋友应谨慎用词,避免说出可能伤害他们恢复信心的话。莱希写道,"用持续的唠叨作为激励……只会带来更多问题",接着他解释说,当有人被解雇时,抱怨家庭所遭受的困境是无用的。"当然,你有权抱怨。"他写道。接着他进一步追问那些不够支持的伴侣:"但这真的有帮助吗?……你的伴侣会因为你抱怨连天,而找到一份更好的

---

① Leahy, *Keeping Your Head*, 191.
② Leahy, *Keeping Your Head*, 169.

工作吗?"①

若想让社会承担缓冲作用,就得改变社会。不仅家人和朋友被告知该如何提供支持,求职者也被告知要把自己的社交圈视为资源,寻求帮助,远离那些可能给自己的积极心态泼冷水的人。例如,《就近原则》(*The Proximity Principle*)指导读者忽视家人对他们的激情的消极看法。该书指出,家庭应当支持个人的激情,而不是阻碍他们追逐梦想。②《走出心理困境》(*Getting Unstuck*)则进一步指导读者,要在心中拒绝家人对其激情的任何批评。给激情泼冷水被视为实现自我价值的阻碍,也就是读者必须从心底彻底清除的东西。蒂莫西·巴特勒(Timothy Butler)写道,许多人在不自觉中尝试完成家庭成员"未竟的事业",而非听从自己"真实的心声"③。因此,培养激情的过程包括将家庭转变为支持的力量,而非恐惧和挫败的来源。

这种逻辑也适用于朋友圈。《工作是最重要的投资》警告读者远离那些"积极阻挠你的梦想"的消极朋友,而另一本指南建议避开那些激发"对欲望的恐惧"和对追求激情犹豫不决的人。④《求职游击战 3.0》则告诉我们,应根据朋友提供的支持类型来评估他们。那些"急于共鸣"

---

① Leahy, *Keeping Your Head*, 178.
② Coleman, *Proximity Principle*.
③ T. Butler, *Getting Unstuck*.
④ Acuff, *Do Over*, 41; Michal Fisher, *Finding Your Career Path*, 50.

失业困境的朋友,可能会阻碍你"坚韧心态"的发展,因为过多的同情会"消耗你的能量和自尊"①。对这样的朋友建议采取强硬的态度:诚实地与他们谈论他们给你带来的负面影响,如果他们同意改变,就"至少两周不联系……以减少心理依赖",并设立一个"试用期",用来"评判他们是否及格"②。

这些起到缓冲作用的基础设施来源广泛。它们不仅与特权系统深度交融,还整合了日常技能和社会领域,确保在心理消耗和常态性排斥之下,依然能保持激情的心理弹性。这一点表明,在广义的新自由主义就业能力框架下,主人翁意识被重点强调,而某些重要因素可能被忽略。切尔特科夫斯卡娅(Chertkovskaya)及其同事提到,现代就业观念将政府和组织视为"促进者",它们为工人自主选择最佳就业路径提供了必要的背景。③ 但是,组织和政府并非唯一在背后行动的一方,整个社会都被纳入了这一过程。家人、朋友乃至陌生人都被动员、建议、激励和规范,以成为支持网络的一部分。社会被单一的价值体系殖民化,这意味着个体的心理弹性是脆弱的。面对结构性伤害,仅靠个人意志是不够的。保持个体激情的心理弹性,需要整个社会的共同努力。

---

① Levinson and Perry, *Guerrilla Marketing*, 41.
② Ferriss, *Four-Hour Workweek*, 82.
③ Chertkovskaya et al., "Giving Notice to Employability".

激情的悖论

在《工作的问题》(Problem with Work)一书中,卡蒂·威克斯将工作描述为一种意识形态,是人们融入经济、政治和家庭系统的手段。通过这一过程,工作不仅是有偿劳动,更成为"必需""体系",乃至"生活方式"①。在本章中,我主要关注的是构成这个系统的欲望主体。冷漠之所以被视为是危险的,正是因为它破坏了这个系统的正常运作。它挑战了常规的生产主义秩序,制造出抗拒资本逻辑的主体。冷漠被认为在道德上有害并威胁社会幸福,这种观念加剧了失业者面临的困境。在这个框架中,剥夺福利不再被视为残忍的行为;反之,它仅是一种技术,用以帮助工人恢复到健康意志——重返劳动市场的常规之中。

冷漠被视为对失业状态的不良适应;而激情的心理弹性是其对立面,成为人们对那些身体本能拒绝适应之事物的适应方式。有了心理弹性之后,冷汗、恶心、偏头痛和恐慌发作被视为工作生活中常见的现象——这些症状应当由人们亲自或借助社交网络的帮助来化解或承受,仅被视为需要摆脱的症状,或者用于颂扬毅力和克服挑战的叙

---

① Weeks, *Problem with Work*, 3.

事。换言之，激情的心理弹性将伤害的症状正常化。它营造出一种印象，即某个个体可以无休止地为资本服务，且能调整自我以适应当前主导的生产体制，满足对其劳动的需求。①

所有就业指南都完全认同激情吗？实际上，我们能找到不少持不同看法的指南。卡尔·纽波特（Cal Newport）的《优秀到不能被忽视》（*So Good They Can't Ignore You*）警告人们不要因为一时的不快乐而草率地放弃工作。阿卡夫的《辞职者》（*Quitter*）和凯瑞·汉农（Kerry Hannon）的《热爱你的工作》（*Love Your Job*）则教导读者如何去喜欢他们的工作——展示了在激情难以实现时，可以向自己还算喜欢的工作妥协。蒂莫西·费里斯（Timothy Ferriss）在《每周工作4小时》（*The Four-Hour Workweek*）中提出了不同的观点，他鼓励读者为生活创造激情，而不仅仅是为了工作。通过使用一些能节省时间的技巧，上班族便可以享受生活，而不一定非要像追求毕生事业那样长时间工作。

这些职业指南虽对激情持批评态度，却同时引导读者将工作看作充满希望的领域，这显露出即使是反对激情的论述也存在深层次矛盾。激情具有复杂的内涵，因此职业指南在对其持保留态度的同时，还需要与之保持一定的联

---

① De Peuter, "Creative Economy and Labor Precarity".

系。反激情论述之贫乏反而凸显了激情作为情感结构的作用方式。我们可能在未经历实质体验的情况下就对激情抱有信仰；同时，在对其持怀疑态度时也可能追寻它。激情在各种可能性之中旋转，并且有潜力将人们的错误欲望转变为更好、更真实的欲望。激情包容了各种各样的立场，而无须对我们日常生活中的结构性不平等进行根本性改变。

我们可以从这个角度理解激情为何是一种问题性的情感结构：它不仅使就业被视为常态，还为日益严苛的雇佣与解雇文化提供了正当性。激情造就了一个伤害被连续化和加剧的环境，其中恢复的负担被外包给社会，而伤害则被隐身。而当伤害不被看见时，要求变革的声音就会逐渐减弱，转而强调自力更生。这是一种系统性的努力：它维持着一个不可持续的环境，要求人们不断增强自我掌控力，其中，心理弹性被定义为承担更多压力的能力，而替代方案则被排除在外。

然而，我们不必认为这就是事情的必然发展方向。正如彼得·弗莱明从盖洛普民意调查（Gallup polls）所呈现的主动脱离工作的比例中找到了希望，我在冷漠中也看到了乐观。[1] 冷漠的病理化及经济学家使失业经历变得痛苦的努力，均反映了就业规范的脆弱。对失业的适应是如此

---

[1] Fleming, *Mythology of Work*.

自然，以至于通过金钱激励和文化规范使其变得不自然实际上需要付出巨大的努力。这一点揭示了将激情劳动视为政治所涉及的重大风险。激情工作不仅仅集中在劳动力的榨取上，它也是抑制某些生活形式的关键过程。冷漠，作为对无工作生活的一种适应，尽管不快乐，但蕴含着我们亟须重新发掘与夺回的潜在可能性。

第三章
富有怜悯心的想象

可怜的家伙！我心想，他并无恶意；他无意冒犯，这从他的表情就可以看出；他的古怪行为是不由自主的。他对我有帮助。我能与他相处。如果我将他解雇，他可能会遇上一个不那么宽容的雇主，那样他可能会被粗鲁对待，甚至悲惨地流落街头挨饿……然而，这种想法并非我一贯的心情。巴特比的被动有时令我烦躁。我奇怪地感到被激怒，想要挑衅他，希望从他那里激发出一些能回应我的愤怒的火花。

——赫尔曼·梅尔维尔（Herman Melville），《抄写员巴特比》（*Bartleby, the Scrivener*，1853）

激情的缺乏可能因其阻断了通向美好生活的路径而令人怜悯。布莱恩·李夫兹（Byron Reeves）和 J. 莱登·里德（J. Leighton Read）在他们的游戏化文本《不懂魔兽世界，你怎么当主管》（*Total Engagement*）中，用詹妮弗的故事描绘了一个引人同情的场景。詹妮弗是一名呼叫中心员工，负责一份"艰难但典型的信息处理工作"[①]。詹妮弗入职时怀着期待和动力，准备凭借出色的表现来获得晋升。然而，在接下来的几个月里，她逐渐对恶劣的工作环境感到心灰意冷。这部书向读者展示了一连串公司内的羞辱行为：詹妮弗的上司没有保护她免受愤怒客户的辱骂，并且严格监控她用了多长时间吃午餐，精确到分钟。她的工作压力很大，同事也因丧失士气而无法给予她支持。随着故事的发展，詹妮弗的失败似乎已成定局。公司认为她没有价值、容易替代，因而不愿意为她的未来投入资源。

李夫兹和里德认为，这种不幸福的固定模式与长期存在的结构性不公正有关，这种不公正的环境剥夺了员工发挥潜能的机会。故事的核心寓意在于一个道德命题：每个人都理应拥有一个有助于其成长和表现的环境。为此，《不懂魔兽世界，你怎么当主管》提出了另一种可能性。在新场景中，詹妮弗登录了一个像游戏一样的系统，开始了一天的工作。系统中有一个个人化的虚拟形象代表她，还有团队分配，并且展示了本周的游戏设定——一艘海盗船。系统实时将她的工作表现转换成积分，这些积分影响海盗船的航速。詹妮弗很兴奋，因为她知道，她升级越快，就能越早实现晋升"梦想岗位"的目标——担任公司慈善基

[①] Reeves and Read, *Total Engagement*, 1.

金会的项目征集代理人。① 受到激励的她主动向表现不佳的团队成员提供帮助和指导,希望能提升团队得分。当她的海盗船率先抵达岛屿时,她获悉因自己的努力工作赢得了真实的奖励——一次公司全额支付的假期。在这个新场景中,詹妮弗不再受到工作性质或价值的限制。借助游戏设计,她能在工作中体验到激情,并赚取实实在在的回报。②

这部公司剧描绘了行业从业者所称的"游戏化"理念的乌托邦式实践,即通过游戏机制引导行为改变。③ 通过记录绩效并将其转化为积分、为小任务发放徽章、通过等级提供反馈、用排行榜激发竞争以及奖励激励任务等,游戏化界面声称能在多种场合提高用户的动力,包括健身、教育、员工敬业度和品牌参与度等。④

虽然游戏化的兴起有多个源头,但其崛起的决定性时刻发生在2010年2月,当时杰西·谢尔(Jesse Schell)在设计、创新、交流、娱乐"(Design, Innovate, Communicate,

---

① Reeves and Read, *Total Engagement*, 2.
② 关于詹妮弗的假期的最后一点来自布莱恩·李夫兹向亚当·潘恩伯格透露的信息:"她的得分越高,她对团队的贡献就越大,团队的进展体现在船驶向岛屿的速度上,在那里,他们将得到现实世界中的奖励:免费的假期航空旅行。"参见Penenberg, "How Video Games Are Infiltrating"。
③ Burke, *Gamify*.
④ "游戏化"这一概念已得到广泛应用,出现在各种倡议中。本章重点讨论的是通常所说的企业游戏化或内部游戏化,这种类型的游戏化旨在提高员工的参与度和投入度。

Entertain, DICE)大会上发表演讲,描述了一个将游戏融入日常智能设备的未来。① 他以一个游戏化的牙刷为例,这个原本普通的日常家用物品,现在可以根据用户的口腔卫生习惯来计算积分。演讲时,谢尔背后的屏幕上显示了牙刷的图像,随着积分的积累,图像会闪烁——这种奇特的组合暗示了日常物品被游戏化的可能性。同样在那个月,未来研究所(Institute for the Future)的游戏研究和开发主管简·麦戈尼格尔(Jane McGonigal)的 TED 演讲"游戏创造美好生活"进一步强化了这一愿景。② 她详细谈论了游戏如何为我们带来"最好的自我",获得了雷鸣般的掌声。她在 2011 年出版的一本书中提到了一个观点:"现实是破碎的",因为"它不能像游戏那样有效地激励我们",现实既不是"为充分发挥我们的潜能而设计的",也不是"为使我们幸福而设计的"③。

麦戈尼格尔反对约翰·赫伊津哈(Johan Huizinga)关于游戏轻浮而天真的观点,她认为游戏具有实现真实世界目标和产生实际结果的潜力。④ 因此,游戏与激情之间的关系被清晰地阐释出来:游戏能激发人们面对挑战的热忱,不论是为了个人成长还是为了社会与社区的发展。

---

① J. Schell, "When Games Invade Real Life".
② McGonigal, "Gaming Can Make a Better World".
③ McGonigal, *Reality Is Broken*, 3.
④ Huizinga, *Homo Ludens*; McGonigal, "I'm Not Playful, I'm Gameful", 654.

"在现实生活中，艰苦的劳动常常是出于无奈"，麦戈尼格尔指出，但如果努力工作可以被构造得像游戏一样令人满足，那么这样的工作就不再是负担，"如果我们能改善劳动的艰辛，积极激活数亿人的脑力和体力，那么将极大地推动全球幸福感的提升"①。她预言，这种将劳动游戏化的趋势将逐渐普及，并可能带来广泛的积极影响，包括吸引成千上万学生参与的考思拉（Coursera）课程，以及价值数十亿美元的技术和咨询产业，涉及优步（Uber）、来福车（Lyft）和任务兔子（TaskRabbit）等公司。②

游戏思维与人类意志

在本章中，我将探讨怜悯和激情之间的关系，以及通过游戏化找回美好生活的政治含义——帮助那些传统上被排除在美好生活之外的人群恢复这种生活。需要明确的是，我并不认为游戏化的初衷在于善意。游戏化行业在2018年的估值达到了50亿美元以上，主要受到肖莎娜·

---

① McGonigal, *Reality Is Broken*, 28-29.
② 如今，关于游戏化的研讨会层出不穷。早在2011年，游戏化运动的先驱之一盖布·兹彻曼（Gabe Zichermann）主持了首届游戏化年度峰会。到了2019年，游戏化领域细分出了许多社群。搜索一下就会发现，现在已有专门针对学习、严肃游戏、企业激励等主题的游戏化研讨会。考思拉上的课程，2013年我参与时有8万名学生；到2021年8月，同一课程的学生人数已增至13.2万。要了解更多关于技术和咨询行业的信息，参见Scheiber, "How Uber Uses Psychological Tricks"; Tsotsis, "TaskRabbit Turns Grunt Work into a Game"。

祖波夫（Shoshana Zuboff）所称的"监控资本主义"（surveillance capitalism）推动，即通过技术监控和修改人类行为以实现监管和盈利的潜力。① 游戏化系统因其软控制能力而受到重视——它们可以助推消费者、员工和公民自愿做出企业和政府期望的行为。例如，通过设置里程碑、任务和动态定价等功能，激励网约车司机延长出车时间，达到特定里程或在特定区域内驾驶。② 响应式界面，如亚马逊土耳其机器人（Amazon Mechanical Turk）所展示的游戏化特征，可以通过及时的提示引导工人完成下一项任务，从而激励他们重复连续的碎片化劳动。③ 游戏化不仅无关怜悯，反而常被视为一种操控工具：它利用人类易受操纵的心理倾向，被视作一种干扰批判能力的"思维黑客"；它扭曲了游戏本应承载的意义，转而宣扬服务企业和政府秩序的规范，压制开放的可能性与反抗的空间。④

从这个角度看，人们很容易将游戏化视为又一种虚伪的企业倡议——这并非完全错误。游戏化的改革幻想源远流长，汉娜·阿伦特追溯到1895年F. 尼蒂（F. Nitti）的

---

① Zuboff, *Age of Surveillance Capitalism*.
② Rosenblat, *Uberland*; Scheiber, "How Uber Uses Psychological Tricks".
③ Bucher and Fieseler, "Flow of Digital Labor".
④ Ferlazzo, "Kathy Sierra"; Ferrara, "Games for Persuasion"; Kirkpatrick, "Ludefaction"; Sicart, "Playing the Good Life"; Skipper, "Most Important Survival Skill"; Ingraham, "Serendipity as Cultural Technique"; Pedwell, "Digital Tendencies".

论文,其中提出劳动之苦"更多是心理上的,而非生理上的"[①]。然而,我认为游戏化依然具有重要意义,因为它展示了激情何以作为一种转换(transposition)手段,让特权阶层想象出一种为处境绝望、不幸福的工人提供救援的可能性。游戏化的富有怜悯心的描述不仅超越了自我服务的范畴,还揭示了转换激情所涉及的交易——特别是当特权群体设想一种情感救赎的状态时,这种交易暴露了构建激情情感结构的政治因素。

我从这些术语开始评估游戏化,将其善意视为一种治理工具,一种帮助那些被排除在"通往美好生活所必需的意志"之外者的手段。萨拉·艾哈迈德认为,人类的意志是一种带有意图和欲望的经验性实体:"意志是将个人的精力投入某种成就之中。意志的这种有活力的感觉,即将身体'投入'行动之中,至关重要。"[②] 上一章讨论了管理学文献如何争夺表达工人真正愿望的权利,将薄弱的意志解读为错误的。一个对在工作中寻找激情不感兴趣的工人,被描绘为意志有缺陷的工人:他所理解的美好生活具有错误的指向。在存在"正确的"意图的情况下,工人带着"正确的"意愿,期望通过努力在工作中取得成功并实现美好生活,但制度性的安排与这些意图的实现相悖,又

---

① Arendt, *Human Condition*, 127.
② Ahmed, *Willful Subjects*, 37.

会发生什么呢？此时，问题不在于意志的对错，而是工作环境本身过于严酷，难以持续激发意志的活力。

就像《不懂魔兽世界，你怎么当主管》中所描绘的詹妮弗的例子，这种情况并不罕见。那些处于糟糕工作条件中的绝望者，如塔吉特百货收银员、装配线工人、麦当劳服务员和星巴克咖啡师。① 在这些情况下，游戏化因其转变单调、乏味工作经验的能力而受到赞赏。例如，莉迪娅·迪希曼（Lydia Dishman）在《快公司》（*Fast Company*）的一篇文章中使用了挑衅性的词语来描述传统呼叫中心员工的工作，称他们为拿"最低工资"的"数字奴隶"，从事的是"榨干灵魂"的工作。② 但是，她也提到，游戏化可以帮助"呼叫中心员工不那么厌恶他们的工作"，甚至可能从根本上使这些不快乐的工作变得有趣。盖布·兹彻曼和乔斯琳·林德（Joselin Linder）解释了一个简单的游戏如何给塔吉特百货收银员的重复工作增添乐趣。所谓的"塔吉特结账游戏"，会根据每次商品扫描间隔的时间，在结账屏幕上显示绿色或红色的信号。他们认为，这样的游戏机制能让从事重复性工作的人体会到一定的控制感，从而恢复他们对"能动性"的感知，"即相信自己能控

---

① Zichermann and Linder, *Gamification Revolution*; Paharia, *Loyalty 3.0*; Werbach and Hunter, *For the Win*; Collins, *Gamification*.
② Dishman, "Company".

制自己的命运"①。

当然,这些描述有许多问题,但以怜悯为基调的表述方式却具有启发性。举例来说,在一篇博文中,安德烈泽杰·马塞泽斯基(Andrzej Marczewski)批评了那些把游戏化称为"操纵"的人。虽然他承认游戏化确实会影响行为,但他坚持认为这种操纵是"良性的"。他写道:"坦白说,很少有工作是有意义的,"但游戏化创造了"更高的效率、更好的工作环境、更好的系统、更高的参与度和更强的动力。"他还明确表示,游戏化的目的不是解决低工资和不公平待遇等问题。他还反问道,就算这些问题不存在,"为何不让快乐的员工变得更快乐呢?"②。马塞泽斯基的观点可以被视为一种充满怜悯的愤怒——对那些妨碍他解除他人痛苦的人的义愤。他对反对者表示愤怒,敦促他们"别再成为问题的一部分……让我们其他人可以继续努力做我们手上的事"③。他强调,由怜悯产生的道德紧迫感可以让游戏化免遭批评,并使怀疑者成为被批评的对象。

马塞泽斯基的观点也得到了历史上被忽视和低估的工作现实的支持。这些倡导将工作游戏化的文本所提及的工作,大都具有长期令人不愉快的工作环境,这些工作通常被忽视、极端重复且乏味,无法进行有效的转型。产业改

---

① Zichermann and Linder, *Gamification Revolution*, 75.
② Marczewski, "Put Up or Shut Up".
③ Marczewski, "Put Up or Shut Up".

革者哀叹,这些职业凸显了开明管理的局限性,因为"我们社会中有很大一部分人,其工作不适用这些改革建议"①。无论改革者多么富有善意,总是存在一些平凡、重复的工作,不论如何尝试都无法赋予其内在意义。

因此,通常采用的激励手段是遵循凯文·韦巴赫(Kevin Werbach)和丹·亨特(Dan Hunter)所描述的"胡萝卜加大棒"的过时方法:"麦当劳收银员问'你要加薯条吗?'并不是因为觉得好玩。销售人员之所以工作时间更长、更努力,是因为他们的年终奖取决于销售业绩。员工知道,如果他们得到较差的绩效评价,就无法晋升。"② 韦巴赫和亨特认为,这样的方法不仅无效,而且通过纪律来激励员工从根本上是不道德的,因为它加剧了不满情绪,将员工困在原有岗位,剥夺了他们向上流动的可能性。想象麦当劳服务员的不快乐并不难。他们既没有受到赏识,也缺乏改善处境的动力。我们可以轻易地想象那些糟糕的工作情况,这意味着优绩主义③意识形态存在根深蒂固的局限性。

游戏化激发了富有怜悯心的想象,因为它能转变那些阻碍激情意愿实现的不利条件。韦巴赫和亨特阐释道,当人们从事他们真正热爱的工作时,意愿的效果最为显著,

---

① Herzberg, Mausner, and Snyderman, *Motivation to Work*, 138.
② Werbach and Hunter, *For the Win*, 54.
③ [译注] 优绩主义(meritocracy),指通过个人能力和努力就能晋升的社会观念。

因为此时人的意图与情感可以无缝衔接。游戏化希望能公平地分配激情的心理感受，它能通过将优秀职业的某些感受转移到"仅仅是工作"的工作中，改变"单调乏味"的感觉。积分、排行榜、游戏美学、机制和代码被视为重新分配的工具，使得"常在重复且枯燥的任务环境中"工作的人们，能对工作中的"目标感和抱负"保留希望。①

对无激情者的怜悯

通过哪些途径可以凝聚这种怜悯之心？如果动机是为绝望的劳工群体恢复获得美好生活的机会，那么这种美好生活的具体形态和内容是什么？compassion（怜悯）和 passion（激情）均源自拉丁词根 pati，这为我们探讨激情与怜悯之间的情感关系提供了基础。pati 传统上暗示了一种被动的痛苦状态，表明受到外在情感的压迫，必须去忍耐。② 加上前缀 com（共同），就形成了 compati（怜悯），这一词汇传递了一种共情的痛苦体验，其中一个人体验到另一个人的痛苦，这种痛苦激发了纠正不公正的冲动。③ 这种情感的协同效应（synergies）使得怜悯成为道德情感中特别值得称赞的一种。尽管后悔、垂怜和悔恨

---

① Reeves and Read, *Total Engagement*, 4.
② Du Bois, "Passion for the Dead".
③ Nussbaum, *Political Emotions*.

通常将情感的承担者与他人的不幸遭遇联系在一起，但怜悯却带有一种"内置的清白条款"①。坎迪丝·沃格勒（Candace Vogler）写道："富有怜悯心的人怜悯那些不是自己造成的、也不会影响自己生活的不幸。"② 怜悯源于纯粹的善意，它在不必对其所观察到的痛苦负责的情况下做出反应。

我之前讨论过 passion 这个词含义的变化，可以理解为从被动到主动的欲望观念的转变。我们也可以通过这种转变的视角来理解怜悯，它将工人从被动状态——"对外界侵扰的反应"，带到主动状态——"心灵的活动和运动"③。在游戏化中，痛苦被诊断为参与感的缺失，是激情的空白，中断了美好生活的实现。由此产生的感觉——冷漠、孤独、不幸福——都是被动的情绪，不仅因为它们消耗能量导致身体惰性，还因为它们会阻碍意志，即使我们不希望如此，它们也会影响我们。在这种状态中，我们的身体感觉像是一种阻碍：行动迟缓的身体、混乱的思维，以及持续的消极态度，这些都不能与促进我们实现愿望的最佳情感状态保持一致。

而另一方面，投入度（engagement）则描述了意志与身体之间顺畅和谐的关系。威廉·卡恩（William

---

① Vogler, "Much of Madness", 30.
② Vogler, "Much of Madness", 30.
③ Rorty, "From Passions to Emotions", 159.

Kahn)——被公认为管理学领域研究投入度的先驱——将其定义为基于任务的能量支出,与个人对"理想自我"的认同相一致,这是人们"在角色执行过程中倾向于展现和表达的自我形象"①。就像激情一样,投入度是通过欲望与行动的交汇产生的。在这种状态下,意志不再是奋斗的直观来源。② 通过麦戈尼格尔所说的"正确的心态",愿望得以流畅地表达,这是一种能激发"各种积极情绪和体验"的心理状态。全心投入的身体和头脑对欲望进行了调适:"我们所有与幸福相关的神经和生理系统——包括注意力系统、奖励中心、激励系统以及情绪和记忆中心——都处于全面激活状态。"③ 这与不投入的人形成鲜明对比,后者经常需要强迫自己去做不感兴趣的事,感受到巨大的挑战。而投入的个体——引用兹彻曼和林德虽有争议但富有洞见的定义——则拥有"主体感"或"相信自己能掌控

---

① Kahn, "Psychological Conditions"。卡恩在接受《劳动力》(*Workforce*)杂志采访时曾透露,他之所以在 1990 年提出"员工敬业度"(employee engagement)这一概念,是因为他注意到当时的雇主普遍不了解"现代赋权概念",并"认为激励员工主要依靠聘用合适的人选并提供适当的激励措施"。显然,这种以"个体能选择在工作中投入多少真实的自己"为核心的投入度概念,与当今受到广泛认可的激情理念不谋而合。参见 Burjek, "Re-Engaging with William Kahn"。
② 当人们遭遇阻碍或需要调整意志时,意志的重要性便凸显出来。艾哈迈德指出,"意志可能就是我们面对(并准备克服)障碍的方式:我们将意志视为一种资源,因为它与克服的场景密切相关"(Ahmed, *Willful Subjects*, 37)。"不愿意"与愿意的行动相互纠缠,游戏化旨在消除意志的挑战,以便消除那种被迫愿意的感受。
③ McGonigal, *Reality Is Broken*, 28.

命运"①。

然而，虽然出于十足的善意，游戏化所设想的怜悯式救助仍难以摆脱阶级差异。玛乔丽·嘉伯（Marjorie Garber）指出，同情（sympathy）与共情（empathy）通常涉及地位平等的个体间的情感共鸣，而怜悯往往建立在不平等的基础上。② 施予怜悯的一方通常被视为高于那些处于困境中的人。在游戏化的场景中，这种不平等表现为将遭受投入度低下之苦的工人视为他们——那些与我们个人职业经验相距甚远的呼叫中心工作人员、收银员和服务员。另一方面，游戏化所塑造的投入型工人模型，实际上是基于我们自身及我们对职业生涯的经验和信仰构建的。亚当·潘恩伯格（Adam Penenberg）在区分"工作"与"职业"时明确揭示了这种不平衡，他指出，"任何曾经从事过单调乏味的工作的人都能证明，时间在工作中流逝得多么缓慢"，而对"我们这些拥有职业的人来说，体验则完全是另一番景象"③。这种表述揭示了被动向主动转变背后带有阶级属性的情感——在企业中占据较高职位的情感群体，往往会向那些受困于低价值工作岗位、试图改变自身处境的人伸出援手。

当怜悯产生于社会地位悬殊的个体之间时，对他人苦

---

① Zichermann and Linder, *Gamification Revolution*, 75.
② Garber, "Compassion".
③ Penenberg, *Play at Work*, 192.

难的感知也必然反映了我们自身对苦难的想象。在《道德情操论》(*The Theory of Moral Sentiments*)中，亚当·斯密强调了想象力之于怜悯心的重要性，因为人的感官无法真正体验到他人的痛苦。他写道，感官永远无法"超越个人自身，只有通过想象力，我们才能构建对他人感受的理解"①。他认识到，这种想象的感受的准确性总是值得怀疑的，但他相信，这种情感能产生足够的相似性，以激发利他行为。尽管想象中的痛苦"永远无法与原始的悲伤完全相同"，这些感受之间将有"一种呼应……虽然它们永远不会完全一致，但可能会相谐调"②。斯密将想象中的情感状态——而非其形式或强度——视为行动的晴雨表。我们对苦难的想象是否准确不太重要，想象苦难这一行为本身就能激发减轻他人痛苦的利他行为。

然而，怜悯并非游离于情感意识形态之外。③ 谁值得怜悯，如何表达怜悯，以及怜悯是否适当、程度如何，这些判断都深植于对怜悯行为的思考之中。这种对怜悯的规范性评价非常关键。因为在努力解除他人痛苦的同时，我们必须设想受苦者所经历的苦难及其可能的缓解方式。④ 若要将某种状况识别为痛苦，它必须触犯我们的道

---

① A. Smith, *Theory of Moral Sentiment*, 9.
② A. Smith, *Theory of Moral Sentiment*, 22.
③ Edelman, "Compassion's Compulsion"; Jaggar, "Love and Knowledge".
④ 参见 Nussbaum, *Political Emotions*; Whitebrook, "Love and Anger".

德正义感。受苦者的境遇必须符合不公正的模型且其所承受的痛苦也需顺应社会普遍认可的痛苦模式,这样怜悯才有可能产生。①

对缺乏激情所带来的不幸福几乎无需辩解,因为它属于公众领域中规范性的痛苦类型,无论是通过自助书籍、医学建议、盖洛普调查还是美国梦的意识形态,都容易找到共鸣。正是这种规范性,使得想象中的痛苦能从想象的主体滑向真实的主体,从特殊的情况延伸至普遍的情况。在游戏化中,呼叫中心的员工、收银员和服务员等的体验,成为广泛存在的其他从事同样被低估和缺乏激励工作的劳动者的代表。减轻这种痛苦的努力,同样受到了对无痛苦经验应有之态的规范性信念的影响。富有怜悯心的想象的核心是情感的意识形态协同作用:人们通过怜悯的行动寻求产生"正确"的感受,这基于我们认为能帮助痛苦主体的方式,这些方式会让他们感到"正确"。游戏化倡导者建议的"正确"感觉、意愿和经验,是社会认可的,是可以改变这些不幸福情境的方法。例如,詹妮弗的故事以她获得更好的职位和海外度假结束。游戏化承诺带来美好生活的希望性复苏,从而"修正"之前存在的缺陷。

这种观点引来了不少批评。一个显著的反对声音来自

---

① Berlant, *Compassion*.

游戏设计师、教授伊恩·博格斯特（Ian Bogost），他认为游戏化将游戏的艺术形式变成了商业的工具。他认为，游戏化是"胡扯"，因为游戏化并不真正关心那些它声称要改变的人的生活。它只是想利用游戏的修辞力，即它们"神秘、魔力、有力"的气质，提供一种日常体验的转变。① 然而，由于游戏化过于关注游戏的作用，而非游戏本身，所以对其灵感来源造成了破坏。它剥离了游戏的叙事、美学和游戏逻辑，仅留下其基础元素——积分、徽章和排行榜，这些都被反复商品化。其他游戏设计师如约翰·费拉拉（John Ferrara）和玛格丽特·罗伯森（Margaret Robertson）对此也提出了批评，他们将游戏化描述为"谎言"和"骗局"，认为其忽视了游戏本质的最有意义的部分。

虽然我理解对企业挪用和贬低的批评，但博格斯特的陈述无意中建立了一种问题性的分割——真诚与可疑意图之间的划分，这种二元化忽略了游戏中两种乌托邦想象之间的重叠——轻松嬉戏和实用工具。赫伊津哈和麦戈尼格尔的设想——一个被孩童般的玩耍激发，另一个将玩耍转化为现实生活的影响——均蕴含着保护人类创造精神某一面向的冲动。托马斯·亨利克斯（Thomas Henricks）指出，赫伊津哈在第二次世界大战法西斯主义上升时期撰写

---

① Bogost, "Gamification Is Bullshit".

了《游戏的人》(*Homo Ludens*),他认为游戏的能力——"轻松而富有创造性地对待世界"——与他希望游戏暂停偏见并为规划"共同未来"扫清障碍的愿景相关联。麦戈尼格尔在她的博士论文中提出,游戏化能创造出超越个体自身利益的响应性环境,促进陌生人之间的互动与合作。[①] 对双方而言,游戏创造的心理界限——"魔法圈"(magic circle)——象征着理想化的和解与净化空间,是共同生活的希望所在。

这种社会愿景的相似性体现了富有怜悯心的想象在游戏化中的重要性,这种逻辑随着游戏化的常态化和自然化而日益重要。到2015年,游戏化已不再像初期那样大放异彩。例如,技术企业家塞尔吉奥·努韦尔(Sergio Nouvel)注意到,虽然游戏化曾经是"商业对话的宠儿",但今天这个词"听起来有些过时和疲软"[②]。他和其他人将这种变化归咎于游戏化品牌的污点和公众对其操纵意图的批评。麦戈尼格尔以此为由与游戏化保持距离,他表示:"我不做游戏化……我不认为任何人应该制作游戏去激励别人做他们不愿意做的事。"[③] 堆栈溢出(Stack Overflow)网站坚

---

① 麦戈尼格尔的博士论文《这可能是一个游戏》("This Might Be a Game")探讨了无处不在的游戏,显示出她对游戏内在特性的浓厚兴趣。她与斯图尔特·布兰德(Stewart Brand)就"千年游戏"(thousand-year game)进行的讨论进一步凸显了她对游戏可能性的期望。相关访谈参见 Long Now Foundation, "Long Conversation"。
② Nouvel, "Why Gamification Is Broken".
③ Feiler, "Jane McGonigal".

称其成功源于用户"帮助他人"和"学习新事物"的愿望,而不是依靠网站内建的游戏化声誉系统:"即便是在最佳情况下,积分、游戏化机制及网站的精细结构,也只能鼓励人们继续进行他们已有的活动。"① 游戏化平台邦奇博尔(Bunchball)的创造者拉杰特·帕哈瑞亚(Rajat Paharia)也对衰退毫不在意:"这个术语是否会继续存在,我不知道,也不在乎。归根结底,我对游戏化的定义就是通过数据来激励人们。"② 这些人都因认为游戏化过于简化或具有操控性,策略性地与之划清界限。随后,他们在其他术语或重点下,如大数据或动机科学,甚至在没有游戏化这一术语的情况下,继续宣传游戏、激情与美好生活之间的关系。

回到博格斯特,我认为他将游戏化描述为"胡扯"的观点也许应该从不同的角度进行审视。这里,我们不应只考虑游戏化是否出于好意或设计得当,而应深入探讨游戏的生产主义话语在历史排斥的语境中如何揭示对乌托邦的认知。博格斯特引用哈利·弗兰克福特(Harry Frankfurt)的观点,认为"胡扯"是一种创造性行为,旨在创新而非传播虚假:"采取胡扯方式的人拥有更多的自由……它提供了更广阔的即兴创作、色彩施加和富有想象的游戏空间。"③ "胡扯"被视为一种想象力的运用,是一种关于游

---

① J. Hanlon, "Five Years Ago".
② Snider, "Answers".
③ Frankfurt, *On Bullshit*, 52-53.

戏潜力的思想实验。尽管游戏化中展现的实验可能让那些把游戏视作艺术形式的人感到不适，但正是对游戏本质的不关注，使得顾问、企业家和未来主义者得以想象游戏如何解决人类问题。从游戏应有的规则中解放出来，游戏化的从业者可以更广泛地想象其变革的可能性。因此，尽管这种话语存在问题并带有一种"解决主义"的倾向，它还是让我们一窥资本在当前构建的各种乌托邦，特别是管理层在推动变革时所遇到的固有限制，即认为重复工作没有任何重塑或积极改变的可能。

心流与基于怜悯的能动性

我将从心流开始，追溯这一想象的政治起点。心流理论是心理学家米哈里·契克森米哈赖于20世纪70年代发展的一种广受欢迎的专注理论，这一理论常被用于讨论游戏化。心流理论之所以在游戏化中广受欢迎，很可能是因为它直观地阐述了技能与挑战之间的关系。该理论提出，一个人的专注体验质量，取决于挑战的难度与个人能力的匹配。[①] 个人技能越高，任务的挑战性就必须随之增加，

[①] 塞巴斯蒂安·德特丁（Sebastian Deterding）指出，游戏化倾向于将心流理论简化为技能与挑战的匹配，而忽略了反馈、自主性和无干扰等关键组成部分。德特丁批评这种省略是理论应用的不严格；但也需要注意，契克森米哈赖本人对于简化其理论持开放态度。出于对他人苦难的怜悯，人们可能会倾向于简化、普遍化并抽象化理论，使之更有助于思考和应用。参见 Deterding, "Ambiguity of Games"。

才能激发出心流的专注状态。这种解释很自然地适用于游戏系统中可调节的难度设置,并为游戏化之所以"有效"提供了便利的理由。

契克森米哈赖在 1975 年出版的《超越无聊与焦虑》(*Beyond Boredom and Anxiety*)一书的开篇设定了心流理论的背景。书中引用了史学家希罗多德的记录,叙述了吕底亚人如何通过沉迷游戏来度过长达 18 年的饥荒。在这个广为人知的故事中,吕底亚人通过进食和游戏交替的方法来应付饥饿:他们在头一日进食,在次日则通过掷距骨、骰子和球类游戏来抵御饥饿感。这种做法让吕底亚人利用有限的食物供应度过了 18 年。尽管在希罗多德记录的历史中,这只是一个不起眼的小故事①,但在契克森米哈赖眼中,它展现了游戏的巨大潜力。"人们的确会沉浸在游戏中,以至于忘记饥饿和其他问题,"他写道,"游戏究竟有何魔力,能让人们为它舍弃基本生存需求?"②

这个故事极具吸引力:通过游戏来应对饥荒的简单策略表明,我们完全有可能以一种非创伤性的方式来经历苦难。痛苦不仅可以被有效解除,其解除方式同样无痛苦。这个故事在 30 多年后再次成为灵感源泉——麦戈尼格尔在《游戏改变世界》(*Reality Is Broken*)一书的导言和结尾再

---

① 这段叙述很可能是希腊历史学家希罗多德当作轶事记录下来的,只是为了增添吕底亚历史的生动性。参见 Holland, "Herodotus I, 94"。
② Csikszentmihályi, *Beyond Boredom and Anxiety*, ix.

次提到它。虽然契克森米哈赖对这则轶事的历史真实性提出了质疑,麦戈尼格尔却收集了众多证据以支持其真实性。她详细讨论了几项最近的研究成果,这些成果支持这则轶事的可信度,并提出了一个令人震惊的论点:"我们所知的西方文明可能在很大程度上要归功于吕底亚人团结协作和擅长游戏的能力。"①

从古希腊的故事到契克森米哈赖与麦戈尼格尔的现代著作,这个故事跨越历史的传播反映了游戏乌托邦的继承性质。正如契克森米哈赖明确指出的,《超越无聊与焦虑》一书的主要目的是展示游戏的潜力,并阐释游戏是一种心理取向(psychological orientation),是对行动的解释,而不仅仅是行动本身。从游戏中得到的乐趣并不源于游戏本身,而是由其多个因素产生:目标清晰明确、反馈持续不断、技能与任务挑战之间的匹配恰到好处。契克森米哈赖坚信,"几乎任何对象或体验都潜藏着带来乐趣的可能",需要的只是转变对象或体验的心理取向。② 因此,他提出了一个多样化的游戏角色清单:信奉新教劳动伦理的信徒、追求财富的商人、英国织布工匠、本土农民和猎人。这些非典型选择展示了他试图将游戏的潜力普遍化,超越文化、历史和特定环境的限制,尤其是在生产性活动领域。③

---

① McGonigal, *Reality Is Broken*, 353.
② Csikszentmihályi, *Beyond Boredom and Anxiety*, x.
③ Csikszentmihályi, "Flow, the Secret to Happiness".

在这种模式下的游戏取决于契克森米哈赖所称的"心流"状态——一种理想中的人类自由体验,其中不包含无聊与焦虑。处于心流状态的人将体验到一种深度的专注,所有的干扰和不确定感都被消除,取而代之的是强烈的控制感(见图表3.1)。在心流状态下,自我意识逐渐消退。对身体的察觉也随之模糊,完全被对任务的极致专注所替代,不适、痛苦、恐惧、不幸福及疲劳等身心的负面感受也随之消散。同时,时间感的体验也发生了转变。在心流状态下,时间悄无声息地流逝,当事人毫无意识。尽管在心流状态中不一定感到快乐——因为此时的情感并未被有意识地反思——但事后回想,这些体验常被描述为愉悦的。因此,心流被视为自我完足的体验,它本质上具有奖励性,人们追求心流体验,纯粹是因为体验本身的价值。①

如今,心流常被视作激情的现象学式呈现。心流基因组项目(Flow Genome Project)和心流意识学院(Flow Consciousness Institute)②这样的健康组织,会定期举办工作坊,声称能帮助参与者找到他们的心流,以便更富激情地生活。③自助资源同样教导参与者找到心流,从而发现他们的激情所在。心流与激情之间的联系不无道理,因为

---

① Csikszentmihályi, *Flow: The Psychology of Optimal Experience*.
② [译注] 两家均为基于心流理论的个人发展培训机构,提供在线课程、研讨会和个人咨询服务。
③ Flow Consciousness Institute, "Researching and Developing"; Flow Genome Project, "The Official Source for Peak Performance".

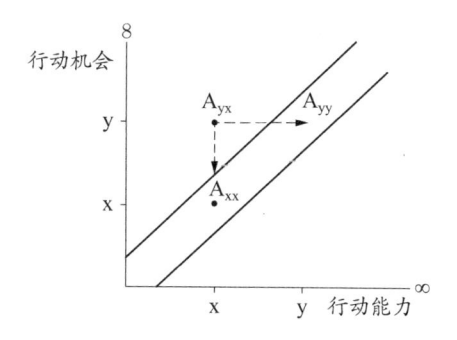

图表3.1 米哈里·契克森米哈赖通过这张图阐释了人们如何进入心流状态。"处于担忧状态的人,通过两种基本策略的无限组合——降低挑战或提升技能——即可重新进入心流状态。"引自契克森米哈赖的论文《游戏与内在奖励》("Play and Intrinsic Rewards"),60。

心流最初是根据艺术家的劳动伦理来建模的。艺术家是自我牺牲、充满激情的新自由主义文化劳动者的典范,作为研究生,契克森米哈赖在其早期研究中,对艺术家表现出的专注也表达了好奇。艺术家"对他们的工作几乎狂热,"他写道,"然而,一旦他们完成了一幅画或一座雕塑,就似乎对其失去了所有兴趣。"[①] 契克森米哈赖推测,创造性自我表达行为中存在一种游戏的愉悦,这种愉悦不能完全

---

① Csikszentmihályi, *Beyond Boredom and Anxiety*, xii.

归因于创造出来的作品。

这个观察成为契克森米哈赖毕生研究人类经验的起点。到了20世纪70年代,他开始参与关于工作情绪危机的广泛学术讨论,并试图通过研究将心流的心理取向赋予工业工人来解决这一问题。他经常引用的例子是一位名叫里科·梅德林(Rico Medellin)的工人。他被分配了一套"看起来很乏味"的生产线操作任务。"大多数人很快就会厌倦这样的工作。但是这份工作里科已经做了5年多了,依然乐在其中。"① 里科之所以享受这份工作,是因为他能把艰苦的劳动变作一种游戏:"就像长跑运动员经年累月的训练为的是缩短几秒的时间……里科训练自己以便提高在流水线上的工作效率……他为自己使用工具和完成动作制定了一套独特的程序。5年后,他每个单元的最佳平均完成时间达到了28秒。"②

里科展示了个体如何能掌控自己的工作体验。契克森米哈赖写道,虽然许多人认为流水线乏味且孤独,但是里科"热爱那种充分发挥自己技能所带来的兴奋感"③。这种心态的转变,被杰西·谢尔形容为从被迫工作到自愿工作的转变,展示了游戏何以被塑造成日常活动的形

---

① Csikszentmihályi, *Flow: The Psychology of Optimal Experience*, 42, 39.
② Csikszentmihályi, *Flow: The Psychology of Optimal Experience*, 39.
③ Csikszentmihályi, *Finding Flow*, 105.

式。^① 从这个视角出发，任何事物都能变得引人入胜——关键在于灵活变换我们接近活动的方式。如里科所言，流水线上的工作"比任何事情都好——远胜于看电视"②。掌握了心流的技巧后，即使是最单调的劳动也能成为一种娱乐方式。③

战争与富有怜悯心的解决方案

乍看之下，契克森米哈赖的论文似乎与管理层长期追求的目标并无不同：创建一支与行业领袖协调一致的高效劳动力队伍。然而，管理层注重短期经济效益，心流则重视更宏大的目标。在名为"重探幸福"的章节中，契克森米哈赖写到了我们对生活发展的控制能力有限："作为个体，我们几乎无法改变宇宙的运行方式。一生中，我们对影响我们福祉的力量几乎无能为力。我们当然需要尽可能阻止核战争、废除社会不公、消除饥饿和疾病。但是，认为改变外部条件的努力可以立即提升我们的生活质量，这种期望是不明智的。"④ 在许多情况下，导致生活难以忍受的环境可能无法避免或改变，而心理掌控被视作对抗命运

---

① J. Schell, *Art of Game Design*, 39-40.
② Csikszentmihályi, *Finding Flow*, 105.
③ Ross, *No Collar*.
④ Csikszentmihályi, *Flow: The Psychology of Optimal Experience*, 9.

无常的唯一确定的防御手段。

契克森米哈赖对结构性变革持怀疑态度，这种观点源自他二战期间的亲身经历。1944年，当时只有十岁的他从匈牙利移居意大利，其父亲是匈牙利纳粹政权的外交官。① 战争接近尾声的时候，盟军进入贝拉焦并搜查了他家下榻的酒店。正是在那个时期，契克森米哈赖发现了游戏的巨大力量。在接受《奥秘》(OMNI) 杂志的采访时，他分享了棋类游戏如何成为他逃离亲友死亡与囚禁阴影的出口："我发现，棋艺成了我通向另一个世界的神奇钥匙，在那里所有痛苦都不复存在。我可以花几小时沉浸在一个有明确规则和目标的世界里。在那里，只要知道该怎么做，你就能存活。"②

这次经历引发了他对心理学的长期兴趣。在一次 TED 演讲中，契克森米哈赖分享了自己是如何受到启发，进而去理解人类心理的。他观察到："极少数成人能承受战争带来的苦难，那些在失去工作、家园和安全感后仍试图维持正常、满足和幸福生活的人更是凤毛麟角。"③ 他从战争中学到了结构性乐观主义的局限：结构性变化是无法保证的，即使环境有所改善，这种变化通常也发生得很慢，不

---

① Csikszentmihályi, "Wings of Defeat".
② Sobel, "Interview: Mihaly Csikszentmihalyi", 76.
③ Csikszentmihályi, "Flow, the Secret to Happiness"。源于第二次世界大战的心流理论常常出现在他的书籍和文章中。

足以避免伤害。①

我提及这个例子,并非要简化契克森米哈赖的过往经历、心流理论与生存观念之间的联系,我也不是说心流理论完全源自战争经历。然而,为了深入理解心流的义化和心理复杂性,我们必须探索它的起源。在一篇关于积极心理学的文章中,契克森米哈赖明确表示,他从未试图构建一个关于"普通人"的、"去价值化"的心理学理论。实际上,他更感兴趣的不是战争中受苦的人们,而是那些"即便周围环境混乱,仍保持自身完整性和目标的少数人"。他解释说,这些人"并非一定是最受尊敬、教育程度最高或最有技能的",但他们在第二次世界大战的冲击中"保持了尊严"。他坚信,这些人展示了人类在最佳状态下的可能面貌,是他希望建立的理想化心理学理论的典范。②

因此,心流理论旨在建立一种仿照战争幸存者的心理弹性。在书中,契克森米哈赖提到了那些未因战争而留下心理创伤的战俘,他们因惊人的生存能力而受到赞赏。其中包括特工克里斯托弗·伯尼(Christopher Burney),通过

---

① 乔治·艾森(George Eisen)记录了许多儿童通过游戏和玩耍来渡过饥饿、无聊和焦虑的案例。在这些情境中,游戏提供了一种艾森称之为"精神麻痹"(psychic numbing)的功能:"通过游戏和玩耍,儿童启动了一种缓冲的学习过程,这不仅帮助他们熟悉一个原本陌生的宇宙,还让他们能在这个宇宙中找到生存的方式。"游戏的虚构性具有巨大的力量,虽然它无法为人们提供战争之外生活的幻想,却能帮助他们化解当前情境的压力,并适应他们所处的新世界(Eisen, *Children and Play in the Holocaust*, 114)。
② Seligman and Csikszentmihályi, "Positive Psychology", 6-7.

让日常物品变得有趣来忍受孤独禁闭的折磨;陶瓷设计师埃娃·泽塞尔(Eva Zeisel),在心中下棋以消磨时间;希特勒的建筑师阿尔伯特·斯皮尔(Albert Speer),在监狱院子里设计了一种步行游戏,以此"旅行"到遥远的地方;以及诗人乔治·法卢迪(György Faludy),通过组织其他囚犯帮忙记忆为妻子创作的挽歌来度过囚禁岁月。① 在《心流》中,契克森米哈赖强调:"即使是最严酷的境遇也能通过心流体验实现转变。"他引述了索尔仁尼琴(Solzhenitsyn)如何通过诗歌来抵御古拉格的苛刻环境:"'有时,我站在绝望的囚犯队伍中,周围是持枪警卫的喊声,我却能感受到韵律和意象的急速涌动,仿佛身体飘浮到空中。在这些时刻,我既自由又快乐……有些囚犯试图冲破铁丝网逃离。但对我而言,那些带刺的铁丝网仿佛不存在。尽管囚犯的人数未变,但我的心已飞往遥远的自由之地。'"②

相对而言,我们可能会转向吉奥乔·阿甘本(Giorgio Agamben)在《奥斯维辛的残余》(*Remnants of Auschwitz*)中的论述,他引用了普里莫·莱维(Primo Levi)对党卫队和特遣队之间进行的一场足球比赛的描述。这场比赛似乎暂时中断了现实的残酷。"党卫队的其他成员和队伍的其余人都在观看比赛,他们选择支持的队伍,下注,欢呼,

---

① Csikszentmihályi, *Flow: Psychology of Optimal Experience*; Csikszentmihályi, *Evolving Self*.
② Csikszentmihályi, *Flow: The Psychology of Optimal Experience*, 92.

激励球员,"莱维写道,"仿佛这场比赛不是在地狱之门前进行,而是在村庄的绿地上。"①"这场比赛可能会让人觉得是在无尽的恐怖中人性的短暂回归,"然而,阿甘本认为它"是集中营的真正恐怖",因为它展示了邪恶如何轻易隐藏在平庸的外表之后:"因此……那些未亲历集中营之人的耻辱,正在于他们莫名其妙地成了这场比赛的观众,而这场比赛在我们的体育场、每一次电视转播以及日常生活的常态中不断上演。"②

当契克森米哈赖颂扬忍耐和生存的英雄主义时,阿甘本的分析则提醒我们注意这些叙事可能掩盖的内容。确实,普适性——也就是初始语境的无关性——是契克森米哈赖心理学理论追求的核心目标。冈萨洛·巴希加鲁普(Gonzalo Bacigalupe)认为积极心理学潜藏了种族价值观,因为它主要由白人学者构建;作为回应,契克森米哈赖表达了自己的信念:"我们共通的人性足以提出跨越社会与文化隔阂的心理目标。"③他对抽象化和普适性的重视表明,事物源自何处并不重要,重要的是它被普遍应用的可能性。

这种观点可以视为怜悯的一种体现。消除他人痛苦

---

① 引用见于 Agamben, *Remnants of Auschwitz*, 25。莱维从匈牙利犹太裔医生米克罗斯·尼兹利(Miklós Nyiszli)的亲历记述中引用了这一轶事。
② Agamben, *Remnants of Auschwitz*, 25 - 26。这段文字仅是阿甘本关于证词和见证所面临挑战的广泛论述的简略表述。
③ Bacigalupe, "Is Positive Psychology Only White?"; Seligman and Csíkszentmihályi, "Reply to Comments", 90.

的欲望可能驱使我们在构想解决方案时采取战略性思考。进行概念的抽象化和知识的广泛传播，都是出于实用考虑，目的是使解决方案更具普遍性，对受苦者更有效。① 劳伦·贝兰特认为，这种追求正义感和行为正确的欲望，是激发怜悯的核心动力。然而，这种务实的方式也可能导致对痛苦的误解和对解决方案的误判。② 如果怜悯包含了帮助境况迥异的他人的强烈欲望，那么一种支持心理普遍同质性的理论将有助于开辟前进的道路。但这种基于怜悯的解决方案也可能压抑差异性，急于提供一个简单全面的"万应之策"可能会掩盖更深层次、更难以解决的问题。③

这可能导致一些意想不到的后果，其中之一是将责任推给个体。正如加桑·哈吉（Ghassan Hage）提出的，对人类普遍忍耐力的颂扬伴随着一种反向规训逻辑：如果生存是可能的，而且有些人已经忍受住并存活了下来，那么，那些

---

① Berlant, *Compassion*.
② Woodward, "Calculating Compassion".
③ 全面综述契克森米哈赖的观察会分散对主要论题的注意力。在契克森米哈赖的研究中，将责任个人化的观点屡见不鲜。例如，在《芝加哥论坛报》（*Chicago Tribune*）的一篇文章中，他描述了外科医生由于明确自己的工作目标而从工作中获得极大的满足，并建议其他职业的从业者模仿外科医生，通过创造性挑战来体验工作的快乐。他举例说，装货员可以将每次装车任务视为一个新挑战，将其当作一个拼图游戏，以找出在有限空间内摆放箱子或板条箱的最优方法；秘书应该探索周围各种设备的功能；家庭主妇可以为家务设定标准。他提到，如果一位家庭主妇用熨斗烫四下就实现了烫六下的效果，她就能得到更大的满足感。尽管这些观点是在不同的时代背景下提出的，但它们清楚地展示了心理学理论如何为责任私人化提供理论依据。参见 Houston, "Happy Workers to Be Studied"。

未能存活下来的人，其失败便可能被归咎于自身的心理缺陷，而非最初造成困难的外部条件。① 因此，契克森米哈赖以装配线工人朱利奥·马蒂内兹（Julio Martinez）为例：他无法专心工作，因为他发现自己的车胎有漏气问题，而薪水要到下周末才会发放。意识到轮胎要到那时才能修好，朱利奥感到极大的焦虑，影响了他一整天的工作心态。他因担心开着漏气的轮胎回家及第二天能否正常上班而心神不宁，变得易怒且效率低下。②

在朱利奥的案例中，并未提及工资、财富和工会等问题。相反，契克森米哈赖责备朱利奥未能以积极态度看待轮胎漏气这件事。他解释说："外界事件在意识中仅作为信息出现，是个体根据自己的利益对这些基础信息进行解读，并评判其好坏。"③ 朱利奥的问题被归咎于他的信贷知识匮乏、社交网络不佳以及自信心不足。在这里，心流从一种理想化的生活方式滑向了一种规范性的生存理论。这种理论的最初目的是帮助个体生存，现已演变为一种将责任推给个体的方式：将焦点放在个体的心理变革上，使得人们必须对自己的情感负责。

---

① Hage, "Waiting Out the Crisis".
② Csikszentmihályi, *Flow: The Psychology of Optimal Experience*.
③ Csikszentmihályi, *Flow: The Psychology of Optimal Experience*, 38.

暂停的轨迹

但这也引出了另一个问题:心流体验是否总是健康且有赋能作用?我们可以参考娜塔莎·舒尔(Natasha Schüll)对赌博机的研究,以理解心流体验的不同面貌。她在《设计上瘾》(*Addiction by Design*)中指出,虽然赌博机成瘾者深陷游戏,但这种专注并非契克森米哈赖所描述的那种"令人振奋、扩张、赋能的体验"[1]。相反,她发现这些游戏体验具有消耗和毁灭的性质:玩家沉浸其中,高度专注直至最终被机器所束缚,等到身体和钱都被彻底掏空,他们才会离开。

在批评麦戈尼格尔的《游戏改变人生》(*SuperBetter*)一书时,内森·海勒(Nathan Heller)指出,麦戈尼格尔误解了数字游戏积极的现象学特质。[2] 麦戈尼格尔认为,游戏能将我们从"日常负面事件"的不快乐中解放出来,帮助我们过上更幸福、更健康的生活。[3] 她引用一项医学研究指出,像俄罗斯方块这类集中注意力的游戏通过占用人的全部心理处理能力,排除不快乐的思绪。玩家在进行这类游戏时,不太可能回忆起负面事件,并且在游戏后,

---

[1] Schüll, *Addiction by Design*, 179.
[2] Heller, "High Score".
[3] McGonigal, *SuperBetter*.

他们还能记起图像，但不伴随原先的创伤性感受。然而，海勒对这项研究能否直接证实游戏的治愈特性持保留态度。他认为，如果俄罗斯方块确实能阻断创伤的回忆，其机制可能是通过"麻木"而非"治愈"。游戏通过分散我们对现实的注意力，让我们逃避创伤："视频游戏的沉浸式世界……使我们对现实世界变得麻木。"①

舒尔也持相似看法：她观察到，人们对老虎机上瘾，往往是因为这些机器能提供一种虚假的安全感。尽管赌博机的赔率对玩家不利，但机器的可预测性、操作的熟悉性以及预期的损失，反而给予人们一种控制感，使他们能在充满忧虑和焦虑的世界中获得安宁。舒尔观察到，尽管"交互式消费设备通常与新的选择、联系和表达自我的方式相关"，"但它们也可以起到限制选择、断开连接和逃离自我的作用"②。游戏提供了一种有限的休息空间，允许人们体验斯科特·里士满（Scott Richmond）所描述的"庸俗无聊"，即"对欲望的矛盾撤退"，通过机器迷境（machine zone）的暂停状态，让人们从不快乐的现状中暂时逃避。通过游戏，个体经历了一种自我的抹消。他变得"不再渴望、等待或行动"，从而暂停了日常生活的压力。③

关于心流理论的大量研究都集中在等式的一侧，即那

---

① Heller, "High Score".
② Schüll, *Addiction by Design*, 13.
③ Richmond, "Vulgar Boredom", 32.

种自我完满快感背后的强烈专注。但专注本身也隐含了分心与自我消解的可能性。乔纳森·克拉里（Jonathan Crary）在对注意力历史的研究中指出，"注意力与分心并非截然不同的状态，而是同处一个连续体上"①。这种连续体也体现在心流理论中："人们在心流体验中失去自我意识，这标志着米德（George Herbert Mead）所说的'自我'从意识中的消退。"契克森米哈赖解释说，这发生在个体的注意力完全被参与其中的挑战所占据之时。② 专注与暂停实际上有着内在联系：为达到心流必需的深度专注排除无关的干扰，使人对除当前任务之外的一切不再留心。

契克森米哈赖引述的故事——无论是吕底亚人还是战俘——虽多从专注的视角叙述，然而规避创伤的关键在于深度专注所带来的自我意识的减弱。这一体验的两个方面——专注和暂停——对工人的影响程度根据各自的工作环境而异。对于从事创意性工作的人来说，专注带来的是创造性表达的乐趣。然而，对于那些日常工作单调且重复的人来说，心流体验中暂停的麻木感才是关键。这种感知的"消除"构建了一种防御机制，帮助他们忍受日常的磨损。游戏元素中的麻木特质，为这些被剥夺了美好生活的

---

① Crary, *Suspensions of Perception*, 47.
② Nakamura and Csikszentmihályi, "Concept of Flow", 92。这句话引用了乔治·赫伯特·米德对自发的"我"和社会化的"我"的区分，后者是一个反思的、思考的自我，而在心流状态下，这种反思的自我消失了。

人开启了持久忍耐的可能。①

乍一看,暂停似乎与通常认为的激情所带来的自我实现的乐趣相冲突。暂停暗示了机械性和自动化的特征,这些特征通常被洛林·达斯顿(Lorraine Daston)描述为与人性对立:前者代表重复、僵硬和愚昧;后者象征创造性、灵活性和智慧。② 这种笛卡尔式的二元分离与种族主义的历史紧密相关——自动化通常与被种族化的"他者"挂钩,这些"他者"被描绘为卑微、顺从、几乎非人的存在。③ 但暂停能否带来一种新的目的?在游戏化的语境下,暂停常常与反人文主义和机械性问题挂钩。例如,米格尔·西卡特(Miguel Sicart)和金泰完(Tae Wan Kim)提出,游戏化的主要道德问题在于它提供了现成的美好生活模式,阻止人们反思这些目的本身的道德价值。④ 西卡特强调:"美好生活不仅是活动的执行,还包括对这些活动在个人生活和幸福感中所扮演角色的反思能力。"⑤ 这个观点与格雷姆·柯克帕特里克(Graeme Kirkpatrick)的论点

---

① Crary, *Suspensions of Perception*, 10.
② Daston, "Mechanical Rules before Machines".
③ 杰西卡·里斯金(Jessica Riskin)在探讨18世纪和19世纪的自动装置时,对此有精辟的论述。她指出,自动装置常被比作社会中的低层人群,如奴隶、征兵和工人……在这些讨论中,机器毫不奇怪地被赋予了强烈的笛卡尔哲学含义:它们象征着理性灵魂的缺乏、理性思考和智慧判断能力的不足(Riskin, *Restless Clock*, 146)。另见 Ngai, *Ugly Feelings*。
④ Kim, "Gamification Ethics"; Sicart, "Playing the Good Life".
⑤ Sicart, "Playing the Good Life", 225-226.

不谋而合，即游戏化限制了可能性的边界，将其导向了既定的、偏向常规体系的路径。如果说游戏传统上意味着一种能在激进想象中扩展潜力的创造性行为，那么游戏化则是对这种潜能的挪用，并"将其引向系统的需求"，从而使得这些潜在的革新性可能变得难以想象。①

我对这些批评抱有共鸣，但识别出这些需求的出处及其重要性仍不可或缺。对于那些历史上被排除在美好生活之外的人群而言，激进的反思可能并非同等重要；而对于长期遭受排斥之苦的人来说，融入常态可能不仅仅是顺应，更是一种解放。贝兰特指出，对"接近正常"的向往并不仅仅是对相似或熟悉的追求；相反，这种向往源自一种"靠近既神秘又简化的感受"的欲望。② 这里提醒我们关注日常生活的政治影响：常态化可以通过简化生活需求的复杂性，将个体带入一个充满可能性并感到安心的状态。有时，解放可能体现为减少思考的愿望，希望能在理解世界时摆脱犹豫和思虑，感受到平凡也能成为心灵安宁的栖息地，对改善自己的生活保持乐观。

雷诺德·劳里将激情定义为一种以追求为特征的情感，是对某物的渴望，这种渴望激发主体采取行动。③ 追求意味着跟随，投身追求则意味着沿着追逐某物的轨迹前

---

① Kirkpatrick, "Ludefaction", 521.
② Berlant, *Cruel Optimism*, 166.
③ Lawrie, "Passion".

进,这种移动不是无目的的,而是具有"恰当"的方向,让人感觉自己在做有意义的事情以推动自己的进步。① 追求的反面则可能体现为"停滞感"——一种感觉自己陷入困境、缺乏值得追求的选择的状态。② 停滞感可能是一种被社会排斥的感觉,仿佛置身于情感上的社会边缘地带,世界逐渐失去了任何值得依恋或投入的事物。③ 或者,借用马克·金维尔(Mark Kingwell)和拉斯穆斯·约翰森(Rasmus Johnsen)的话,停滞会让人觉得如同"抛锚",在这种情况下,世界未能展现其潜力,由于个体缺乏"与情境需求或预期成就互动的方法",其欲望反而导致自我挫败。④

对于那些没有机会走传统职业发展路线的人来说,他们面对的职业机会往往不够明确。但当选择变得不明确时,人们也可能变得开放,更愿意考虑进入一种新的情感领域,寻找其他可能性。在《分心的问题》(*The Problem of Distraction*)一书中,保罗·诺斯(Paul North)使用狩猎的比喻强调了三个元素之间的关系:始终不偏的骏马、仍在游移的内心以及头脑空空的愚者。⑤ 诺斯关注的是心和脑,代表意志和能动性,探讨了分心如何在某些情况下推进个人意志而不带有明确的目的性。我们可以从另一个

---

① Samuel, *American Dream*.
② Morrison, *Unstick Your Stuck*.
③ O'Neill, *Space of Boredom*, 98.
④ Kingwell, *Wish I Were Here*; Johnsen, "On Boredom", 486.
⑤ North, *Problem of Distraction*, 62.

角度来解读这一比喻。在游戏化的背景中，似乎"始终不偏的骏马"——即设定的环境——是最关键的因素。一个人有多少能动性并不重要，更关键的是设计好的机制能否引导个体的行动，使玩家不论如何操作，都能按照预定的轨迹前进。在这里，暂停不仅是一种机制，它还可以作为通向常态的路径，将个体融入关于当前和未来的常规可能性的传统观念中，其中的期待往往被误认为是大众理所应当的生活方式。

在《用途何在》（What's the Use?）一书中，艾哈迈德指出，路径不仅预设了旅行的方向，还决定了其移动的轻松程度："越多人走过的路径，其表面就越平滑、越容易行走。越顺畅的路径也就越明显；路径越被频繁使用，走起来也就越简单。"[①] 艾哈迈德谈到了用途的规范化及重复使用带来的便利性，但是路径的功能远不止于此。优良的路径具有推动作用。它们可以创造动力，推动个体沿着轨迹前进，从而减轻个体行走和前进时意志的负担。同样，正如经济学家为那些过于疲惫以至于难以为自己做出"正确"选择的人设计助推策略，被排斥和被耗尽状态可以交织在一起，勾勒出一个最需要此类策略帮助的不快乐群体：那些并非因自身过错而被压垮的人，或那些想要正确

[①] Ahmed, *What's the Use?*, 41.

行事但因工作性质而受阻的工人。①

然而，从某种程度上说，游戏化富有怜悯心的想象甚至超越了这些建议。游戏化的发展轨迹涉及对能动性的超越，它要求我们信任软件，让软件成为引领玩家的核心行动者。尽管契克森米哈赖仍要求主体改变他们对情境的解释以进入心流状态——就像里科的例子一样——但游戏化不要求主体进行如此转变。在这里，我们发现了彼得·斯洛特戴克（Peter Sloterdijk）所说的"自愿寻求的被动性"伦理，即主体放弃自我能动性，以实现个人意志的实践。斯洛特戴克写道："'我控制了自己'的说法现在被更复杂的表述所取代：'我把自己交给了他人，以便在处理完毕后，我能再次控制自己。'"② 通过这种方式，游戏化将心流推向了其乌托邦式的极致：如果心流受限于人类无法自由解读环境的能力，那么游戏化则通过将工作者纳入游戏化的控制系统，消除这一障碍。头脑和身体的过度活跃——一个

---

① 菲利普·米罗夫斯基（Philip Mirowski）和爱德华·尼克-卡哈（Edward Nik-Khah）提出了一个强有力的观点。他们指出，正统经济学和行为经济学领域的信息革命，是由一种反人本主义的暗流推动的，使得人类理性显得不再重要。市场被构想为一个信息处理器，而市场参与者则是看不清"大局"的无知使用者。因为市场参与者"并不确切知道自己想要什么"，经济学家因此声称自己有能力"设计"市场，以提供他们认为人们应该渴求的东西（Mirowski and Nik-Khah, *Knowledge We Have Lost*, 7）。同样，威廉·戴维斯（William Davies）也探讨了行为主义与幸福经济学之间的联系。他在谈及"助推"（nudge）与专家统治时指出，"'助推'因其'家长主义'而受到批评，但这种家长主义有时也令人感到宽慰。有人替我们做出重要决策，免除我们对自己行为的全部责任，这可以带来一种解脱感"（Davies, *Happiness Industry*, 90）。

② Sloterdijk, *You Must Change Your Life*, 376.

不知道无聊和疲劳的身体——以及对数字化修正力量的开放态度，展开了对美好生活的另一种可能的想象。

被寄予希望的暂停

在本章的最后几节，我将探讨几个游戏化的实践案例，用以阐释我所描述的"被寄予希望的暂停"①。这种暂停由富有怜悯心的想象激发，希望主体在面对困难时，能在没有狂热自我意识的情况下，通过行动在心理上克服这些困难。暂停并不总是与希望联系在一起，它也可能仅仅作为一种手段，帮助人们对抗生活中的不快乐，以达到自我麻木的效果。然而，当暂停将这种麻木感与欲望联系起来时，它就变得充满了希望。这种情况下，工人在被动地投入机器的算法流程中时，能更有效地满足自己的需求。在此，暂停从单纯的生存转向茁壮的成长，充满了富有怜悯心的希望，期待那些从事重复工作且常被贬低的工人能重新融入激情的情感结构中。

莫兹拉（Mozilla）公司设计的开放徽章项目便是这一理念的具体实践。2013 年，开放徽章项目与美国前总统比

---

① 我的分析主要依据的是对"开放徽章"项目的案例研究。"开放徽章"项目目前由教育技术公司 IMS Global 领导，该公司专门为教育产品制定全球标准。我查阅了多个使用"开放徽章"标准的徽章平台，研究了油管上的 20 多个相关视频，并观看了企业游戏化产品的演示（通常以网络研讨会和直播的形式呈现）。

尔·克林顿支持的"一千万个美好未来"计划同时启动。该项目使用了一种新型教育技术，作为正规教育机构的补充：数字徽章被用来认证人们在日常生活中的非正规学习成果。从项目启动之初便显而易见的是，数字徽章不仅有助于人力资本的获取，也有助于使这种获取方式更民主和更平等。开放徽章的开发者艾琳·奈特（Erin Knight）的初衷是针对那些表现突出、超越同龄人的学生，克林顿在推广徽章运动时，着重强调了其对因证书缺失而难以就业的退伍军人的重要性。① 克林顿解释说："我之所以对此产生兴趣，是因为金融危机后退伍军人的失业率居高不下，他们被迫重返大学深造，尽管他们在军队中已经承担过更重的责任。"② 因此，对技能的适当认证被视为一种道德责任：数字徽章使得技能认证更公正，允许退伍军人展示他们此前不被承认的技能，并帮助他们在退役后再就业。③

克林顿的呼吁与"人力资本"这一概念密切相关，这是经济学家加里·贝克尔（Gary Becker）在20世纪60年代发展的著名概念。④ 人力资本理论基本上将人视为潜在的投资对象，正如米歇尔·墨菲（Michelle Murphy）所述，它考虑的是"个人具体表现的能力，这些能力可以在未来

---

① Mozilla Foundation, Peer 2 Peer University, and MacArthur Foundation, "Open Badges for Lifelong Learning".
② Clinton Global Initiative, "Digital Badges".
③ Clinton Global Initiative, "Digital Badges".
④ Becker, *Human Capital*.

为个人、雇主甚至国家经济带来经济利益"①。人力资本描述了个人作为商品化劳动力可能的价值前景。拥有越多人力资本的人，在他们预期潜力的道路上，就越有可能找到工作。但要公平地评估人力资本，就需要将更广泛的日常活动分类为值得投入精力的技能和资产，并将其纳入潜在价值评估。

这一趋势导致了对技能一词含义的扩充。正如伊兰娜·格尔森所观察到的，"虽然技能过去是指手工或机械知识（如缝纫或管道工），但现在几乎任何可以被测试或评级的事物都能被称为技能"②。连续性失业的压力迫使个体必须将自己呈现为价值持有者，而技能这一直观的术语被用来解释一个人的劳动潜能。拥有更多技能的个人，通常被认为更具价值。然而，这并不总是成立，因为技能并非总能转换应用。在一个领域获得的知识未必适用于另一领域；同样，技能丰富的工人未必具备快速学习的能力。但是，如果一个人想要主张自己拥有人力资本，就需要用到这类启发式方法。因此，工人的任务就是掌握这些说辞，将他们的知识抽象化和普遍化，将"技能"呈现为适应、学习和创造性发展的人类潜力。

正是因此，评估技术被认为是不准确和有偏见的。美

---

① Murphy, *Economization of Life*, 115.
② Gershon, *Down and Out*, 11.

国教育部前部长阿恩·邓肯（Arne Duncan）在谈及儿童教育时提出这一论点，他强调了不平等如何阻碍对人力资本的正确评估，尤其是在贫困人群中。"天赋比机会分布得更均匀。"他解释说。在资源匮乏的贫困地区，学校往往无法超越传统评估，无法全面掌握更复杂的评估方法，因此难以辨别出学生的天赋。① 如果孩子们在解决问题、学习和自主掌握技能方面的能力没有得到评估和记录，这些天赋就可能被遗漏。此观点同样适用于已经工作的成年人。在一场网络研讨会中，"萨尔"被作为例子，用以展示一个工人在被裁后因无法证明其长期职业生涯中积累的技能而难以找到新工作的情况。② 与退伍军人面临的问题类似，现有的评估方式未能充分认可某些特定群体（这些群体往往从事被视作低技能的工作）的人力资本。这种评估不仅使他们失去现有工作的资格，也阻碍了他们获取更有成长潜力的、更好的工作机会。

因此，技术必须捕捉到"更广泛的学习网络"，以充分评估个体的复杂能力，这是一个道德责任。③ 在一次讲座中，徽章倡导者道格·贝尔肖（Doug Belshaw）用两个装有石头的罐子来说明这一观点。一个罐子仅包含大石块，留下许多空隙；而另一个罐子则包含大石块和小卵

---

① Urban Institute, "How Place Matters".
② Forester, "Mozilla Open Badges 101".
③ Duncan, "Digital Badges for Learning".

石，小卵石填满了空隙。贝尔肖认为，目标不是要摒弃传统教育机构（大石头），而是通过增加小卵石以"完善个人的全面发展，即用这些小卵石来填满空隙"。他认为，数字徽章可以成为这些小卵石，揭示工作主体那些复杂但尚未获得认证的技能组合。[①]

因此，开放徽章项目强调人力资本的潜在增长，尤其是那些在正式的认证过程中难以识别的技能。宣传视频常将数字徽章描绘为在日常活动中可赚取的"货币"。在麦克阿瑟基金会（MacArthur Foundation）制作的一段视频中，我们看到一个孩子在自然保护区散步时累积积分，最终赢得了"自然探索者"徽章；另一个场景则展示了一名年轻工人在导师的指导下学习，通过积累经验点数获得徽章；还有场景是工人们在会议中通过团队合作和展示社交技能来赚取徽章（见图表3.2）。[②]数字徽章描绘了一种在环境中自然积累人力资本的幻想，能记录所有类型的技能，并且可持久保存和"叠加"，这意味着它们会随着个人能力的增强而"升级"，以展示日益复杂的技能。在这一设想中，所有经验都与潜在价值挂钩。获得人力资本的重点不再仅仅是选择"正确"的学校或机构，而是更多地依赖个体的学习动力、努力工作以及不断寻求自我提升的意愿。

---

① Duncan, "Digital Badges for Learning".
② MacArthur Foundation, "What Is a Badge?".

图表 3.2 解释数字徽章如何识别环境技能组合的视频截图。来自麦克阿瑟基金会，《什么是徽章？》。

徽章的吸引力不仅在于它解决了长期存在的结构性认证问题，其技术解决方案的独特性也为此增添了乐观色彩。徽章的技术基础是开放徽章 V2.0 技术协议，该协议设定了确定、验证及评估信息化人力资本价值的标准。① 通过开放徽章 V2.0 计划制作的每个徽章，都必须包含徽章所有者信息、发行机构和徽章类型等编码元数据。通过这种标准化的元数据，徽章可以被集中存储并跨平台使用，用来验证和证明个人成就。亚历山大·加洛威

---

① 在大多数开放徽章工作坊中，展示的徽章图片含有元数据，这些元数据包括徽章的名称、描述、获取条件、颁发机构、过期时间、授予徽章的证据，以及阐述徽章与学术或专业标准关系的标签。要了解更多关于徽章背后的元数据信息，请参考徽章维基的"撰写指南"。关于徽章不只是元数据，还是一个压缩的"有效的行为激励工具"，参见 Fanfarelli and McDaniel, *Designing Effective Digital Badges*, 15。

（Alexander Galloway）指出，被纳入协议意味着进入一个"依情境而定的自愿规则"①。协议充当了一种认证模式，无论其身份是工人、公民、学生还是病人，被纳入协议的对象都会被正式登记在更庞大的网络中，旨在使个人主体化。当然，认证也难免涉及监控。在探讨协议时，加洛威特别强调了德勒兹监控逻辑的影响——把信息化个体解构为生物政治的管理形式。但同时，认证也能激发一种可以接触更多机会的幻想。数字徽章构建了一种"语法结构"，为通常被传统认证系统忽视的群体提供正式语言，证明他们的价值和潜力。如克林顿提到的退伍军人，徽章为这些人提供了一个评估其人力资本的替代系统。

这一愿景通过一个名为"互联生态系统"（Connected Ecosystem）的平台得到推广，这个平台便利了开放徽章的获取与使用。徽章类似一种"货币"，能开启一个评估和增强就业能力的网络化技术流程。每个赚取的徽章都被存入个人的"徽章背包"，这个背包能跨平台使用。例如，人们可以将从教育机构获得的徽章与在职场获得的徽章储存到同一个地方，这不仅确保了人力资本语言具有持久性和统一性，还允许徽章持有者将积累徽章作为终身技能学习的手段。②此外，这一生态系统还与领英、脸书等社交媒体平台

---

① Galloway, *Protocol*, 7.
② 截至本书撰写时，这一情形更多是理论上的可能性，而非实际存在的功能。数字徽章建立在与开放徽章相同的标准上，理论上应该能在不同平台间转移（转下页）

整合，使用户可以轻松地将成就作为个人品牌进行展示。一位教育科技专家认为，徽章可被视为一幅展示个人"技能和成就的织锦"，这些技能和成就是编织职业生涯故事的材料。①徽章持有者被鼓励从他们收集的徽章中寻找主题，通过寻找与现有徽章相辅相成的新徽章，构建出全面而充满激情的职业生涯叙述。

数字徽章通过融入人力资本的协议化逻辑，似乎实现了一种常态化的赋权行动的幻想。日常行为现在可能触发一连串推动职业发展的事件链。徽章发行平台 Credly 通过多幅图像展示了这种理念。例如，一张时间图表展示了一个人因在会议上演讲而获得徽章后开启一系列新的职业机会：首先是更大规模的演讲机会，继而激发了其参加课程进一步获取徽章的动力，最终由于积累的徽章数量获得晋升（见图表 3.3）。②在此过程中，资本孕育资本，但首先需要的是协议化的认可形式，将公共演讲等软技能纳入考量。这一系统需配备环境化的计算系统，它能识别日常环境中发生的学习活动。从这一点出发，事情便自然而然地向前推动，让个体充满激情地追求职业发展。

（接上页）信息，以识别已获得的徽章。然而，到目前为止，尚无徽章平台承诺能实现这一功能。因此，虽然徽章平台在理论上具有"互操作性"（interoperable），但它们实际上还未能实现开放徽章宣传视频所展示的那种数据流动性。

① Seitzinger, "Open Badges".
② Credly, "Design. Launch. Success".

DESIGN. LAUNCH. SUCCESS.

图表3.3 解释如何识别周围技能集的数字徽章视频截图。来自麦克阿瑟基金会,《什么是徽章?》。

现在,当我们观察徽章的乐观主义如何与暂停状态相一致时,可以发现一种独特的对应关系。在《办公室游戏》(Office Arcade)中,杰森·苏里亚诺(Jason Suriano)展示了两种游戏化伦理模型如何联动运作:一种是强调设计者目标的行为主义模型,另一种是强调满足用户"需求"的自由的、家长式模型。像许多其他设计师一样,苏里亚诺认为,游戏化需围绕一条"轨迹",其间的每一步都要精心设计,以确保实现设计者设定的目标。此外,分数和徽章被用作多巴胺的刺激物,这种心理奖励能激励用户按照系统的预期来行动。同时,这些分数和徽章被引导进一个"深度评分"过程——一个让这些成果在游戏化程序之外变得更具实质性的系统。① 在这个理想世界，公司的目标和工作者的目标一致：积累分数和追求徽章不仅推动了公司的生产输出，也展现了工作者的能力。

我们在巴奇维尔（Badgeville）公司制作的一份演示视频中看到了这种场景的实际应用，其中，一位电话销售员在界面上每执行一次操作就会得到一份奖励。② 当他在软件中输入一个销售机会时，界面立即反应，通知他得了 6 分；当他安排与潜在客户的联系时，会得 20 分；如果他的速度比平时快，就会得 15 分。这种即时的反馈及其结构，即一个行动引发另一个，并逐渐获得更大的奖励——体现出一种行为主义系统，其目的在于引导电话销售员以特定方式工作。然而，巴奇维尔公司并没有把徽章和积分等奖励限制在界面内；相反，它们都可以积累起来，换成巴奇维尔所称的"工作的未来"（见图表 3.4）。在演示中，每一个徽章都可以转化为经济人格的积累。③ 图像中展示了一名员工获得的多个奖项：如"西部地区专家"三级、"大思维家"和"变革之声"等。这些奖项不仅展示了员工的能力，还表明员工可以将它们用作未来职位的筹码。因此，伴随着多巴胺释放带来的快感，暂停状态实际上可能增强而非减少主体的欲望。通过不断积累分数，工人变得

---

① Suriano, *Office Arcade*, 107.
② Badgeville, "Badgeville for Salesforce Demo".
③ Badgeville, "Visualize the Future of Work".

出色，并获得象征人力资本进步可能性的代币奖励。

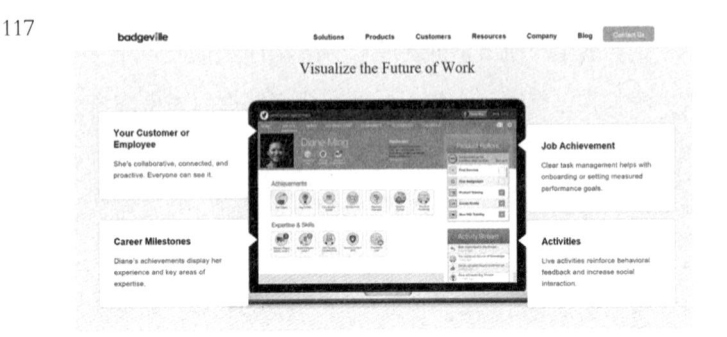

图表3.4 巴奇维尔网站的图示，旨在展示"工作的未来"，其中员工能通过获得徽章和积分来推进职业发展。来自巴奇维尔，"可视化工作的未来"。

在游戏化中，暂停充满了希望。每个微小的成就都会自动转化为积分、徽章和奖励，这些标记着用户在职业发展轨迹上的前进，提醒他们正在取得"进步"。虽然契克森米哈赖主要将暂停视为一种空洞的时间管理方式，用以度过特别困难的时期，但新的游戏化程序已将暂停设计成他们的进步计划的一部分。当参与者在行动中被积分、徽章和排行榜吸引注意力时，他们同时也在获得标志着其人力资本稳步增长的资历。积分逐步转化为徽章，徽章则积累在徽章背包中，这些徽章最终可能成为工人职业晋升的敲门砖。在这个场景中，暂停并非单纯的麻木，它实际上充满了赋权的可能性——为晋升、获得更好工作岗位、因表现优秀而被认可提供机会。人的自动化行为不仅展现出实用价值，甚至被赋予道德光辉，因为它麻痹了疲劳和单调的感觉，使工人能按照自身意愿践行劳动伦理。

虽然暂停与通常意义上的激情相距甚远，但它能为那些被排斥在美好生活之外的人开辟发展轨迹，因而同样具有赋能作用。游戏化用现实的期待替代了革命的希望，引向一种不追求超凡而是追求日常可能性的美好生活，这种可能性重新激发了对微小包容形式的希望。这也构成了我所称的"妥协的美好生活"——在既有处境之内而非之外进行调整和适应，来容纳那些处境不稳定或被社会边缘化的人。在这里，优化人类热情的技术被视为改革工具，让那些被困在低收入或剥削性工作中的人找到一种常态，如贝兰特所言，让他们能"想象自己生活在资本主义所倡导的、通向美好生活的适当生活方式中"①。

难以忍受的希望感

这一切并不能减轻游戏化带有的欺骗性嫌疑。亚历山大·加洛威告诉我们，游戏本质上是"行为驱动的媒体"；它们依赖互动，需要参与者的主动参与才能发挥功能。② 游戏化界面正是为此而精心设计的。无论是灰色徽

---

① Berlant, *Cruel Optimism*, 164.
② Galloway, *Gaming*.

章的图像还是竞争团队的分数排名,都在不断提醒工人要加倍努力,不断超越自我,不被甩在后面。游戏激发了劳动,游戏化的诱惑力在于它如何在不改进劳动结构性条件的前提下,更有效地调动工人对工作的投入。

此外,游戏化加剧了构成此类工作的监视机制。在游戏化公司邦奇博尔制作的一个宣传视频中,主管发现一名客户服务代表的行为过于粗鲁。但主管并没有直接责备这名员工,而是去了游戏化应用程序接口,为他定制了一个"礼仪培训"的个人任务——这是系统内置的标准化教育项目。[①] 这一幕意在展示游戏化的美好之处,因为无论是主管还是员工,都避免了直接对抗可能带来的不适。同时,这种看似理想的处理方式,实际上是将一种冷漠且去个性化的标准化管理协议常态化了。管理者依赖系统操作,对员工行为背后的个人动机浑然不觉。在这种模式下,处罚、降职和解雇更多地依赖效率指标:游戏化系统通过员工常规工作所收集的数据和图表来做出判断。

这些都是我不想忽视的合理担忧。然而我认为,必须理解充满希望的暂停是这一趋势中更令人不安的发展。游戏化的常态化带来的问题显而易见。游戏化的支持者经常尝试通过指出人们可以选择退出任何游戏化项目,来向关注者保证他们的动机是真诚的。他们认为,不应强迫员工

---

① Bunchball, "Introducing Nitro 5.0".

参与游戏化，而应允许员工在不愿参与时有选择退出的自由。这种做法将自愿性等同于自由，但如果幸福和生产力不是中立的概念，那么参与和退出也不是中性的选择。当幸福的道路被提供为一种可能性时，拒绝它可能使人显得忘恩负义、不合作、缺乏动力、不愿顺应潮流。如果认为游戏化是件好事，那么对它的拒绝可能表明其他领域存在问题：员工可能在怀疑管理层的意图，或者更糟，他们可能没有动力去追求更美好的生活。这样，所谓的自愿性可能就变成了一种责备个人未正确表达意愿的手段。①

尽管有技术上选择退出的可能性，但这比游戏化支持者所宣称的要复杂得多。正如"开放徽章"倡议所强调的那样，游戏化旨在作为一个系统而不是一个独立的软件程序来实施——其目标是进行"深度评分"，而不仅仅是简单的行为操控。② 要实现"深度评分"的核心理念，就必须将游戏化作为一种系统协议来部署，这一过程中，积分和徽章的词汇对于准确描述员工的技能、成就和能力变得至关重要。一旦被纳入用于评估、晋升及解雇员工的固定协议，游戏化便不再是一种选择。遵循游戏规则可能成为展现个人才能、能力和技能的唯一方式。选择退出游戏化等同于选择退出构建就业能力的过程，这样的选择可能让

---

① 参见，例如：Marczewski, "Put Up or Shut Up"; Nouvel, "Why Gamification Is Broken"; Zichermann and Linder, *Gamification Revolution*。
② Suriano, *Office Arcade*, 107.

那些本就可能被替代的工人的生活更不稳定。激情工作可以为生命政治技术提供合理性，当游戏化成为制度性协议的一部分时，接受游戏化的意愿可能会决定就业、薪资和生存的权利。

这正是我关心富有怜悯心的想象的原因。我不认为对游戏化的虚伪感到厌恶的情绪会完全消失：对游戏化的批评、工人对游戏化的操弄，以及在其未能实现公平时的抗议，显示了人们对这一理念的矛盾心态。[1] 麦肯齐·沃克（McKenzie Wark）将游戏描述为"寓言算法"：游戏本应是对现实世界的完美寓言，其算法中内建了公平性。[2] 因此，当游戏真正变成现实世界的一部分时，其固有的缺陷便容易激起人们的不满和怀疑。当我们发现仅通过调整代码就能实现完善，或当我们参与的游戏表明，努力和技能确实可以带来更高的得分和辉煌的胜利时，我们对系统缺陷的容忍度将降低。将游戏纯粹视作工具，就违背了"魔法圈"的原则。

然而，对充满希望的暂停的期待超越了对公正的需求。协议制定了系统的语法规则，它们能有效地确定解决问题的方法。斯洛特戴克指出的"被动能力"的危险，不仅在于其麻木和剥夺批判性判断的能力，协议还能设定思

---

[1] 参见 Griswold, "How Uber Gamified Work"; Scheiber, "How Uber Uses Psychological Tricks"。
[2] Wark, *Gamer Theory*.

考和决策的方向。① 随着越来越多的事务依赖算法公正，我担心它将取代结构公正，并最终设定我们如何构想美好生活的标准。罗伯特·普法勒（Robert Pfaller）提到的"交互被动性"（interpassivity）和乔迪·迪恩所说的"传播资本主义"（communicative capitalism）已深深嵌入我们的技术系统和激情之中，我们已习惯于让事物代替我们行动。游戏化利用了这种欲望，缩小了我们可以寄托希望的对象范围，即使建立依赖关系变得更容易——不论是通过一枚徽章、一份得分、一件购买的商品，还是一个算法。② 有些形式的希望本就不应被容忍，而一切试图将"暂停"塑造成充满希望之举的努力，都理应在每一个环节遭到抵制。

---

① Sloterdijk, *You Must Change Your Life*, 376.
② 参见 Dean, "Communicative Capitalism"; Pfaller, *Interpassivity*。

第四章
城市保护区

2014年12月,谷歌园区设计师克莱夫·威尔金森(Clive Wilkinson)提出了一项名为"无尽工作园"(Endless Workplace)的宏伟建筑计划,该计划设计了一个巨大的悬浮式开放办公室,横跨伦敦市区的建筑顶部。① 概念草图展示了一座光滑、玻璃覆盖、阳光明媚的结构,在天际线上蜿蜒,其间点缀的浮动圆形中庭让人得以一览地面景观(见图表4.1和4.2)。据威尔金森介绍,这一设计的目的是应对"技术解放的未来",工作不再束缚于固定场所。他将工作场所设置在公寓上方,通过电梯即可到达,让员工不必承受伦敦的通勤压力;他还设计了一个带温控的舒适生态系统,旨在激发创意,提高智力工作的效率。他进一步解释说,这种悬浮结构的开放式平面设计,能促进"来自不同领域的共享办公成员相互合作",摆脱"在家办

---

① Clive Wilkinson Architects, "Endless Workspace".

图表4.1 名为"无尽工作园"的创新概念,该概念构想了一种新型工作基础设施,旨在缓解伦敦的道路和火车系统拥堵问题。该工作场所被设计成横跨城市屋顶的连续平台,不仅是一个巨大的共享办公空间,还允许居民直接通过自家的电梯接入。克莱夫·威尔金森设计的"无尽工作园"效果图,洛杉矶克莱夫·威尔金森建筑师事务所。

图表4.2 克莱夫·威尔金森设计的"无尽工作园"效果图,洛杉矶克莱夫·威尔金森建筑师事务所。

工的麻木和孤独",并营造"村落般的社区",让职业关系可以变得更私人化。①

这种前卫的建筑构想展示了城市基础设施如何将对乌托邦的向往融入信息劳动之中,这里工作化身为一种酷炫的美学表现,生活也因此变得便捷而充满激情。显然,这种设计并非面向所有人:它主要针对创业者和创意阶层,这些人是新经济的代表。然而,正如建筑评论家安塔拉·贾(Antara Jha)指出的,这种排他性低估了无尽工作园带来的问题。②乌托邦愿景的实现,建立在创造一个反乌托邦的基础上——位于工作空间下方的世界将被悬浮结构的阴影所笼罩。只有"伦敦的舞台美学",它的纪念碑和景观公园,才能通过无尽工作园的天窗接收阳光。③伦敦的其他区域则被高耸的工作场所覆盖,使得下方居住的市民只能在阴湿、暗淡的环境中生活。因此,无尽工作园不仅模糊了工作与生活的界限,更是按劳动层级划分了伦敦的感官体验。

这类关于城市分化的描述——它隐含了从城市发展的负面影响中获得保护的机会——是威尔金森构想的乌托邦的核心。④从无尽工作园中撤出,意味着被剥夺维持生活的支持机制,即必须在伦敦下方黑暗、潮湿、拥挤的街道

---

① McKnight, "Clive Wilkinson Suggests 'Carpet Bombing'".
② Jha, "Endless Workspace".
③ Brownlee, "Office the Size of a City".
④ Graham and Marvin, *Splintering Urbanism*.

上摸索,而无法享受工作场所提供的保护。

本章以"无尽工作园"作为开端,旨在突出物质基础设施、激情与不稳定性之间的关系。在前几章中,我探讨了如何通过富有激情的工作为被剥夺权利的主体提供生存的可能。但对于那些面临不确定未来的中产阶级,这种情况又是如何表现的呢?威尔金森的幻想描绘了渴望与恐惧、美好生活与糟糕生活的对立。在他的构想中,体现激情精神不仅仅是为了获取无尽工作园的便利、声望和社区归属感。那些无法融入这种伦理的人,将丧失他们的阶级特权以及与之相关的支撑生活的技术。

这种将工作场所打造为避风港的构想不仅存在于威尔金森的想象之中。此外还有办公空间顾问雷克斯·米勒(Rex Miller)及其同事,他们建议公司必须为员工提供"一个安全的环境,该环境应该以解脱、希望、专注和成就为标志"[1]。他们描述了工作场所以外的世界,称其为一个充满压力源的"外部丛林",包括应对"有特殊需求的孩子、长时间通勤、经济压力、青少年和婚姻问题、健康挑战、单亲问题,以及护理年老多病的父母等"。鉴于城市生活的恶劣条件,他们辩称,如果公司想要培养既投入又富有激情的员工,创建作为治愈性避难所的办公空间是必要的。[2]

---

[1] Miller, Casey, and Konchar, *Change Your Space*, 16.
[2] Miller, Casey, and Konchar, *Change Your Space*, 18.

这种论述凸显了人们对工作场所功能的一种不同见解。其中,便利设施的主要目标并不是激发员工的抱负或提升生产力,而是为了抵御社会和经济错位所带来的焦虑。我从贝兰特的中产阶级情绪状态理论出发,将城市基础设施作为对经济状况的情感反应的理解,特别是在"美好生活的承诺无法遮掩当前历史时刻的生存不稳定性"的背景下。[①] 贝兰特尤其质疑以下观点:当大家都处于不稳定状态时,不同地域和阶层的工人将联合在一起,激发全球不稳定阶层的政治敏感性。贝兰特强调,不稳定性是一种深层的情感状态,习惯于阶级特权的人可能出于对身份下滑的恐惧,而更坚定地支持那些加剧不平等的结构。换句话说,对于阶级滑落的恐惧可能促使人们死守自己的阶级特权,以及所依赖的社会生存体系。

本章详述了城市基础设施在这一过程中涉及的矛盾心理,这些基础设施如同一只握紧的手,使既有秩序更难以撼动。以共享办公运动为背景,我突出了人类与非人类行动者(human and nonhuman actors)如何协作,共同维持一种连贯性的结构,使中产阶级主体在其美好生活观念面临挑战时,仍能获得某种支撑。我要在此澄清,我并不是在暗示共享办公一定是为了推广不平等,也并非认为对地位丧失的恐惧只是现象学层面的体验。然而,共享办公确实

---

① Berlant, *Cruel Optimism*, 196.

在解决和转变中产阶级的价值观,通过工作来恢复对可能实现的美好生活的想象。此外,共享办公在专注于改善工作的过程中,也在推广一种充满激情的劳动主体性精神。①

"幸福买卖"

如字面意义所示,"共享办公"指的是不同专业背景的人在一个由共享办公空间运营商提供的场地一同工作。已有多个品牌提供这种服务。有些是覆盖多个城市的大型企业,如合办公(WeWork)、进阶空间(NextSpace)和枢纽空间(Hub),而更多的是服务特定社区的小型企业。共享办公的用户也非常多样化,包括自由职业者、小企业主、创业者和初创团队,涉及编程、会计、写作、咨询、市场营销和法律咨询等行业。尽管某些共享办公空间实施独家会员制或只接纳特定行业的工作者,但大多数共享办公空间对成员资格没有限制。在这些空间中,通常,共享

---

① 这些论点主要通过实地调查、访谈以及对共享办公相关媒体文章和论坛的话语分析得出。2016 到 2019 年,我不定期访问加利福尼亚州及印度尼西亚巴厘岛的共享办公空间并在那里工作。其间,我观察了共享办公成员之间的互动、内部设计,并采访了空间运营者、主持人和其他共享办公成员。我还参加了 2016 年在洛杉矶举行的全球共享办公峰会(Global Coworking Unconference Conference, GCUC),并研究了 2019 年和 2020 年会议的视频资料。这些资料为我的分析提供了补充。我的分析素材还包括关于共享办公的书籍和媒体文章,以及共享办公空间运营者撰写的推广共享办公运动核心价值的文章。此外,我还研究了共享办公谷歌群组中的讨论,观看了共享办公企业制作的视频和网络研讨会,以及阅读了该运动中一些知名成员的博客文章。

办公成员唯一的共同点在于他们都属于新兴的信息工作者,不受固定工作场所束缚,也不隶属于任何特定公司。

这些工作者的类型反映了共享办公如何与现代的劳动组织模式相适应。全球最大的共享办公空间运营商之一合办公,其创始人亚当·诺伊曼(Adam Neumann)通过描述经济衰退为共享办公业务带来的利好,强调了这一趋势的文化影响力。他解释说,与普遍观点相反,实际上,他的共享办公业务在2008年经济大萧条期间经历了需求激增:"一些人将被解雇;他们将创立新企业;一些公司希望缩小规模。"① 同样,在一次虚拟会议中,空白空间(Blankspaces)的杰罗姆·张(Jerome Chang)指出,随着裁员数量增加,自由职业者的数量可能会上升,因此,共享办公可能会随着新冠疫情而加速发展。由于人们已适应远程工作,租约即将到期的企业也可能会选择更便宜、更灵活的办公场所。尽管这些观点未必普遍适用于所有共享办公业务,但它们表明,共享办公作为一种基础设施,是对劳动市场变迁的反应——在传统雇佣关系逐步解构的情况下,人们为了生计而转向更为偶然和不稳定的工作形式。②

---

① Kessler, "Adam Neumann's $16 Billion Neo-Utopian Play".
② De Peuter, "Creative Economy and Labor Precarity"。最近的一项调查显示,共享办公空间逐渐开始发挥类似附属办公地点的功能——成熟企业的员工也可以在这些空间工作。这部分是出于成本削减的考虑(共享办公空间的租金通常较低),也是为了利用共享办公场所的"协同效应"。

实际上，由于临时工作有多种定义，很难准确统计临时工作者的准确数量。① 例如，美国零工经济的规模估计占全职就业人口的0.1%到34%不等。② 然而，无论这一数字到底是多少，人们普遍认为，随着零工经济的兴起，临时工作者在劳动力中的比例正在提高。2019年，主要数字自由职业平台优工网（Upwork）委托进行的一项调查显示，35%的劳动者在过去一年从事过自由职业，而其中有28%的人认为自己是全职自由职业者。③ 在这些临时工作者中，一些人可能具备乔迪·米勒（Jody Miller）和马特·米勒（Matt Miller）所称的"超级临时工"身份，即那些"在顶尖学校和公司受过培训的高级经理和专业人士，他们选择独立于任何大公司，追求基于项目的职业生涯"④。然而，大多数人都在与薪资不稳定、工资低、缺乏保险、需要不断提升技能且擅长自我品牌塑造等问题作斗争。⑤ 根据自由职业者联盟（Freelancers Union）的一项调查，2010年有79%的受访者表示他们获得自由职业的机会不足，许多人因此不得不动用储蓄或增加信用卡债务。⑥ 更近期，在优工网于2019年进行的一项调查中，

---

① Osnowitz, *Freelancing Expertise*.
② Gayle, "US Gig Economy".
③ Upwork, "Freelancing in America".
④ Miller and Miller, "Rise of the Supertemp".
⑤ 参见 Cohen, "Cultural Work"; De Peuter, "Creative Economy and Labor Precarity"; Osnowitz, *Freelancing Expertise*。
⑥ Horowitz and Poynter, *Freelancer's Bible*.

59%的受访者表示他们依靠薪水维持生计,只有43%的人认为自己有能力在没有收入的情况下维持两周的生活。[1]

这种临时工作的状况可能解释了为什么大多数共享办公企业不愿将自己定位为简单的空间租赁业务,而是通过更具情感价值的主张来定位。例如,因迪·霍尔(Indy Hall)的创始人、共享办公运动的重要倡导者亚历克斯·希尔曼(Alex Hillman)言简意赅地说:"我绝对不是在做桌子租赁的生意,我是在做幸福买卖。"[2] 这并非只是销售话术——共享办公的倡导者经常通过与全球办公空间租赁巨头雷格斯(Regus)保持距离以示区分。事实上,被公认为共享办公运动先驱的纽伯格(Neuberg)在接受专门报道共享办公的在线杂志《桌面传媒》(*Deskmag*)采访时,描述了雷格斯只对提供"公用设施"以节省成本感兴趣,对客户的福祉并不关心。他称自己在雷格斯的时光"完全没有社交",并补充说,"它是一家仿佛无人驾驶的企业"[3]。约翰·巴特利(John Battelle)也在比较雷格斯和合办公的照片时提到了这一点。前者的企业照片展示的是空旷、无菌的白灰色房间,而后者的照片则展示了在时尚环境中互动和协作的人群。他指出,这种对比揭示了雷格斯由于缺乏合办公所拥有的鼓舞人心的"文化",其服务显得像是

---

[1] Upwork, "Freelancing in America".
[2] Hillman and Hoy, "Bootstrapping, Community and Quality of Life".
[3] Dullroy, "Coworking Began at Regus".

"企业的套话"①。

同样,在一个共享办公的脸书群组讨论中,多数空间运营商倾向于用更具情感色彩的词汇来描述共享办公,将其定义为"好客""联结"和"快乐"的业务,而非单纯的"空间"或"房地产"业务。联结共享办公(Link Coworking)创始人、共享办公会议的组织者莉斯·埃兰(Liz Elam)甚至在她的销售宣传中刻意省略了"空间"一词,反而强调她销售的是"工作生活的平衡、快乐、灵感……[以及]人际互动"②。我在共享办公空间的亲身体验也是如此。虽然我遇到的负责人详细介绍了可供选择的各个空间,但他更侧重于介绍他们的"社区"、使用各个空间的共享办公成员,以及可以让我和他们建立人际网络的各种活动。希尔曼在一次电子邮件交谈中告诉我,"共享办公空间中的'空间'其实是一种误导——大多数人并不需要空间。他们可以在任何地方工作,基本上不用花钱或只需要很少的钱。然而,他们却选择了付费的空间。这是最重要的一个线索,表明共享办公与空间本身(从长期来看)关系不大,而主要是与'共享办公'这个动词有关——我将其定义为一种有意识的选择,即与他人一起工作而非独自工作的选择"③。

---

① Battelle, "Scaling through Culture".
② Clark, "Co-Working Spaces".
③ Hillman, 2016 年 3 月 28 日与作者的邮件往来。

因此,共享办公其实是一种文化上的尝试,目的是改变工作体验,使其更真实、亲密和充满激情。为了实现这一目标,共享办公空间强调其服务的多个不同方面,包括品味高雅的内饰、工作者在其中可以建立的社区和偶然的联系、稳定供应优质的咖啡和网络连接,以及位于专属品牌空间所带来的声望。共享办公组织认为,是这些方面满足了现代工作者的需求,他们不再仅仅对找到一个工作场所感兴趣,相反,空间本身必须提供额外的价值,它需要激励工作者以"创造性、创新性和最高生产力"工作。[1] 他们断言,共享办公的这一特质不仅能带来生产力的提高,《桌面传媒》的一项调查还显示,72%的共享办公成员"在工作时感到更幸福"[2]。因此,"为什么选择共享办公?",答案似乎不言自明——正如视频所展示的那样,"能让你感到幸福"[3]。

新自由主义与共享办公的起源

共享办公运动的意识形态深植于其历史叙事之中,运动的起源被塑造成一个改变和发现自我的故事。这个故事的主角通常是布莱德·纽伯格,他被誉为"共享办公"一

---

[1] Coonerty and Neuner, *Rise of the Naked Economy*, 148.
[2] Foertsch, "Coworking in the USA 2016".
[3] Turnstone, "Why Coworking".

词的开创者。纽伯格是这个英雄故事的理想人选，因为他带有一些后福特主义的理想特质：他具备冒险、创新和企业家精神，他反对官僚主义，并真诚地追求职业生涯中的激情。①

纽伯格的故事始于2001年，当时他因不满传统企业的日常工作模式而辞去了谷歌的工作。像20世纪末的许多反主流文化的白人青年一样，纽伯格相信可以通过"逃离体制"来找到自己的激情。随后的几年中，他在加利福尼亚、泰国和越南的非主流生活社区探索，希望找到在传统企业中未能感受到的成就感。然而，幸福依然遥不可及，这让纽伯格倍感失望和迷茫。虽然旅行富有意义，但这种生活方式不仅孤独，还成本高昂。纽伯格发现，对幸福的多元追求、传统的稳定工作观念，以及反主流文化的波希米亚生活方式，他都亲身体验过，但都未能满意。2005年，他终于找到了答案，那就是共享办公空间。这也被认为是第一个融合了"自由和独立"与"工作的结构和社区"的工作环境，终于为纽伯格带来了他一直追求的满足感，也成为共享办公运动的叙事基础。②

纽伯格对富有激情的工作持坚定的信念，并坚持不懈地追求它。在这一过程中，反复尝试及由不满到满足的转

---

① De Peuter, "Creative Economy and Labor Precarity".
② Neuberg, "Start of Coworking".

变表明,即便追求幸福的路径屡次受阻,但激情仍有恒定不变的可能。然而,这一结果取决于一个灵活的主体,这个主体愿意冒险改变自己的处境,以追求渴望的幸福。值得注意的是,纽伯格在采访和演讲中从未提及经济或社会问题。相反,他的故事强调激情,将激情塑造为坚持不懈的追求。因此,虽然共享办公的目标是为追求激情提供平台,但它也将实现美好生活的责任转嫁给个体,并将对结构性条件的不满视为个人需要解决的问题。

这种从结构性到个人的转变引出了一个问题:谁的不幸福得到了重视,谁的解决方案被认为是合理的?正如萨拉·艾哈迈德所说,即使是对幸福的向往,在社会上的可及性也是不均等的。[①] 纽伯格的家庭背景、人际关系的自由以及他所接受的常春藤联盟教育,为他的自我发现和实现幸福所需的自我转变提供了条件。其他人虽然也在追求幸福,但他们的旅程可能无法得到相同的重视或认可。

劳拉·约翰逊(Laura Johnson)描述了2003年多伦多政府为满足女性远程工作者的需求而组织的一个共享办公计划。这一描述突出了共享办公运动的历史可能具有更长远、更多元化的起源。[②] 这个项目比纽伯格的首次尝试早两年,并且约翰逊的记录也体现出其中的许多共享办公特

---

① Ahmed, *Promise of Happiness*.
② L. C. Johnson, *Co-Workplace*.

征。然而，这个早期的尝试从未被纳入共享办公运动的历史叙事。我认为，在起源叙事中不采用约翰逊的描述，凸显了幸福的政治经济学。多伦多的这些女性寻找的是一个能够在照顾孩子和工作之间取得平衡的空间——她们并不是试图重塑生活的激情创业家，而是在寻求处理家庭与职场双重责任的方法。这段历史的叙事主体与劳动和美好生活的概念并没有紧密的联系。她们从事的职业并不光鲜，对工作的充实性也没有过高的期待。她们关注的是如何维持生计。

如果说共享办公确实是一门"幸福生意"，那么它关注的是谁的幸福，这种幸福具体又是什么形态？我认为，选择特定的叙事来定义共享办公的历史并非小事，因为它揭示了这个运动的意识形态。在约翰逊的故事中，女性远程工作者通过共享办公寻找工作与家庭责任之间的平衡，而纽伯格对共享办公的灵感是为了更高远的目标。他提出的问题——"我如何为自己创造幸福？"——紧扣追求激情工作这一主题，即"我如何让工作为我所用？"。这种对激情工作的追求体现了新自由主义精神，强调创业者努力为自己创造幸福的条件，而非依赖国家提供的基础设施，与约翰逊描述的多伦多项目有所不同。

从这个意义上说，纽伯格对共享办公的影响不仅仅是历史性的。他不仅阐述了共享办公"最初"追求的目标，更确定了这类业务的核心价值观，并限定了共享办公可能的发展方向。随着时间推移,这种叙述逐渐成为一种激情的自然历史,专为那些"核心"在于连接"人们与他们热爱的有意义的工作和生活"的企业服务。[①] 例如,这一历史在合办公的创始故事中得到延续,诺伊曼将其比作宗教式的觉醒。他回忆说,他曾经只关注金钱,但他的妻子开始质疑他的焦点,问他:"你的目标是什么?你做事背后的意义是什么?"这些问题引导他逐渐形成了一种新的创业理念:每个企业背后都应有一个更深远的目标。他明智地指出:"当你的工作有了真正的意义,当你真心热爱你的工作,成功和财富自然会随之而来,幸福也将水到渠成。"[②]

这种理念在共享办公运动中并不少见。共创空间(Collective Agency)是众多追求成为舒适工作场所的空间之一,在这里可以与充满激情地工作的人共事。[③] 在申请加入影响力枢纽(Impact Hub)——一个面向"具有社会责任感的创业者"的共享办公空间时,注册页面要求我写下自己的激情所在,以便工作人员能更好地支持我的事业。格雷琴·斯普雷策(Gretchen Spreitzer)及其同事在采访共享办公成员后,在《哈佛商业评论》中写道,人们在共享办公空间中能"茁壮成长",因为使用这些空间的人

[①] C. Johnson, "Look Out Coworking".
[②] Rice, "Is This the Office".
[③] Collective Agency, "Community Mission Statement".

视自己的工作为有意义的活动。①

这些信念被坚持到了极致,以至于当人们对工作的目标持不同见解时,空间运营者会感到沮丧。在一个共享办公的谷歌群组中,空间运营者讨论如何向成员传达他们的"崇高目标"。其中,游牧办公室(Office Nomads)的苏珊·多尔希(Susan Dorsch)表示:"面对人们进门时带来的个人欲望和期望,语言的作用是有限的……有时你会尽可能地解释你的社区和理念,直到面红耳赤,但最终可能还是会遇到人说'好吧,我还是只想付钱使用你的会议室。如果我得成为"成员"才能用,那也行'[捂脸]。"②

这种挫败感反映了我们的工作文化对激情的重视:人们应追求让工作富有意义,而不仅仅视其为必须完成的任务。将共享办公空间仅视为基础设施资源(如"会议室")的做法常常是恼人的——这显示出成员可能没有意识到工作所能带来的成就感。这也是空间运营商对"co-working"一词中使用连字符争议不断的原因之一。在谷歌小组的一则热门帖子中,空间运营商指出,尽管带有连字符的"co-working"符合美联社格式指南,但它容易让人联想到"co-worker"(即仅仅在你旁边工作的同事),而非共享办公所倡导的深度协作关系。③ 这场辩论的核心在于阐明共

---

① Spreitzer, Bacevice, and Garrett, "Why People Thrive".
② Dorsch, "To What Extent".
③ Sophie, "Getting Rid of the 'Co-Working' Hyphen".

享办公品牌的真正意义：它不仅仅是共享空间，更是一个充满激情的工作环境。

并非所有空间运营商都对激情工作持同样的承诺，同样，也并非所有成员都渴望实现这一理想。然而，社区中直言不讳的成员通过其布道般的努力，使得这个运动能以激情为共同的使命而凝聚成一体——这一举措进一步推动了将工作作为通向美好生活路径的意识形态的发展。正如在洛杉矶举办的一场共享办公会议的宣言中提到的，共享办公旨在帮助人们"更好地将工作与个人激情结合"："在这个世纪，我们或许能把我们与工作的关系，从一种视作为他人而做的苦差事转变为一个充满激情的、实现个人潜力的绝佳机会……我们面临的工作性质将是未来几十年的挑战，这不仅仅需要我们的出现，还需要我们投入全部的创造力、心血及灵魂。"共享办公提供的就是支持这种工作方式的途径。①

新工作城市（New Work Cities）的创始人兼该宣言的作者托尼·巴奇加卢波（Tony Bacigalupo）带着坚定的信仰展示了这场革命。然而，由于共享办公吸引的主要是临时工作者，这种对激情的追求正好发生在就业前景日益黯淡的时刻。因此，若追求激情是目标，那么在对美好生活的信念面临挑战之时，共享办公如何帮助这一群体培养对工作的激情呢？为了理解这一点，我们可以首先将共享办

---

① GCUC Radio, "Episode 01".

公放在两个更广泛的论述之中：孤独"危机"以及创意阶层新兴的价值观。这两种论述都认识到了当下的不稳定性，但都将共享办公视为一种解决方案，通过此方式继续将工作作为达成美好生活的渠道，即便是在其传统的乐观意义日渐消逝之际。

自由职业者的孤独

自由职业带来的自由经常被认为是一种受限的好处，往往伴随着孤独，自由职业者必须学会处理这种孤独。各大媒体上有大量关于这一主题的报道：例如，《卫报》称自由职业为"孤独职业"，互联网上也有众多资源帮助自由职业者"减少孤独感"，石英财经网（Quartz）甚至解释了自由职业的孤独感如何"影响我们的身体健康"[1]。毫无疑问，关于自由职业引发孤独的警告并不是什么新问题：早在20世纪80年代关于远程工作的文献中，人们就被警告工作结构的变化可能带来孤独。[2] 然而，近年来随着

---

[1] Parry, "Is Freelancing a Lonely Business?"; Spencer, "29 Easy Ways"; Giang, "'Modern' Workplace".

[2] 这一观点源自我关于20世纪80年代远程办公的一个研究项目。该时期的许多自助书籍都在警告读者，居家办公可能导致孤独，甚至把它视为离开物理工作场所后面临的主要挑战。例如，在《远程工作者手册》（*The Telecommuter's Handbook*）中，黛博拉·谢普（Debra Schepp）和布拉德·谢普（Brad Schepp）建议读者"提前计划"，以对抗这种"孤独感"，建议安排"午餐约会，打电话，并出门与人交流"（第29页）。

"孤独大流行"这一说法的广泛传播,孤独被视为"公共健康"危机,英国特设"孤独大臣"一职以应对这一长期难题,孤独在文化中的重要性显著上升。①

美国公共卫生局局长维维克·穆西(Vivek Murthy)是讲述孤独的重要人物。他在《在一起》(*Together*)一书中详细解释了孤独如何在各种常见疾病中反复出现,成为一个贯通的主题。他指出,虽然孤独"并非首要的直接问题",但"在许多人向我反映的常见问题中,如成瘾、暴力、焦虑和抑郁,孤独都像一条暗线贯穿其中"②。接着是一个商业观点。在《哈佛商业评论》发布的一本手册中,穆西建议企业应该在对抗孤独的战斗中起主导作用,因为工作场所是"人们花费大部分时间的地方"③。他认为,孤独影响每个人,包括首席执行官、工厂工人、医生、小企业主和教师。解决孤独问题应成为我们"彼此治愈"的基础,因为我们可以通过工作关系来增强自身的健康与福祉。④ 讽刺的是,过度工作反而为工作更深地嵌入我们的社交生活创造了机会,使其成为修复我们在社交关系中的失望的一种方式。

人们试图通过企业来解决孤独问题,但如果我们考虑

---

① Pomeroy, "Loneliness Is Harmful"。了解 2018 至 2020 年间英国"孤独大臣"这一职位的波折历程,可参见 Birnstengel, "Two Years after Hiring"。
② Murthy, *Together*, xv。另见 Barry, "Former Surgeon General Vivek Murthy"。
③ Murthy, *Connecting at Work*, 6.
④ Murthy, *Connecting at Work*, 7.

到孤独的历史特性,这种方案显得尤为矛盾。文化历史学者费伊·邦德·艾伯蒂(Fay Bound Alberti)解释说,"孤独"一词在16和17世纪被用来描述一种身体上的感受而非心理体验。[1] 当时,"孤独"指的是独自一人的状态,这种状态并不必然伴有情绪痛苦。只有到了19世纪初期,随着工业资本主义和城市化的发展,孤独的现代含义才开始显现:这种心理体验与现代生活的物质需求紧密相关,社区联系逐渐削弱,生活方式日趋个体化。然而,这些因素都不足以完全解释最近人们对孤独感的高度关注。拉斯·史文德森(Lars Svendsen)指出,"除了大众媒体本身所呈现的,很难找到任何其他'孤独大流行'——'孤独'一词的使用多年来已显著增多"[2]。关注孤独不仅仅是因为它作为一种心理状态频繁出现,更是因为它关联到更深层的社会文化因素。我同意吉尔·莱波尔(Jill Lepore)的观点,孤独是一个术语,作为"掩盖那些大多数人不愿说出口且不知道如何解决的各种事情的幌子"[3]。孤独是对一个无法快速解决的问题的诊断,但其模糊的特性使其被商业用途所挪用。

我们可以从共享办公在应对孤独大流行中的作用开始我们的探讨。作为一个聚焦于社区建设的商业模式,共享办公很自然地融入了《沃克斯》(*Vox*)所描述的"关于孤

---

[1] Alberti, *Biography of Loneliness*.
[2] Svendsen, *Philosophy of Loneliness*, 1.
[3] Lepore, *History of Loneliness*, n. p.

独的大生意"①。在2019年一个关于社区培育的会议上,巴奇加卢波向大家解释说,重视社区"不仅因为它是一门好生意……更因为我们正在面对'孤独大流行'的大背景,社区变得尤为重要"②。在新冠病毒隔离期间,寻找社区变得更重要,许多空间运营者都以此为使命,忙着为成员组织在线活动,努力减少他们的孤独感。这些努力支持了史蒂夫·金(Steve King)的观点,他发现在一项共享办公空间调查中,89%的回答者表示加入后感到相对不孤独了。金还分析了一个他预料之外的结果:调查显示,社交实际上是受访者认为最有价值的方面,这进一步凸显了共享办公带来的社交价值。③

这个说法可能引发一些怀疑。帕特里克·克拉克(Patrick Clark)在为彭博社撰写的一篇文章中指出,共享办公是"对孤独的昂贵治疗"。共享办公社区表现出了非凡的团结力量,他们不仅联合起来反驳文章对共享办公业务营利性的质疑,还坚称空间中培养的人际关系是真实的。空间运营商奥伦·萨洛曼(Oren Saloman)指出,批评共享办公的人往往是在远处发表意见,他们无法真正理解共享办公的情感实质。"除非你在共享办公社区体验过归属感",他写道,否则哪怕"一个月只收一欧元"你也会

---

① Entis, "Big Business of Loneliness".
② Bacigalupo and Proctor, "Community".
③ King, "Coworking Is Not about Workspace".

觉得太贵。而另一方面，那些真正融入过社区的人会认为，他的"每一分钱都花得很值"①。

这种观点在共享办公社区中深受认同，正如希尔曼在博客中所述，我们不应试图"说服"人们尝试共享办公，因为这种方法可能会吸引不适合社区的成员。② 合适的成员是那些能认识到人际联系和归属感价值的人，那些愿意成为这个群体一分子的人。这些人可能已经多少在尝试共享办公的形式了——只是他们还未曾真正深入思考过这一点。因此，希尔曼解释说，他的推广方法主要是分享自己关于孤独的亲身经历："那些我独自一人在咖啡馆工作时的感受。当你描述这些感受时，任何有过同样经历的人几乎都会立刻产生共鸣。"③

但是，人们从希尔曼关于孤独的故事中究竟"领悟"到了什么呢？毕竟，正如汉娜·阿伦特所描述的，孤独是"每个人生命中的基本经历之一"④。我们对于人际连接的需求并非总能得到满足，孤独是一种普遍的状态，会在一生的不同阶段以不同形式影响我们。然而，对希尔曼而言，孤独是自由职业者这一专业阶层普遍存在的疾病。他的经历包括在咖啡馆里与"身体"而非"人"之间发生的

---

① Oren. S., "Infuriating Article".
② Hillman, "What to Do".
③ Hillman, "What to Do".
④ Arendt, *Origins of Totalitarianism*, 475.

令人沮丧的互动:"如果你向坐在咖啡馆旁的陌生人求助,如请求帮助处理你正在进行的项目、一起庆祝小小的成功,或是分享挫败感,你很可能只会得到对方惊讶的眼神。"① 这个故事从一个角度揭示了对雷·奥登伯格(Ray Oldenburg)所说的"第三空间"的向往,这是一个让熟人和陌生人都能进行非正式社交的场所。② 同时,希尔曼的叙述也暗含了对专业社交需求的警示,指出人们需要一个能获得建议或帮助的网络。③

萨拉·霍洛维茨(Sara Horowitz)和托尼·夏拉·波因特(Toni Sciarra Poynter)指出,自由职业的成功特别"依赖于与人建立联系"以塑造声誉。④ 由于自由职业者没有固定同事,这些专业交流对于展示个人的"专业知识、可靠性以及对高标准的追求"至关重要,这些因素将有助于提升个人的职业声誉和获取未来工作推荐的机会。⑤ 此外,亚当·阿维森(Adam Arvidsson)认为,在后福特主义的信息资本主义中,"最重要的价值来源"在于"利用外部资源的能力",即利用个人的社交网络和环境中的灵感、知识和资源。⑥ 那些被视为最能干的自由职业者通常

---

① Hillman, "Why Do Some Freelancers Work".
② Oldenburg, *Great Good Place*.
③ Gandini, "Rise of Coworking Spaces".
④ Horowitz and Poynter, *Freelancer's Bible*, 101.
⑤ Osnowitz, *Freelancing Expertise*, 121.
⑥ Arvidsson, *Brands*, 9。另见 Storper and Venables, "Buzz"; Terranova, "Free Labor"。

不仅在一个领域拥有专长,他们还懂得在面对更复杂的项目时,应向谁求助。①

关于孤独的讨论的核心在于缺乏情感支持。我采访的空间运营商说出了与希尔曼类似的观点,指出自由职业者容易感到孤独,因为这种工作形式缺少常规雇佣工作所提供的保障。他们提到了许多潜在的问题:在没有足够支持的情况下,自由职业者在接单不顺时容易感到焦虑,或者在任务过多时容易过度劳累;他们可能会因家庭事务而分心或效率低下;他们在感到挫败时可能没有人倾诉,当他们受到启发时没有人分享想法,甚至在这些想法实现时没有人鼓励他们。

虽然传统公司的强制性社交和朝九晚五的工作节奏令人反感,但至少会按时发放工资、有确定的评估和晋升机制,能确保中产阶级员工与资本主义的传统节奏保持同步。而没有支持结构的自由职业者可能更容易失去专注力,养成不健康的睡眠习惯,对自己的工作缺乏信心。② 这种状态凸显了孤独不仅是一种感受,也是一种症状;孤独不仅让人感到不愉快,还可能损害自由职业者的职业利益,导致他们工作效率低下、缺乏创造力、承受巨大压力、技能过时,最终在职业生涯中遭遇失败。

---

① Horowitz and Poynter, *Freelancer's Bible*.
② 参见 Foertsch, "Advantages of Coworking Spaces"; Neuberg, "Start of Coworking"; Spreitzer, Bacevice, and Garrett, "Why People Thrive".

这些关于孤独的警告揭示了人们对社交连接的心理需求如何与经济地位纠缠在一起。正如托马斯·达姆（Thomas Dumm）所观察到的，单词"alone"（孤单）由"all"（全部）和"one"（一个）两个词组合而成，这种组合"既能使我们感觉自己不过是墙壁上的一株杂草，也能让我们成为最强大的君主"①。人的境况，充满了自我关注，以及新自由主义利用社交联系来量化个人价值的要求，二者很难区分开来，因为它们都基于一种存在的焦虑：担心自我无法获得认同，无法与他人建立有意义的联系。

我们可以借用汉娜·阿伦特的观点来理解孤独。她指出，当一个人不再被视作技艺人而是劳动动物，其"与自然界进行必需的新陈代谢"不再受到人们的关注，他便经历了孤独。孤独与独处的体验有所不同，后者的特征在于与他人的距离，而前者则发生在"人类最基本的创造性能力，即向共同世界添加个人独特内容的能力被破坏时"②。虽然阿伦特对孤独的理解背后有其重要的历史背景——她是在二战结束之际写作，对孤独成为极权主义的预兆表示担忧——但她的理论阐述让我们认识到孤独与劳动之间存在重要联系。对阿伦特而言，孤独包含了一种因

---

① Dumm, *Loneliness*, 22.
② Arendt, *Origins of Totalitarianism*, 475.

认为自己的劳动毫无价值而从感性世界中被排除的感觉。这里的孤独暗示着无力感——主体无法影响真实自我与外部世界之间的差距,他的想法、见解和能力变得无关紧要,与世界没有关联。阿伦特接着解释说,真正的孤独不在于一个人是否孤立,而在于他是否感到自己"多余"。①

那么,多余会以何种形式表现出来呢?尼克·迪尔-维斯福特(Nick Dyer-Witheford)引用马克思的话指出,多余正是无产阶级的根本特性:从经济角度来看,这些人"除了作为'工资劳动者'(wage laborer)之外别无他用,他们为'资本'创造价值,一旦他们对资本增殖不再必要,便会被抛弃在街头"②。值得注意的是,这里的多余作为一种持续的状态出现,而不是一次性事件。工人之所以被视为多余,并不仅仅是因为他被裁员并失业。更根本的原因在于,工人的可替代性状态和人的价值被简化到只有生产输出时才显现,这种定义从一开始就使人变得多余。多余象征着一种可替代的生活,这种生活的价值完全依赖于其作为工资劳动者的工具性定义,并且由于必须随时可以被另一个能以更低成本提供相同产出的生命替代,故无法用其他方式来评价其价值。

---

① Arendt, *Origins of Totalitarianism*, 476.
② Dyer-Witheford citing Marx, *Cyber-Proletariat*, 12.

尽管多余十分常见，但人们对它的体验感受却各不相同。一个人的生命越是被视为有价值、越值得被保护，其可替代性便越有可能被暂时隐藏。① 吉尔·斯托弗（Jill Stauffer）在《伦理孤独》(*Ethical Loneliness*) 一书中指出，隐藏一个人的可替代性，是让他能暂时摆脱那些削弱其活力表达的压迫力量的关键："当我快乐、充满活力或轻松应对手头任务时，生存本身并不会成为问题，也不会困扰我。"② 那些被保护免于脆弱性的人可以更轻松地与世界充满活力地互动，世界变成了一个实现自我与展示才华、价值和独特性的舞台："这时，我们会发现主体极为自信地认为，环境将为他提供一个可理解的空间，以至于他甚至没有意识到这种想法依赖于信心或信仰。他只是自然而然地认为，世界本就如此。"③

斯托弗阐述了孤独感如何阻碍激情的表达。在她看来，孤独作为一种打断自信的干扰，是一种被抛弃的状态，迫使人面对存在的重量。孤独强调了行动的风险，它在判断中制造疑虑，导致行动的不确定性，这可能表现为一种"滞后"，一种与生产时间的不同步，行动被延迟，一个人无法完全按照自己的意愿毫不犹豫地行动。④ 孤独的

---

① J. Butler, *Force of Nonviolence*.
② Stauffer, *Ethical Loneliness*, 19.
③ Stauffer, *Ethical Loneliness*, 20.
④ Stauffer, *Ethical Loneliness*, 19.

人可能会感到沮丧或精力耗尽，或者，如托马斯·达姆所言，他可能会怀疑自己的"感官经验"，这使得他难以从社交世界汲取资源以维系和产出价值。① 虽然一个人可以独立发现并表达激情，但要使这种激情具有经济意义，并作为劳动力商品被确认为有价值，便需要借助某种外在化的认同形式。根据希尔曼对孤独的描述，孤独的主体无法在自身之外找到一个客观立场来理解他的工作的力量、价值和意义，或找到改善它的方法。孤独的人脱离了价值体系，被抛出原本通往世界可能性的轨道，使世界无法为他开启和照亮。②

从这个角度来看，孤独可被视为一种幽灵般的威胁，反映了不稳定生存状态带来的潜在危害。孤独徘徊在意识边缘，它提醒我们，维持在价值体系中的位置需要付出艰辛的努力，以及一个人多么容易失去立足点，进而从标准的中产阶级价值中跌落。并非孤独使人变得多余，而是它带来的情感特性提醒我们，我们离变得多余可能只有一步之遥。我们得知，孤独的人通常生产力较低、缺乏创意、难以扩展商业联系以提高收入，也更可能让他们的创业项目失败。③ 在一个社会资本至关重要的时代，孤独的人在

---

① Dumm, *Loneliness*, 40.
② 在这里，孤独与独处被视为对立的两种状态：独处能激发创造力的火花，孤独则让人远离创造力的源泉。
③ Cozier, "Coworking Spaces"; Solman, "Selling Office Space"; Suarez, *Coworking Handbook*; Chan, "Co-Working Spaces".

面对失败时更容易陷入无依无靠的境地，缺乏他人的支援，也难以提升自身的劳动价值，更无法将社交资源转化为自身价值主张的一部分。

当然，单凭经济理由无法完全解释孤独的复杂体验。这种感觉涉及人际关系、政治和社会因素，需要细致的情境分析。然而，我专注于探讨其经济因素，因为孤独现象越来越多地被从经济角度加以分析，被视为经济不稳定背景下孤独大流行的一个后果。例如，科希尔（Cohere）共享办公空间的安吉尔·克威亚特科斯基（Angel Kwiatkowski）在共享办公的谷歌小组中发布了一则成员自杀的通知，这引起了广泛的共鸣。她透露，只有两个人知道这位成员长期与抑郁症作斗争，因此她敦促空间运营商创建更坚固、支持性更强的社区，以预防未来可能发生的类似悲剧。尽管她认识到自杀的原因可能很复杂，但她提出的解决方案集中在通过加强社区联系来抵御孤独。她写道："在诸位之间编织一张坚不可摧的网，让哪怕是最严重的抑郁也无法撕开。"她继续分享自那起悲剧以来，其他人如何开始公开自己与抑郁症的斗争，这一点很重要，因为"通过为他们提供更多关怀，我们可以为他们布起更紧密的安全网"[①]。

正如珍妮特·梅克尔（Janet Merkel）所描述的，这样的努力使得共享办公成为一种"挑战当前新自由主义个体

---

① Kwiatkowski, "Coworking and Suicide".

化政治的解放实践"①。她写道,空间运营商通过组织、安排人类与非人类行动者,创造了"城市中的新型工作与社会体验",促进了分享、合作和关怀等价值观——这些价值观反对自我中心或个人主义的社交方式。② 例如,克威亚特科斯基和贝思·布辛斯基(Beth Buczynski)告诉我们,独自工作的人们失去了他们的部落:"你当时可能不知道,但你需要人际陪伴。共享办公满足了这种需求。"③ 在努力满足这一需求的过程中,共享办公采纳了一种更为可持续的劳动自我哲学,将工作者视为"可再生资源",而非"业务过程中的一环,需要被管理、最大化利用,并往往在使用后被抛弃"④。

尽管我认识到克威亚特科斯基提出的倡议的价值,但我们不可忽视其中涉及的规范化结构。特别是,在共享办公场景中,孤独被视作一种因关系不良而产生的问题,需要通过中产阶级的关怀与健康的价值观来解决。共享办公空间中形成的依赖关系,虽然被梅克尔描述为"挑战当前新自由主义个体化政治的解放实践",但其核心目标仍是恢复一个独立且高效的个体。在这种框架下,孤独被视为一种需要从中恢复的病症;孤独的个体被看作需要治疗以

---

① Merkel, "Coworking in the City", 124.
② Merkel, "Coworking in the City", 131.
③ Kwiatkowski and Buczynski, *Coworking*, intro, loc. 32.
④ Coonerty and Neuner, *Rise of the Naked Economy*, 125.

恢复"健康"个性的不适应环境的人。孤独所附带的负面标签意味着人们被敦促着反省自己的情感,检测自己的孤独感,以便通过强调生产性、工具性关系的新自由主义社交形式进行纠正。①

的确,共享办公的卖点之一就是人们可以找到推动自己进步的志同道合者。② 自由职业者不需要与每一个人建立联系,他们只需要与共享办公支持群体中具有相似职业伦理的人建立联系。我采访的共享办公成员经常从实用角度讨论他们对社交的需求。例如,尼克谈到他离开某个共享办公空间的原因是"那里没有来自同一行业的人",他觉得那样的人脉对自己的职业发展没有帮助。格蕾丝则认为,评估共享办公空间中人员的"质量"非常关键:"他们能对你的业务有所帮助吗?作为人脉网络有用吗?"当被询问建立人际关系以对抗孤独的重要性时,尼克回答说这种理由"对一些人可能很重要,但我认识的大多数人在那里是为了工作,而不是听你讲生活中的悲伤故事"。他补充说,人们确实会"闲聊"或"开玩笑"——这些都是常见的社交方式,但他觉得如果有人试图以更亲密的方式向他敞开心扉,就会"很奇怪"。事实上,"大部分人都已经拥有自己的亲密朋友圈……如果你需要休息,可以和其他

---

① Carroll, "Lonely Affects".
② Chan, "Co-Working Spaces".

成员聊聊天",但期望"深度交流"是不现实的。

我无意贬低共享办公提供的社区感和社交价值。考虑到共享办公空间及其社交关系的多样性,不可能从这些反馈中对所有共享办公的关系一概而论。并且,孤独的产生不仅仅是经济原因。然而,共享办公的根本目的是建立经济关系,而脆弱的自我揭露往往与专业的自我形象相冲突。① 因此,出于必要,大多数个人信息的透露仍需保持在轻松社交的界限之内。实际上,对共享办公成员来说,他们的社交活动有时可能仅限于营造一种"氛围"。在一次会议上,巴奇加卢波阐述了创建社区感通常只需十位积极成员的支持。他表示,这十个人通常会产生一种"光晕效应",吸引其他成员获得归属感,而这仅仅是因为他们与其中一个人有着间接联系。利用社交氛围来抗击孤独的做法展示了共享办公何以在减轻孤独感的同时,却未能创造出让人们更深入地相互联系的条件。

因此,我们可以看到,共享办公的这种社交属性可能涉及另一种政治。2015年6月,合办公纽约分公司的清洁工进行了抗议活动。当时,合办公的清洁工的平均时薪为11美元,不及纽约有工会的清洁员工平均工资的一半。有报道称,当合办公的清洁工试图成立工会时,公司威胁要

---

① Illouz, *Saving the Modern Soul*.

解雇他们。① 在这次抗议活动中，他们要求提升工资、福利和休假待遇，高举标语"我们也是这里的一员"——这凸显了共享办公的社交形式及其所伴随的成本问题。正如布伦丹·奥康纳（Brendan O'Connor）指出的，尽管诺伊曼将合办公中的人称作"我们一代"（We Generation），但并非空间内的所有人都是这个圈子的一部分，也并非所有形式的社交都受到鼓励。例如，那些希望成立工会（即进行一种职业社交行为）的清洁工却被禁止这么做。②

然而，即使是那些符合"我们一代"定义的人也可能被剥削，就像合办公社区经理塔拉·佐默（Tara Zoumer）的案例，她在拒绝与公司签署新的仲裁协议后被解雇。佐默在接受《纽约时报》采访时表示，她的薪水无法负担在加利福尼亚伯克利的生活，而她超长的工作时间本应获得加班费，却被合办公认定为她作为"品牌大使"职责的一部分。③《共享办公手册》（*The Coworking Handbook*）的作者强调，情感劳动对于确保社区的"良好氛围"至关重要。空间的工作人员"必须时刻保持'在线'状态"，以确保用户感到舒适，并促进彼此之间的联系。④ 但情感劳动不仅辛苦，而且正如佐默的案例所示，它也可能被用来合

---

① Lewis, "WeWork Cleaners".
② O'Connor, "Workers behind WeWork".
③ Silver-Greenberg and Corkery, "Start-Ups Embrace Arbitration".
④ Suarez, *Coworking Handbook*, 40.

理化工作边界的消解，并成为拒绝支付加班费的理由。

在关怀孤独的这一过程中，谁将被边缘化，我们又应建立怎样的联系来抵御孤立感？梅丽莎·卡罗尔（Melissa Carroll）写道，孤独为我们提供了一个机会，让我们认识到我们共同面对的不稳定性和社会的深层相互依赖性："实际上，正是因为孤独对身体、界限和边界的完全漠视，感到孤独可能是我们与他人联系的最有道德的方式。"[1] 在合办公，无论是清洁工、社区助理还是用户都普遍具有无力感，但当孤独被描述为缺少生产性和工具性的关系时，形成政治和情感意识的机会就被剥夺了。相反，共享办公的参与者更倾向于从劳动价值的角度来评估个体：清洁工负责保持环境整洁，社区助理让用户体验到舒适，而用户则被鼓励构建能促进中产阶级地位上升的合作关系。这些规范化的社会关系虽然可能让人安心，但它们让孤独问题无法被政治化，也容忍了对各个职业阶层人群的持续剥削。

重新定位美好生活

虽然共享办公常被宣传为一种服务，目的是恢复工作者的健康社交，但它也试图呈现一种理想化的工作印象。

---

[1] Carroll, "Lonely Affects", 9.

共享办公是如何展现这种理想的呢？在《建筑与乌托邦》(Architecture and Utopia)中，曼夫雷多·塔夫里（Manfredo Tafuri）将建筑描述为"美国社会对超越自身之事物的渴望的象征，也是其自身的参照物——这个社会因自身推动是无法回头的进程而持续处于惊惧之中"①。他认为，建筑奇观的图像能"升华现实现象"，并以解放的形象来救赎城市生活中的"苦难与贫乏"②。

这种观点可以在企业建筑史中找到根据。20世纪50年代，美国大型企业构想出一种被路易斯·莫金戈（Louise Mozingo）称为"田园"（pastoral）的企业景观，在郊区建造办公园区和企业园区，意在逃离市中心日益恶化的居住环境。③ 这种趋势现在被亚历山大·兰格（Alexandra Lange）所说的"硅谷城市主义"（Silicon Valley urbanism）取代，谷歌、亚马逊和AT&T这样的公司把他们的园区迁回城市，却仍通过足够大的空间与城市街道保持隔离，这些空间足以容纳他们"自己的餐馆、自己的艺术作品、自己的商店、自己的保龄球馆和自己的俱乐部"④。这种异托邦是有代价的。这些发展措施将文化用作提升生产力的工具，同时吸收了城市的概念——其粗粝、

---

① Tafuri, *Architecture and Utopia*, 36 - 37.
② Tafuri, *Architecture and Utopia*, 46.
③ Mozingo, *Pastoral Capitalism*.
④ Lange, *Dot-Com City*, 5.

活力和真实性——却抛开了占用空间的道德责任,这种做法通常导致高档化、安保化和经济弱势群体被驱逐。①

共享办公空间与这些成功企业的工作场所在多方面颇为相似,部分原因在于像谷歌这样的科技公司被视为共享办公体验的典范。② 例如,纽伯格解释说,共享办公应追求"在不为谷歌工作的前提下,仍能享受在谷歌工作的好处"③。合办公的联合创始人兼首席创意官米格尔·麦凯尔维(Miguel McKelvey)认为,"拥有一个漂亮的办公室并非谷歌等酷炫科技公司的专属",而是一种权利。④ 谷歌模式在共享办公推崇的美学和流行价值观——如社区感、共享和加速的意外发现——中得到体现,这些都反映了一种类似的冲动,即试图构建不依托城市条件的物质乌托邦。

然而,很少有共享办公空间成员是谷歌员工,许多人都达不到这群备受尊重的工作者的地位。从这个角度看,体验谷歌的设施与服务的愿望暴露了理想与现实之间、乌托邦与不稳定性之间的鸿沟。为了理解这种差异的政治影响,我们首先需要将共享办公置于"创意"和"共享"经济的背景之中,这是一场围绕紧缩政策展开的讨论。阿里桑德罗·甘迪尼(Alessandro Gandini)部分说明了这一点,

---

① Zukin, *Naked City*.
② Jones, *Fifth Age of Work*; Miller, Casey, and Konchar, *Change Your Space*.
③ Neuberg, "Start of Coworking".
④ Spreitzer, "'Coworking' Grows".

他描述的共享办公的"气氛"与理查德·佛罗里达（Richard Florida）关于创意阶层的论述相似。① 我同意，共享办公的确与重视创新、企业家精神及精心打造城市形象的新自由主义城市发展有所联系。② 虽然甘迪尼跟随杰米·派克（Jamie Peck）和安迪·普拉特（Andy Pratt）等批评者，对佛罗里达忽略创意工作的质量以及城市创意崇拜导致的不可持续发展进行了批判，但我更关注的是，佛罗里达如何重新定位幸福观，并将其设定为创意阶层实现幸福的必要条件。③

这种论点可能听起来很熟悉。毕竟，佛罗里达以创意阶层的新欲望为前提，提出了关于构建创意城市的理论。在《创意阶层的兴起》（*The Rise of the Creative Class*）一书中，他写到"访谈对象讲述了他们渴望并且需要居住在能提供激励性和创意性环境的地方……人们不仅希望住在工作地点附近，还希望喜欢那里的生活"④。希望、渴望和需要等词将创意城市的论点锚定于创意人士自身的自然愿望，仿佛这些偏好源于他们对创意和激励性生活方式的社会性及生物性倾向。

但在一本不像《创意阶层的兴起》那样广为人知的书

---

① Gandini, "Rise of Coworking Spaces".
② Greenberg, *Branding New York*.
③ Gandini, "Rise of Coworking Spaces"; Peck, "Cult of Urban Creativity"; Peck, "Struggling with the Creative Class"; Pratt, "Creative Cities".
④ Florida, *Rise of the Creative Class*, 75.

《大重置》(*The Great Reset*)中,佛罗里达不仅将对幸福的重新定位视为一种需求,还将其视为应对经济状况的必要的紧缩措施。他借用大卫·哈维的"空间修复"① 概念来阐述自己的观点。② 然而,尽管哈维用这一概念来批判资本主义——资本主义倾向于在特定区域过度积累,最终毁坏这些区域,"在新的空间和领域开辟新的积累机会"——但佛罗里达却将空间修复视为经济的必然走向,认为它依赖繁荣与衰退循环的进化过程。③ 他解释说,大萧条已经触发了对空间修复的需求,迫使城市重新塑造其城市规划,以创造出"与基础经济的生产能力更紧密契合的新经济景观"。这种变化代表着一种"重置",它将引领"全新的经济景观"和"全新的生活方式"④。

在这种情况下,自然欲望和实用欲望之间的界限并不明确。例如,佛罗里达在反对"所有权社会"(这种社会中,人们通过拥有房产和汽车来标志自身社会地位的提升)时,并不是以人们想要什么为基础来构建他的论点,而是基于经济上最合理的考量:"如果一个人能期待一辈子或大半辈子都做同一份工作,那么拥有自己的房产就是合理行为。然而,在围绕流动性和灵活性构建的经济中,

---

① [译注] 空间修复 (spatial fix),资本主义通过重新配置生产空间(如全球化、城市重建)来缓解自身的经济危机。
② Harvey, "Globalization and the Spatial Fix".
③ Harvey, "Globalization and the Spatial Fix", 25.
④ Florida, *Great Reset*, 5.

无法售出的房产成了经济陷阱,阻碍人们自由地迁移到经济机遇较多的地方。"①

采用这种"新生活方式"的人们拒绝购买像房产和汽车这样昂贵的固定资产,甚至也不买空调、烘干机和微波炉,因为主体有灵活移动的实用性需求,从而能"更快地"迁移到机会较多的城市,以便生存下来,并缩短"从危机到持久复苏的时间"②。佛罗里达所说的创意阶层热衷的那些体验型商品,如今至少在一定程度上,也被视为提升就业能力所必需的工具。他认为,没有用在房产和汽车上的资金应该投向"新形式的个人发展和新鲜体验",确保创意工作者始终与时俱进。尽管工人们自酿啤酒和开辟菜园可被视为一种自我表达的方式,但他们也可能出于"培养更自足的DIY伦理"而采取这些行动。虽然佛罗里达所推崇的"创造性生活方式"的实用性有待商榷,但背后却基于一种不同的工具性目的:在经济不确定和困难时期生存下来。③

佛罗里达断言,真正的幸福之路在于采取这些紧缩措施。采纳这些措施的人"了解到幸福心理学家所揭示的事实:使人幸福的不是金钱本身,而是从事令人激动的工作

---

① Florida, *Great Reset*, 7.
② Florida, *Great Reset*, 8-9.
③ Florida, *Great Reset*, 137.

和拥有充实的人际关系"①。当一项本为生存设计的措施变成你渴望的东西时——因为它更接近"真正的"幸福——这意味着什么呢？佛罗里达支持一种不同的邻近性政治观点，认为即使在结构性条件恶化的情况下，我们也可能会对工作感到更快乐和更有激情。因为在困难中求生会让我们更接近"真正的"幸福源泉，即在工作和社会中获得成就感。在这种观点中，困境被等同于通向幸福的途径，因为它迫使我们适应一种更简约的生活定义，让我们更接近真正的激情。

这种思路在瑞秋·博茨曼（Rachel Botsman）和鲁·罗杰斯（Roo Rogers）关于共享经济的书《我的就是你的》（*What's Mine Is Yours*）中得到了印证。他们写道："经济上的需求使人们更愿意接受用新的方式来满足自己的需求。"② 同时，这种分享的需求也促使人们恢复生活中的"意义和社区"这类"古老的美德"③。由于分享只有在人们构建了"共同性的支点"时才能最有效地实现，因此分享本身实际上为人们彼此更深入了解并建立新的社交联系提供了契机。④ 类似地，霍洛维茨和波因特在《自由职业者圣经》（*The Freelancer's Bible*）中写道，"利润与社区"之

---

① Florida, *Great Reset*, 148-149.
② Botsman and Rogers, *What's Mine Is Yours*, xix.
③ Botsman and Rogers, *What's Mine Is Yours*, 45.
④ Botsman and Rogers, *What's Mine Is Yours*, 175.

间的界线正在模糊,因为人们认识到在新经济环境下合作是必需的。这一发展催生了所谓的"新互助主义"价值观,人们通过共享和资源交换来实现基本的生活需求。"新互助主义不仅仅是一种让人心情愉悦的事务,更是一种生存之道。"他们解释并进一步阐述道,一个充满爱的社区是对抗经济困境的最佳屏障:"自由职业者如何抵御因不断降低的薪酬而导致的经济下滑呢?"除了通过学会给予、分享和合作来加强社区的凝聚力之外,还有其他方式吗?①

分享、合作和社区的观念内置了关于生存的话语,突出了重新定位的过程,曾经定义美好生活的元素被撤销,转而倾向于能带来新乐趣的更加务实的选择。优工网前首席执行官斯蒂芬·卡斯里尔(Stephane Kasriel)告诉我们,由于传统上的美好生活要素对许多人来说已不再是一个可持续的选择,工人的优先考虑因素将发生变化。他解释说,对中产阶级而言,"职业成长"变得愈发困难:"他们的薪资增长有限,晋升机会也不多。"他补充道:"当经济回报不尽如人意时,他们会开始围绕其他因素进行优化,比如,他们能学到多少、能否实现更好的工作与生活平衡,或能否在一个更宜居的地方以较低的成本生活。"②

---

① Horowitz and Poynter, *Freelancer's Bible*, 319.
② Kasriel, "Four Trends".

在资本主义体系中寻求工作的幸福感本质上充满挑战性，总是容易发生变化。随着"传统美国梦"的可行性越来越遥不可及，人们将创造新方法，来实现在工作中获得满足感的渴望。① 新趋势带来的希望，并不意味着人们放弃向上流动的愿望，但它确实支持一种关于工作可以带来满足感的不同观点。结构性条件的恶化被强大社区的承诺、更深层的亲密关系、更时尚的生活方式以及更幸福和更合乎道德的生活所抵消。

协作的自由

那么，这种经过妥协的美好生活观念都有哪些表现呢？在探讨对幸福的重新定位时，我们必须审视那些让这种文化新理念变得可信且有吸引力的各种技术手段。在这一节中，我将根据我的田野调查来阐述共享办公是如何将自由职业的核心概念——自由——转化为一个具体且可体验的消费品。首先，共享办公服务本身被包装成一种消费者选择，是工作者可以自主选择的东西。空间运营者兰迪对我说："与必须前往公司指定办公室的传统员工不同，你可以自由选择共享办公地点。"他还补充说："我们的空间并不适合每一个人，我鼓励人们尝试不同的空间，找到

---

① Boyer, "Leading Edge".

他们喜欢的。"

共享办公空间的实验性将消费的乐趣投射到工作者选择非传统工作安排的自由上。我接触过的大多数共享办公成员都在不止一个共享办公空间租有工位。以合办公为基地的杰西解释说,按月计费的会员资格让她能轻松更换工作地点:"我不喜欢合办公的隔离感,在那待了一阵之后,我对自己想要什么有了更清晰的认识。"经过几番尝试后,杰西最终选定了一个空间:"这个地方离我家更近,社区氛围也更友好。"当我问她是否曾感到被迫留在某个地方的压力时,她表示自己在离开时从未有过不愉快的经历,"如果有那样的感觉,那可能就是我该离开的信号"。这些表述凸显了共享办公如何被构建成让工作者以消费者身份来体验工作:通过减轻尝试"自由"过程中的挑战,强调个人觉得是否合适,鼓励工作者像购物一样评估他们的工作空间——以此提醒他们,作为自由职业者,他们可以根据空间的外观、位置、设施和其中的人来选择理想的工作地点。

同时,自由的理念也在意识形态上融入空间的布局中。我参观的共享办公空间几乎都采用了相似的布局设计,将休息区和工作区明确分开。例如,在加利福尼亚州圣塔莫尼卡的协作阁楼(Coloft)共享办公点,其休息区配备了一套美观且舒适的红灰相间的沙发,摆放在几何图案的地毯上(见图表4.3)。几步之遥是工作区,配有标准的棕色书桌、赫曼·米勒·阿埃隆(Herman Miller Aeron)

椅和中性米色地板。空白空间等则提供了坐立两用的工作设施,如配备高脚凳而非椅子的吧台式桌面、专为偏好站立工作的用户设计的悬挂式工作台。此外,还有一些空间设有休闲区域,包括街机或迷你高尔夫球套装。空间运营者珍妮特告诉我,这些不同的空间划分,是为了让共享办公成员能"自由地四处走动,选择当前最适合自己的工作场所。如果他们想要社交,可以选择去沙发区;如果希望不被打扰,就可以选择走到房间的最里面"。

图表4.3 加利福尼亚州圣塔莫尼卡的协作阁楼共享办公空间休息区。照片由作者拍摄。

初次听到她的话时,我曾将其视为一种推销策略(毕竟在桌边和休息区交谈很常见,柔和的照明也非常适合拍摄市场营销照片），但我逐渐意识到这种空间的分配传递了更深层的意义：它鼓励共享办公成员自由移动，这种做法呼应了自由职业所特有的自由感受。不同于图书馆或咖啡馆——那里的人们由于座位有限且周围都是陌生人，往往不愿轻易移动位置——共享办公空间创造了一种氛围，让人们感觉可以自由地走动、伸展身体、取咖啡或去洗手间。一名共享办公成员提到，这里有一个不容忽视的优点，那就是几乎没有"干扰性"："当我在咖啡馆的时候……我总是容易分心……那里不仅有人购物，而且有些时候你还要去洗手间。要么没有洗手间，要么你必须把所有东西打包好才能去，或者如果地方真的很拥挤，占用座位还会感到不好意思……这些都会占据你的心思，让人难以集中精力。在这里，你可以随意离开。我可以把东西留在桌上，并知道这是安全的。"

这些小干扰显示了"工作"的自由如何在共享办公空间中通过协作来构建。人们通常将工作视为一个高效运作的领域，能按时上下班并在此期间专心投入。然而，这种设想的背后依赖诸多准备工作与外包劳动的支持，如洗衣、托儿、提供安静不被打扰的空间以及现成的饭菜等日常照料劳动。① 莱因霍尔德·马丁（Reinhold Martin）写

---

① Gregg, *Work's Intimacy*。另见关于社会再生产的著作，包括：Lorey, *State of Insecurity*；Vogel, *Marxism and the Oppression of Women*。

到，企业办公室通过一个"组织复合体"在建筑空间中营造了这样一种幻象，使工作从外部世界中隔离开来。① 然而，一旦工作场所不存在，这种幻象便容易破裂——如同我们在咖啡馆中看到的，甚至难以保证有一张随时可用的桌子。

让我们回到斯托弗关于个人主权暂时性的论述。她认为，行动的能量源于已存在的自信，这是一种对于世界应如何支持主体主权行为的确信。对充满活力的人来说，世界呈现出一种期待状态，期待他们的激情表达。流行媒体常常描绘那些永不停歇、奋力工作的高级管理人员，这种描绘基于一种普遍的幻想，即一个随时准备实现激情的世界。② 这种幻想呈现的是，"工作"可以在任何时候轻松发生，无论是在灵感突然迸发时，还是在接到客户来电时。正如斯托弗阐述的，"还有什么比我选择与周围物体互动或不互动的自由更显而易见的吗？如果我想吃厨房里放在碗中的苹果，我会伸手去拿；如果我不想吃，我就不会去拿。因此，在我厨房里的苹果面前，可以说我拥有个人主权。物体为我们提供了既能向它们靠近又能从它们那里撤退的空间"③。

只根据个人的意愿操控事物，而不被不确定性所限

---

① Martin, *Organizational Complex*.
② Tolentino, "Gig Economy".
③ Stauffer, *Ethical Loneliness*, 20.

制,这种自由的行动是被特定环境所塑造和期待的。假如想吃苹果需要从座位上站起来购买,而这可能导致失去座位,那么决定吃苹果就不再是一个简单的选择了。或者,如果这不是你的厨房,即使苹果近在咫尺,获取它也可能不那么容易。这就是斯托弗将这种信心称为"一厢情愿"的原因。相信世界存在于那里,等待你去影响它,这种信念是由对环境的确认而形成的。帕迪·斯坎内尔(Paddy Scannell)解释说,技术的"关怀结构"(care-structure)被内嵌于物品中并被隐藏起来,"以便'让我们自由自在'"。从这个视角看,关怀技术(caring technologies)是那些授权我们的行为如主权者般自主、完全掌控我们所被赋予的自由的技术。① 在这里,我们可以看到,自由职业所承诺的自由实际上是一种协作性的建构。当世界似乎在协助你时,采取乐观、大胆和自发的行动就会更容易——这就是所谓的"不断奋斗"。

因此,共享办公空间可以说是城市中的一个保护区,它通过精心设计的空间提供了一种使工作价值得以维持的连贯结构。正如大多数受访者向我解释的,共享办公从来不是必需的,因为工作者往往可以选择在其他地方办公。然而,一个固定的共享办公空间有助于维持工作的价值感。比如,共享办公成员凯西说:"这样至少看起来不像

---

① Scannell, *Television*, 25.

是在打零工。"作为一名从事市场营销的自由职业者，凯西特别能体会到这种矛盾。她所回避的是将"零工"视为临时的、没有发展前景的职业观念。虽然她的客户可能会变更，但她坚持认为自己的职业在进步。她的收入不是按小时计算，而是基于她的技能和声誉。技能越精湛，人脉越牢固，她能向客户收取的费用也就越高。

正如上一章所述的职业轨迹概念，共享办公提供并支撑了中产阶级劳动中的这种"常态"感：一个价值随着个人经验和声誉的增加而增长的稳步发展的职业生涯。我们可以看到，共享办公如何通过强调社区交流、技能提升讲座、大师班、促成偶然邂逅——这些邂逅可能最终演变成有利可图的创业机会——来支持这种信念。这种信念也解释了凯西所表达的乐观情绪的背景：共享办公空间为中产阶级关于未来工作仍值得持续投入的核心想象提供了一种连贯性，即便劳动条件已明显趋于不稳定，这一幻想仍未消散。

当然，身处共享办公空间并不能保证所有工作体验都是愉快的。在亲身体验共享办公的过程中，我目睹了几次共享办公成员在棘手的电话或电子邮件交流后，沮丧地离开他们的座位的情形。例如，有一次，一位成员在与贝宝（PayPal）通话结束后愤怒地挂断电话，并向别人抱怨该公司冻结了她的账户，使她无法支付账单。还有一次，一位成员气冲冲地合上笔记本，到咖啡间跟人抱怨，某公司索要详尽报价明细，只为借机雇用更便宜的人。在这两种情况下，他们都能毫不犹豫地离开工位。他们可以合起笔记本电脑，也可以去咖啡间，或者去街上走走，以及去健身房释放压力。

这听起来可能微不足道，但是在世界上自由移动而没有额外负担，实际上是中产阶级的特权。他们离开时不必担心笔记本电脑被盗或座位被占用，这种安心源于一个提供了安全保障的工作环境，这样的环境赋予了工作者存在的尊严。共享办公空间选址在健身房、瑜伽工作室、时尚餐馆、咖啡馆、公园和公寓群附近，也是为确保成员能体验到多样化的异托邦工作环境而刻意做出的选择。通过营造一个以"工作"为关注核心的环境，共享办公有助于消除多余的恐惧，增强个人的能动性甚至复原力。它缩短了从恐慌到缓解的过程，节省了过渡所需的时间，掩盖了那种充斥着未经调节的工作文化的强烈多余性。这也解释了共享办公带来的连贯感。共享办公提供了一种被关怀的感觉，这种感觉缓解了他们劳动不稳定性的现实。

自由的一面也延伸到了社交领域。如彼得·贝斯维斯（Peter Bacevice）在《理财》（*Money*）杂志中所述，大多数共享办公空间致力于建立"恰到好处"的社区——新来者可以根据自己的意愿参与其中，既不多也不少，完全无压力。[1] 同样，空间运营者告诉我，共享办公提供了一种

---

[1] Bacevice, "Why Coworking is Hot".

"无压力"或"不附带条件"的社交方式，意味着"你可以根据自己的意愿社交"，而且室内设计也鼓励这种灵活性（见图表4.4）。共享办公成员阿米塔说，工位就在附近意味着"你总有借口回到你的座位"，比如声称"我要赶截止时间"或"需要打个电话"。她表示，这种设置让人们能掌控社交活动：想交谈时，可以移到茶水间或休息区；不想被打扰时，就戴上耳机。

图表4.4 加利福尼亚州伯克利的合办公分部酒吧区。照片由作者拍摄。

这种灵活性反映了斯蒂芬·迈尔斯（Steven Miles）所描述的"共谋的共同体"（complicit communality），他将这一概念定义为"个体认为足够具有共同体感"。迈尔斯利用这一概念解释商品化空间中个体性与集体性的交汇。他写道，这些商品化空间所推广的公共氛围，营造了一种新型的共同体形式，即在通过消费提供的物理机会探索共同体的同时，还能保留个人独立性。① 这种社交形式——如在共享办公空间中所见——被设计为不具威胁性且具疗愈功能。空间的规范——如使用耳机和共享桌子——让共享办公成员在尊重个人社交互动舒适度的同时，满足自身的社交需求。

或许这种社交性最明显地体现在共享办公空间的"工作冲刺"活动中。工作冲刺描述了一种社会协议，工作者在指定的时间内聚集在一起专注于他们的项目，以避免干扰。这种聚会通常辅以生产力时间管理技巧，在疫情期间，还可能借助 Zoom 等远程会议平台，旨在鼓励人们共同参与，以维持一种"社会责任感"。我们可以看到，社交性在此被作为一种氛围的体现，并被工具化为一种生产力技术，帮助工作者相互推动。伴随着其他流行活动——如冥想、瑜伽课程以及早午餐舞会——这些工作冲刺活动构成了一种生产力导向的社交集会新准则，旨在将社交活动保持在舒适的界限内，并创造一个毫不杂乱的社区。

因此，共享办公空间最常见的抱怨也并不出人意料，

---

① Miles, *Spaces for Consumption*, 15.

即最具侵入性的社交元素：噪声。据《桌面传媒》杂志报道，四分之一的共享办公成员对这些空间的噪声水平感到不适。① "有些人似乎故意大声讲电话来显示他们的谈话很重要，"一位名叫坎贝尔的共享办公人员向《纽约时报》抱怨，"甚至那些以为自己仅在小团队中分享想法的人，也常常不经意间让整个房间的人都听到了。"② 确实，多数空间运营者向我透露，鉴于对噪声的容忍度十分"主观"，确保所有成员的舒适是一项挑战。尽管如此，他们尝试通过构建隔音电话亭和隔断，满足所有租户的需求，并尽可能减少不必要的噪声。

迈尔斯并不认为共谋的共同体必然带来负面影响。消费逻辑可能表现为一种手段，让个体感到自己被赋权，仿佛他们是在"掌控新自由主义城市，而非被其控制"③。与之相似，共享办公空间提供了一种方法，以减轻在塑造新自由主义个体身份过程中遇到的某些焦虑。它们使建立非正式的专业关系成为可能，同时在社交互动中尽可能减少压力。此外，付费会员制在一定程度上合理化了以下观点：顾客有权拥有一个舒适的工作环境，并且当场所的社交性超出他们的舒适范围时，他们可以提出改善要求。

---

① Foertsch, "What Coworking Members Want".
② R. Campbell, "Why I Ditched My Co-Working Space".
③ Miles, "Neoliberal City", 225.

适宜的空间，恰到好处的感受

被关心的感受是共享办公空间积极美学的一部分。合办公是我参观过的设计最精致的空间之一，它认真实施了诺伊曼所描述的"楼层心理学"①。在合办公空间中，到处可见框起来的标语和多媒体励志信息。例如，在加州伯克利分部，一进门就可以看到一个平板显示器，上面显示着托马斯·爱迪生的名言；室内，桌上足球台旁的柱子上挂着装裱好的标语："持续创造"，"优秀的工作来自辛勤的耕耘"，以及"永不妥协"；餐具区沿墙堆满了刻有"追随你的热情"字样的黑色马克杯。

尽管我参观的其他共享办公空间在设计上不如合办公精致，但它们大多也致力于创造相似的积极氛围。这些空间通常布满了激励标语和墙面艺术。例如，进阶空间有一块展示板，上面挂着成员的照片和他们最近取得的成就。像影响力枢纽这样的空间则设有可以书写的黑板墙或便利贴，成员可以在上面留下关于共享办公的正面评价。此外，一些空间通过摆放各种小装饰品或独特设施来增添特色。比如，洛杉矶的一个空间就放了很多毛绒玩具，并在靠窗的高桌旁设置了一个微型沙盘花园。

---

① Rice, "Is This the Office".

除了追求空间的个性化外,对设计的重视还表明,品牌与建筑越来越关注空间的感官特质。① 在 2016 年洛杉矶共享办公大会上,多位主讲人探讨了感官科学及其对共享办公行业的重要性。普拉斯塔克(PLASTARC)是一家融合了"社会数据"与"设计"的建筑公司,其创始人梅丽莎·马奇(Melissa March)敦促与会者关注"多感官设计"——探索视觉、听觉、触觉、味觉和嗅觉如何能提高工作效率并增加共享办公成员的幸福感。她解释说,感官体验的核心是"愉悦"感,营造这种感觉能帮助成员获得更好的工作体验。例如,空间运营者可以通过提供咖啡、花朵、蜡烛和空气清新剂来"吸引"的嗅觉。至于味觉方面,她则建议运营者提供不同口味的水,如薄荷水或各种果味水。为满足视觉、触觉和听觉的需求,马奇还讨论了色彩、纹理和音乐的运用。②

对设计与身体感官特质之间的关注表明,共享办公提供的不仅仅是一种理想化的美好生活概念,还包括具体的感官体验。在我体验共享办公空间期间,这些空间提供了卫生间的漱口水分配器、桌上的竹植物、"午睡室"中的仿真草坪地毯、注入不同风味的饮用水,以及品牌咖啡和茶。正如艾伦·刘(Alan Liu)所述,后工业资本主义将

---

① Klingmann, *Brandscapes*.
② March, "The Future of Workplace".

"休闲置于工作之中",并将美好生活的对象从大事物(如年假)转向"微休闲":"整日为我们注入小剂量舒适感的人体工程学椅子;办公隔间柔和的颜色和圆润的角落,仿佛为长期过劳者提供了一个暂时的休息之所;先进的复印机自动整理和装订,让我们可以在等待时盯着空间发呆,获得片刻的喘息。"① 艾伦·刘强调了技术带来的乐趣如何与工作日常融合,以及如何将"酷感"和"时尚感"具象化为缓解工作疲劳和精神单调的小细节。然而,共享办公的感官特质与其说是减压工具,不如说是提醒我们工作多么愉悦的物品。那些装裱的标语,如"追随你的热情"或"如果你不去实现你的梦想,别人会将它实现",以及描绘爱与创造力的壁画,把感官体验置于一种激发工作者"目标感"的激情话语之中。②

关于这类激情话语,一种思考方式是将其视为一种正确的感觉,即与资本主义节奏同步的感觉。正如薛伟德(Nigel Thrift)指出的,时间和空间的感官配置可以用来强调特定的"正确感",即"试图捕捉并融入那些被描述为调谐的或在某种情境中感到自在的成功时刻"③。调谐(attunement)一词暗示了向和谐调整的过程,它指的是人能识别"错误感",并将其调整到"正确感"。将激情理解

---

① Liu, *Laws of Cool*, 163-164.
② Carr, "Modern Office Design".
③ Thrift, *Non-Representational Theory*, 297.

为对"正确感"的渴望,意味着把它视为一种日常的、普遍存在的情感状态,个体在此过程中被塑造以适应资本主义的标准节奏,使得通过工作获得的愉悦更容易体验,而消极情绪也更易于控制。①

当我询问共享办公成员是否感觉在这种环境下更有动力时,他们多数都提到了周围人带来的"能量"。哈罗德告诉我,这种能量在他需要处理自己不喜欢的事务——如账目处理时——特别有帮助。他进一步解释说,其他成员的存在和活动的自由使得这些乏味的任务变得更容易忍受。自由的感觉提供了一种调节厌倦情绪的手段。工作者通过进行简短的交谈或暂时离开桌子去喝杯咖啡来打破工作的单调;同时,看到其他人仍在工作会驱使他们尽快返回工位。丹解释说,被其他正在工作的人围绕,能帮他在想拖延时保持专注:"周围有人在工作时,你就多了一份继续前进的推力,因为如果你停下来,会感觉很不好……你会觉得,既然他们能集中注意力,你也可以。"看到身边的人在工作,会让集中精神变成一种常态,并激励每个人对他们的工作投入注意力。

共享办公空间中人类与非人类行动者的布局营造了一种机会,让用户产生与资本主义工作节奏相协调的调谐感,而这不仅仅意味着生产力。就像杰西告诉我的,共享

---

① Potts, "Life Hacking and Everyday Rhythm".

办公带来了一种正确感:"我觉得即使现在独自工作越来越普遍,大多数人仍不习惯这种方式。你可能会感到孤独,对你所做的事情的价值也越来越没把握。"实际上,我参观的许多空间中人际互动频率之低令我惊讶。大多数时间,人们都在工作,而不是社交。然而,随着时间的推移,我意识到,即便人际互动很少,共享办公也能营造一种特殊的氛围,赋予工作某种情感价值。杰西告诉我,她不需要通过他人的认可来确认自己工作的价值,但周围有人会让她的工作显得"更扎实":"这种环境说明我对工作的态度是严肃认真的,也显示了我对自己工作的自信……这样一来,我的工作变得更有意义。"

杰西感受到的"有意义"来自多种因素的综合:这包括自由的工作体验、与他人并肩工作时的团结、归属于某个品牌时形成的共同价值观,当然,还有时尚的家具、美味的咖啡和高速的无线网络。正如查尔斯·泰勒(Charles Taylor)指出的,个体间的相互在场可以"构建一种共同的情绪或基调,影响每个人的行动"。虽然人们可能是独自行动或在小组中活动,"但每个人都在意其他人的存在,因为他们见证了我们的行为,从而共同决定了我们行为的意义"[1]。共享办公通过一系列活动强化了这种感觉,这些活动赋予工作以深刻的意义。除了常见的欢乐时光、技能

---

[1] C. Taylor, *Modern Social Imaginaries*, 168.

交流、游戏之夜和偶尔的水疗派对外，共享办公空间还推出了如"搞砸之夜"这类活动，在此成员庆祝自己的失败，以及PechaKucha①简报会，成员对自己的项目进行精炼的陈述，大家共同庆祝各自的成就。这些演示使共享办公成员的工作具象化，表明他们的专业技能有价值、值得分享，并且是他们职业生涯叙事的一部分。

通过这些努力，共享办公营造了一种使工作显得有意义，甚至可能颇具分量的环境。正如有人对合办公空间的描述："他们真的掌握了让这个地方显得时尚、新颖、具有创新感的秘诀。让客人走进这样的环境，实际上会带来一种真实的感觉：嘿，我们是一家比实际规模更大的公司。"据《桌面传媒》的调查，超过90%的受访者在加入共享办公空间后感觉更"自信"。这并不奇怪。共享办公创造了一种环境，让个体对自己的新境遇感到高兴和满意。

尽管提升经济地位的机会在减少，共享办公空间所营造的"正确感"仍为中产阶级提供了追求幸福的新机会。共享办公通过整合人类与非人类行动者的力量，不仅取代了对传统社会流动的追求，还通过给用户提供满意的工作环境，增强了对这种新幸福的追求。例如，合办公将自己定位为一个重新定义成功的场所，"成功不仅仅以财务成

---

① [译注] PechaKucha，一种源自日本的演讲格式，演讲者展示20张幻灯片，每张幻灯片显示20秒，总计6分40秒的快速、简洁的报告。

就衡量，更重要的是个人的成就感"。办公豆（Opodz）则表明"我们希望这个空间满足你的需求"，并欢迎用户提出关于"座位布局、椅子种类、照明、咖啡品牌"的建议，旨在帮助用户"每天都充满动力和激情来这里工作，努力实现目标"①。这些使命宣言表明，激情已成为共享办公空间的核心原则。这些基础设施散落在城市景观之中，成为美好生活的标志，即便传统的乐观主义符号已逐渐淡出人们的视野。

开端：关怀的结构

一个优秀的共享办公空间不仅舒适，还能显著提升工作效率。然而，当我走访加利福尼亚州各地的共享办公空间时，空间精致内饰与其外部环境之间的鲜明对比给我留下了深刻印象。在洛杉矶的合办公好莱坞分部，这种感受尤为突出。进入该空间之前，我需要穿过一条长长的挤满了街头推销者和游客的街道。而空间内部的精美装潢与我刚刚穿越的喧嚣形成了强烈的对比。合办公营造了一种控制下的忙碌氛围：空气中弥漫着咖啡的香味，大部分人戴着耳机，专注地盯着笔记本电脑，柜台的助理则以温暖的微笑迎接每一位访客。在一楼，好莱坞大道的喧闹被精心

---

① Comparably, "WeWork Mission Statement"; Opodz, "Build It Together".

隔离。玻璃上贴着壁纸，不仅遮挡了街道的干扰，也避免了外人的窥视。在这个温度适宜、风格现代、配有高速无线网络、人体工程学家具和优质咖啡的空间里，人们很容易忘记外面的喧嚣，即便这里的工作者也同样在忙碌。

艾哈迈德提醒我们，我们感受到的每个地方的气氛都带有个人视角。[1] 换言之，我们对某地氛围的感知不仅映射了那里的实际环境，还被我们的社会期待和个人需求所影响。共享办公空间的环境使乐观主义变得具体可感：自由职业者作为社区一部分，感受到的孤独感减少了，而且在这样一个专为沉思意义而构建的空间中，他们的工作体验显得更加充满激情。共享办公还提醒我们，激情可以被用作一种组织手段——作为一种情感结构，激情将为工作带来更多潜能。当人们在工作中投入激情时，他们被认为更有创业精神、生产效率更高、更具创造力、人脉更广，因此更有可能在经济上成功或更好地应对当前不稳定的劳动市场。激情使工作成为乐观主义的象征。

然而，我们需要提出这样一个问题：在引导我们追求正确感的同时，共享办公放弃了什么？正如薛伟德指出的，利用潜能的情感技术必须牺牲其他潜能的可能性："这种技术固有的模式化特征注定会导致某些潜能的感知

---

[1] Ahmed, *Promise of Happiness*.

被削弱甚至消失。"① 共享办公在创造一个令人安心并充满笑容的空间的同时,也不可避免地需要压制不快乐情况的存在。

在本章中,我说明了共享办公如何支持并实现新自由主义幻想:这种幻想认为,基础设施物品(infrastructural object)所提供的自我改变,可以阻止中产阶级美好生活的衰落。空间运营商常对不稳定性的担忧进行反驳,认为自由职业或创业因收入来源多元而较不易陷入完全无收入的境地。正如黛博拉·奥斯诺维茨(Debra Osnowitz)在访谈中发现的,当自由职业者看到公司裁员时,他们可能会更有信心维持自己的工作和收入。② 但这种看法基于对一种特定的新自由主义主体的想象:这类人已精通奋斗的艺术,对未开拓市场有充分了解,并且能不断调整自己的技能以适应市场需求。此外,这种观点还预设了一个始终有工作机会、极具弹性的自由职业市场。

共享办公空间淡化了这些问题的现实性,而是强调它能催生偶然机遇或网络的创建,从而增强合作的可能性或拓展商业前景。虽然我不完全否认这种可能性,但这种合作的观念同样孕育了一种幻想:例如,共享办公空间建议成员之间不要将对方视为竞争者,而是共同创造一个促进

---

① Thrift, *Non-Representational Theory*, 297.
② Osnowitz, *Freelancing Expertise*.

合作的成长环境。然而,这种特定的合作方式掩盖了不平等的现实:劳动市场本质上是受限的,优质的工作机会也是稀缺的。实际上,这种合作模式将优质的工作机会限制在一个排斥外人的封闭网络内,它不是制造个人之间的不平等,而是加剧了网络之间的不平等。无论个人能否接触到这些有价值的网络,共享办公空间仍促进了一种责任内化的观念,正如运营者所说的,每个人都应专注于自身的特长,并与自己而非他人竞争,这种做法同样将失败的责任归咎于个人。

通过这些方式,共享办公再现了早期虚拟社区的理想主义特征:非正式、低进入和退出成本、构建特定领域的能力、个人的亲密关系,以及与经济利益的联系。但是,正如迈克·克朗(Mike Crang)所批评的,这些社区常常是封闭的,倾向于优先满足其内部团体的利益而非公共利益,将个人和团队利益置于社会责任之上。[1] 网络关系的乌托邦特质常常会消解现实世界中困扰人心的、令人不适的社会关系。[2] 虽然共享办公的关系并非虚拟,但其规范——依赖舒适的环境、可控的社交及减少孤独感的尝试——有时会使共享办公空间内的人际关系给人以虚拟之感。通过秉持这些价值观,共享办公实际上回避了其原本

---

[1] Crang, "Public Space".
[2] Skeates, "Infinite City".

应承担的更广泛的社会责任。

这一观点还解释了共享办公在力图恢复中产阶级关于美好生活的社会规范的同时,如何同时延续了政治和阶级的分裂。共享办公通过将关怀视作商业机会,使得新自由主义意识形态得以合理化,这种意识形态免除了政府在社会福利方面的责任,从而促使重要的生活支持设施私有化。结果是,那些无力或不愿支付共享办公费用的人被拒之门外,哪怕他们实际上需要这样的空间。

这并不意味着共享办公空间的运营商没有认真地尝试改变工作方式。例如,卡特·约翰逊(Cat Johnson)描述了她在2016年洛杉矶举办的一场共享办公会议中的感受,她认为该会议被那些更关心"扩展他们的商务中心帝国"而非"加强社区联系或在小镇开设共享办公空间"的人"劫持"了。她的不适主要来自弗兰克·科特尔(Frank Cottle)对办公空间的观点。科特尔是一名商业房地产顾问,他在主题演讲中提出共享办公空间相当于商务中心,而"社区"则是共享办公运营者提供的"产品"。这番话让包括约翰逊在内的与会者感到难以接受。巴奇加卢波讽刺地打趣道:"社区是一种产品,好比灵魂是一个身体部位。"[1]

但是,将"社区"与"灵魂"类比、"产品"与"身体

---

[1] C. Johnson, "Look Out Coworking".

部位"类比,在实际意义上有何成效呢?尽管出发点良好,共享办公运营者还是未能构建一种新语言来避开企业主义和新自由主义的思想框架。并不是所有人都同样受到重视,也不是每个人都能被视为"灵魂"或成为共享办公社区的一部分,只有那些被视为潜在产品或顾客的人才真正受到欢迎。

正如哈维指出的,我们对乌托邦的想象受限于推动其实现的具体过程的匮乏。① 他提醒我们,乌托邦在每一个阶段都必须挑战现有的权力关系,更富成效的做法是寻找并实施可以鼓励和促进权力关系变革的方法。因此,这个过程要求我们正视工作中的理想主义。但是,与其否定工作中的乐观态度,不如建立一个能实验、拆解甚至重构这些理想的空间,这样可能更有效。换言之,可能更有效的做法是构建达维娜·库珀(Davina Cooper)所称的"日常乌托邦",它既是"思考的出发点,也是思考的对象"②。这些空间提供的不是"静态的完美",而是具体的奋斗行为,这些行动是批判性的、动态的,随着未来的不断重塑而变化。③ 因此,生存可能承担了更重要的角色:它不再只是对中产阶级规范的延续,而是在挑战这些规范的同时,努力维持自身的生存,朝着构建一个更好的世界努

---

① Harvey, *Spaces of Hope*.
② D. Cooper, *Everyday Utopias*, 18.
③ D. Cooper, *Everyday Utopias*, 25.

力。共享办公不乏潜力，但其提供的"喘息"机会——暂时逃离的方式——应被实质性地理解为对抗当代资本主义的一种方法，而非被意识形态的乌托邦主义所笼罩。那么，我们是否可以根据库珀的建议来发展共享办公呢？从这里出发，也许我们能发现一种全新的理解劳动的方式。

结　语
最后的激情

2017年初，新加坡举办了一场教育论坛，讨论了人工智能迅速发展背景下的工作未来及大学角色。这场论坛原本平淡无奇，充斥着老生常谈，告诉年轻人如何在充满剧变的世界适应变革，但因一则关于激情的独特建议而变得不同寻常。本地一所大学的校长在对一群高中生演讲时表示，技术的迅速发展使得未来充满了不确定性，依靠预测市场走向来选择专业已不再可靠。他建议学生不要追求当前市场需求量高的专业，而应"跟随自己的激情去选择专业"，因为激情更能保障未来的就业："去做你喜欢的事情，然后……在新兴经济中寻找有趣的工作机会。"①

斯坦福大学的"斯坦福2025"实验也引用了对激情的坚持，该项目重新构想了一个基于个人目标和激情的高等教育模型。在这个项目中，学生被要求确定他们的使命，

---

① Sin, "Technology Kills Jobs?".

而非选择专业，然后把他们的课程学习和实际经验灵活融合，形成一个六年计划，以实现他们所追求的理想。① 这种教育模型主张，激情能激发创业精神和创新能力，从而激活学生的最佳特质，使他们在职业选择中更成功、创造力更强，并能更灵活地适应变化。这种主张并不新鲜，但斯坦福的努力表明，将激情的自我视为工作主体的未来已逐渐常态化，将吉娜·聂夫所说的"风险劳动"的主体性深深地扩散到社会中，其中，工作的价值不再与工资挂钩，而是等同于风险的内化和对梦想的追求。② 然而，有一点显著不同：虽然风险劳动出于对激情的追求而承担风险，目的是希望能获得回报，但激情主体的冒险选择被描绘为一种抵御市场风险的策略。保守稳妥的做法不仅是一种过时的主观态度，而且反讽的是，采取保守策略的主体在变化的经济环境中反而面临更大的生存风险。

激情不断传播，在传播过程中不断演变，涉及不同的文化与权力动态。最初引起我注意的是"激情"这一概念如何从斯坦福大学传播到新加坡的学校体系，从大学层面延伸至高中；以及它如何从倡导创业精神，逐步转化为强调心理弹性，并最终演变为对抗自动化冲击带来的不确定

---

① Doorley, "Stanford 2025".
② Neff, *Venture Labor*。不出所料，这些人展现的个性与斯坦福大学周边硅谷的创业精神有着高度的相似性。斯坦福大学被形容为硅谷的"奠基者"和"助推器"，是硅谷科技公司的重要孵化器。参见 N. Thompson, "Stanford and Its Startups"。

性的先锋力量。在最后关头,激情被唤醒了。当人们已机敏地追随了市场需求,但通过预测市场不再能确保就业时,真实的自我和最深层的欲望被激发,成为一种应急的安全感的最后保障。经过多种文化的折射之后,激情工作的情感结构仍保持了一种表面的安慰作用,让人们相信不管面对什么情况,在工作中投入激情依然能为生活带来一种虽不完美但积极的体验。①

当开始研究时,我的基本观点是,激情工作是一种被设计来控制工作者的情感、知识和精力的话术。从关于创意工作的学术研究出发,我着手探讨不同职业的人如何被激励追寻自己的激情,以及在这一过程中他们所做的妥协。② 这种动态的主导逻辑被描述为一种权衡:在追求激情的同时,工作者获得了愉悦、希望和自主权;但作为交换,他们需要承受一些剥削性条件:低工资、工作不稳定、长时间劳动、高压力、个人承担重负及"赢家通吃"的市场环境。尽管如此,这样的工作仍具吸引力,因为长期来看,人们认为激情终会带来回报。这一观点暗示,当前的妥协只是让工作者进入终将经济富足的职业生涯的第一步。③

---

① Berlant, *Cruel Optimism*.
② 此类文献包括:Duffy, *(Not) Getting Paid*; Dyer-Witheford and De Peuter, "'ea Spouse'"; Kuehn and Corrigan, "Hope Labor"; McRobbie, *Be Creative*; Ross, *No Collar*。
③ Duffy, *(Not) Getting Paid*.

研究这个话题非常重要，尤其是考虑到"做你热爱的事"这条建议有多么常见。① 然而，这只是关于激情工作更广泛讨论领域中的一个话题。无论工作者是否真的感到激情，"激情"这个词本身就具有实际效用，其一大功能就是简化工作与美好生活之间的联系。其中潜藏的承诺是，激情将带来良好的结果。通过坚持这一基本前提，激情可以在不同的领域间传递，从科技公司的游戏化策略到呼叫中心的工作人员，再到共享办公空间的运营商和自由职业者。在这一过程中，激情在各种形式下展现并逐渐累积。激情承诺的无差别扩散，导致其在不同的文化场域中展现出多样性和复杂性，有时显得模棱两可，有时显得缺乏温度。

因此，许多人对激情本身充满了激情。捍卫激情意味着支持一些积极的事物。在此基础上，挑战激情的观点变得颇为困难。当我批评激情时，我是否在主张工人应该没有激情？正如萨拉·艾哈迈德精辟指出的，"激情的规范性"问题背后藏有一种警告，暗含着破坏愉快氛围的威胁。② 然而，这种对激情批评的抵抗又意味着什么呢？也许并不是人们不相信激情所承诺的美好生活，而是对激情的质疑会让他们感到脆弱。激情是一种充满活力的力量，

---

① Tokumitsu, *Do What You Love*.
② Ahmed, *Promise of Happiness*.

能推动人们沿着由模糊的承诺松散拼接而成的轨道前进。挑战激情意味着要重新审视由激情定义的人生轨迹：如果追求激情并非我应该做的，我又该何去何从呢？不愿意质疑激情并非总是因为投入得太多，有时也是出于绝望。激情在最后时刻到来。我们坚守激情，是因为我们不清楚还能依赖什么。

从这个角度看，无激情并不能成为激情的一个有效替代方案。无激情的工作同样无法保证不会有剥削性，甚至无激情工作模式——以福特主义的稳定工资与官僚体制为特征——往往仅面向受重视的中产阶级白人男性。① 更为关键的是，反激情的观点容易被激情的论调覆盖。② 以下说法我们已经不是第一次听到了：激情有可能使你被利用，但没有激情你又难以感受到幸福，所以，试着在生活中找到一些激情，以重新点燃你对生活的热情；人们可能会试图利用你的激情，但没有激情你可能难以找到工作，因此，找到能支撑你的激情；单纯追随激情可能显得幼稚，因此应致力于你擅长的领域，因为你更可能对得到认可的事情产生激情。从这个角度出发，利用无激情来对抗激情，可以让激情作为一种安慰剂重新进入我们的生

---

① Lorey, *State of Insecurity*.
② 例如，参见 Jachimowicz and McNerney, "Problem with Following Your Passion"; Lam, "Why 'Do What You Love' Is Pernicious"; Newport, *So Good*; Tokumitsu, "In the Name of Love"。

活——要持怀疑态度,但不要过度。

苦难与激情

激情的不可或缺让我们进一步理解了马克思所说的异化。在马克思的早期手稿中,他把激情看作人类意识的一种特殊形式,是人类表达自己作为一个物种存在的驱动力。根据黑格尔的理论,马克思指出,人类作为感性和世俗的生物,必须与环境互动以维持生存(如进食、饮水、呼吸、寻求庇护),并在物质世界中留下痕迹以表达自我:"所谓人是一个有血有肉、活生生的、现实的、感官性的客观存在,拥有自然的力量,这意味着他必须通过感知到的现实事物来实现其存在,并以此表达自己的生命力。"① 对马克思而言,这种深刻的联系导致了人类的苦难,因为它使人类容易受到他人行为的影响与干扰。被卷入自然和社会世界意味着处于一种非主权状态。感官知觉让人类意识到外部事物对自己的影响,这可能使生存变得不适,甚至难以忍受。

然而,受影响的能力同时也驱动人类去施加影响,通过劳动和塑造生活中的事物,从而实质性地改变世界。马克思写道:"人作为具有客观实体和感官知觉的存在,因

---

① Marx, "Economic and Philosophical Manuscripts", 82.

此饱受痛苦。由于人可以感知自己的苦难，他便成了一个充满激情（leidenschaftliches）的生命体。激情是人的机能热切追求其目标的体现。"① 在这一概念中，苦难与激情之间存在着密切的关系。苦难不仅仅是被动的状态，它也激发了施加影响、与世界互动的激情。

因此，对苦难的意识绝非微不足道：对苦难的感知——不仅仅是感受到痛苦，而且要理解造成痛苦的原因——是指导激情强度和方向的关键。艾哈迈德指出，马克思的这些论述表明，异化不仅涉及劳动过程，还包括一种"感受结构"（feeling-structure），即"一种塑造工人如何体验工作的痛苦形式"②。这种"感受结构"的异化包含了一种虚假意识状态，使社会领域的利益被掩盖。主体在经验上能感受到痛苦，却"进行了错误的归因，这种误解反而让真实的原因继续'制造'痛苦"③。虽然明确痛苦的原因并不总是能激发革命行动，但错误的归因却阻断了解决问题的途径。当主体经历痛苦却未能准确地追溯其原因时，激情便会受到阻碍。

有两点需要注意。首先，马克思关于激情的论断与对激情工作的传统批评相呼应。其论断中的核心观点是，激情本应被引向能带来期望中的变革的其他方向，却被错误

---

① Marx, "Economic and Philosophical Manuscripts", 104-105.
② Ahmed, *Promise of Happiness*, 167.
③ Ahmed, *Promise of Happiness*, 168.

地投入工作中。这种误导可视为一种虚假意识的表现,是感受结构的异化,使伤害变得难以识别。问题不在于激情本身,而在于激情与"工作"这一残酷乐观主义对象的紧密联系。在一定程度上,这种解释是正确的。正如我在第一章中提到的,激情工作的政治性在于其转换的特性。作为一种情感结构,激情工作的突出地位构成了一种意识形态项目,这种项目被视为工人自发的需求。要抵制激情的意识形态,我们需要挑战与乐观主义的关系,并审视涉入其中的妥协,只有这样才能清楚地揭示出这种情感依附背后的社会利益。

在第二章中,我讨论了为何冷漠使对失业适应的干预合法化,使失业成为一个不良适应的领域,并让尝试摆脱工资必要性的生活实验显得具有敌意。情感依附的场所并不平坦,其挑战不仅仅源于想象力的限制,有些场所被有意设计成难以想象、难以居住和难以为继的状态。从这个角度看,所谓的"激情工作"转向恢复力,其实是一种更强烈的尝试,目的是让工作成为生存的主要决定因素,同时压缩了那些超越工作或不依赖工作的未来可能性。为了应对这种情况,我们必须采取生物政治的行动,抵抗那些让不同的生活方式变得无法维持的制度安排。

其次,将激情视为一种情感结构,有助于我们理解激情的存在早于主体的形成。激情主体的异化并不是在他们受到激情影响并追随激情的那一刻发生的,而是在他们进入一个以特定方式解读苦难和激情的世界时产生的。在某些层面，这显而易见。无论过去还是现在，激情始终是某种特定的解读。从亚里士多德的伦理学把"被动的激情"（passio）视为扰乱理智的痛苦，到现代把"激情"（passion）内化为一种"情感"，甚至浪漫主义者认为激情是神圣的灵感来源，需要保护它以防被冷漠的理性压制，对激情的解读一直在影响着我们理解和处理"苦难"的方式。然而，今天我们对激情的理解通常忽视了这些多样性。

我们应该意识到，这种解读的差异性可以引导我们质疑如今对激情的普遍看法，即认为我们必须全心投入某事，拥有并积极表达自己的激情。如果"激情"的含义在历史上并非始终一致，那么我们可以进一步探讨：如何调整它的运用，以更好地适应当下的政治环境？对激情的批判性研究为此提供了一个契机：它为扩展"受影响"以及"施加影响"的内涵提供了新视角。

后工作时代的想象

激情工作的叙事与当前历史阶段的多重危机紧密相关：连续性失业、持续不稳定、不平等、停滞不前，以及阶级滑落带来的焦虑——这些问题已成为全球性的、情感上真实存在的显著问题。因此，激情不再仅仅局限于劳动力的生产和攫取，如今它常被视为一种修复被资本损害的主体的方式。激情逐渐取代了那些原本旨在保障公民福祉的社会机构的作用。作为贯穿日常生活的话语体系,激情工作使得在资源和支持匮乏的条件下,维持生活的韧性和日常运转成为可能。对冷漠、暂停和孤独的分析揭示了这一转变。通过这些分析,我们看到激情不仅在剥削工人的劳动力,还在推动形成新的恢复空间。治疗与控制,享受与剥削,恢复、再连接以及重新融入劳动循环——这些都被捆绑在激情工作的叙事中,并承载着对一种妥协后的美好生活的承诺。①

激情工作的话语具有隐蔽性,因为社会再生产是孕育政治可能性的关键场域。恢复过程提供了一种可能性,使得在维持生存的过程中,人们能保持差异性。然而,激情工作则通过治疗将这种差异性的潜力重新引导回与工作相关的意识形态。工作被塑造成一个恢复的空间,但其目的是让个体承受更多的工作量,并在此过程中不显露出任何受伤的迹象。回顾马克思的观点,对苦难的感知是引导激情强度的关键。只有人们意识到伤害的根源,才能通过劳动创造出一个更适合人类生存的物质世界。当我们被要求对那些可能造成伤害的事物保持激情时,诊断问题的机会就被压抑了。更糟的是,激情工作甚至可能让诊断失去意义:它可能促使人们默许这些问题,即便我们已经意识到

---

① Terranova, "Free Labor".

其带来的伤害,却仍难以找到有效的解决方案。因此,抵抗激情工作的情感结构需要付出努力,去挑战那些让非主流生活方式难以维持、难以实践的体制。

疫情揭示了激情工作中隐含的暴力。例如,亚马逊的仓库和配送工人在疫情期间继续工作,成为城市封锁期间的必要劳动力,公众纷纷表达感谢。然而,这些感谢信息掩盖了公司拒绝为供应链底层的物流工人提供合理生活工资。① 亚马逊仓库的工人曾抗议公司取消疫情期间的"危险"或"英雄"补贴——这些是他们在疫情中工作的额外时薪补助——同时,公司被指控为了应对线上购物的激增,不顾工人的安全,将更多失业且走投无路的工人塞进通风不良的仓库。② 在这种情况下,疫情甚至被用作暴力工具。例如,在阿拉巴马州的一个仓库工会化投票中,亚马逊试图强制进行现场投票,以减少实际到场投票的人数。③

当然,这些矛盾的"英雄赞誉"信息中的伪善并非亚马逊独有,其他大型企业的工人也面临着类似的困境。④ 因此,作为一种结构性趋势,这些事件揭示了一个更深刻的问题。我们被引导去关注工人的英勇无私,而忽

---

① M. Smith, "Amazon Retaliation".
② Bellafante, "'We Didn't Sign Up for This'".
③ Bensinger, "Don't Look Away".
④ Pan, "Our Summer of Financial Ruin".

视了那些迫使工作成为无奈选择的条件。在工作环境十分恶劣甚至生死攸关的情况下,工作却被赋予了道德光辉。在这种工人主义社会体系中,依赖就业的医疗保险制度和极度简化的带薪休假政策,反映出一个扭曲的现实:对许多人而言,失业的痛苦与风险甚至超过了感染新冠病毒的恐惧。这种风险往往被转嫁到那些最不被重视的群体——他们被称为"不可或缺"的工人,却同时又是最容易被替代的人群。多数情况下,这些工人是服刑人员、工人阶级、黑人和拉美裔人群,展示了生命政治在实践中的最原始形态。正如美国国家健康统计中心指出的,2020年黑人和拉丁裔人口的预期寿命出现了数十年来的最大降幅。黑人群体的平均预期寿命下降了2.7岁,降至72岁,几乎抹去了近20年的进步。[1] 虽然这些数字受到了新冠病毒死亡率的影响,但也与这一时期自杀和药物过量致死的增加有关——这些"绝望死"(deaths of despair)反映的是结构性忽视的恶果。[2]

因此,我们看到英雄主义和忍耐——通常被视为激情工作的象征——背后的逻辑可能极其残酷,通过将伤害转化为爱国主义的象征,以维持无法持续且不人道的工作条件。这里的工作被塑造成一种情感化的公民身份,意在让

---

[1] Arias, Tejada-Vera, and Ahmad, *Provisional Life Expectancy Estimates*.
[2] Szalavitz, "Pain and Isolation".

每个人都与工人"团结一致"。如果工人拒绝工作或未对这种感激之情表现出相应的感恩,他们就可能被反过来指责为不爱国或不值得怜悯。恢复与暴力在这个循环中交织,而激情工作充当了一种情感结构,使得本应用于疗愈的投入反而造成了更多伤害。因此,激情工作可被理解为詹姆斯·泰纳(James Tyner)所称的"死亡资本主义"(necrocapitalism)的一种工具,即从那些被认为最易被抛弃和替代的劳动者身体的过早死亡中榨取价值的一种方式:"资本主义看重那些既被视为有生产力(如能创造财富)又被赋予责任感的身体,这里的'责任感'被定义为能完全参与到资本主义体系中,既作为生产者又作为消费者,同时又不会给系统带来净亏损。那些基于经济生物学算法被视为无生产力或多余的个体,面临着异常的脆弱性,他们的生命权逐渐被剥夺,直至过早死亡。这种死亡风险的不平等暴露了一个现象:通过他们的自愿同意,资本能从这些最易被抛弃的身体中最大化地榨取价值。"[1]

激情工作的情感结构在塑造对劳动的强制性依附方面发挥了重要作用,使得工作成为生存的必要条件。在危机时期,激情工作不仅缩小了我们的选择范围,还将人类生活合理化为一个实验场所。比如,对群体免疫的鲁莽呼吁,展现了如何将对工作的依附与拯救"经济"的抽象诉

---

[1] Tyner, *Dead Labor*, xiii.

求相结合，进而冒全球公民的生命风险，淡化病毒的威胁，以维持表面上"正常"的工作生活。在这个例子中，过度依赖工作最终为过早死亡提供了合理化的依据。

要挑战这一观点，需要尝试不同的社会再生产关系，特别是那些不将生存和认同局限于工作的模式。激情工作或许被认为是20世纪最成功的项目之一（见第一章），但我们对它的依附不必一成不变。随着人们对工作的态度逐渐转变，这种依附关系显得尤为脆弱，实际上，将工作视为希望的源泉可能比放弃这种依附需要更多精力。然而，鉴于这种依附有其历史唯物主义的基础，挑战它需要我们关注生存是如何通过就业过程被编码到工作中的（详见第二章关于社会失业保险的部分）。

弗朗科·贝拉尔迪在他的后工作宣言中明确指出，必须重新思考社会再生产的过程，即如何在不以工资为目的的劳动环境中找到关爱、关注和社区，并创造适宜居住和促进繁荣的条件。他写道："在未来，政治与治疗将融为一体。我们的文化使命是照顾这些人，处理他们的心理创伤，指导他们追求眼前的幸福适应。"① 贝拉尔迪为我们指出了一个方向，但正如本书所探讨的，治疗实际上是一个斗争的场域。我们必须继续努力，在物质和文化层面将生存与工资和社会地位脱钩。考虑到生态危机、自动化带来

---

① Berardi, *Soul at Work*, 219.

的职位流失以及疫情引发的广泛混乱，这一推动变得尤为紧迫。① 在当下的工人主义环境中，摆脱资本主义的常规生活模式，可能是我们能做的最具创新性和颠覆性的举动。

被动式激情

在推动变革的过程中，斗争是必需的，我们应意识到，斗争可以通过不同的情感途径来展开。激情的核心是一种必然性假设——我们必须对某些事物充满激情，才能使生活变得有意义和幸福。从这个角度来看，我们越是绝望，保持激情的要求反而会变得越发强烈。可以参考寺田玲对玛莎·班塔（Martha Banta）在《现代语言学协会会刊》（PMLA）中关于人文学科危机论点的批评。② 班塔在一篇专栏文章中表达了对人文学科的担忧，认为其日益被要求符合新自由主义的规范，并通过诸如"基于系统性能的评估""成本收益分析"和"及时的盈亏计算"等工具性指标来证明其价值。③

这种担忧在该领域并不罕见，但正如寺田指出的，问题出在班塔将"激情"——从阅读、写作和理论思考中获得的"智慧之乐"——当作一种补偿。激情在最后被描述

---

① Raventós and Wark, *Against Charity*; Weeks, *Problem with Work*.
② Terada, "Passion and Mental Work".
③ Banta, "Mental Work, Metal Work", 205.

为绝望时的妥协,而一旦成为妥协,对其存在的要求反而可能愈发严苛。随着论述接近尾声,班塔的语气也发生了转变。激情不仅仅是为忍受新自由主义提供的安慰剂,它甚至成了一种必需品:"快乐:你还记得那种感觉吗?如果你不记得了,试着去找回它。如果你从未体验过它,那说明你不适合这行。"① 激情因此从一种妥协转变为一种硬性要求。当其他奖励缺席时,人如何在没有激情的情况下忍耐?在没有激情的情况下,人为什么还要选择忍耐?激情带来的绝望常常转化为忍耐,成为一种呼唤:让人坚持既定的道路,承受更多压力,继续前行,即便是在不得不向现实妥协的情况下。这种论点因其拒绝后悔而格外引人注目。在班塔看来,对激情的呼唤,正是为了给继续坚守人文学科的选择赋予理性的依据。我猜想,许多读者对这种呼吁激情的做法并不陌生。学术界的性质使得这种鼓励激情的现象尤为常见,尤其是在个体在面对高强度工作或制度与结构性障碍时。

然而,拒绝后悔的代价是什么呢?在这个问题上,布莱恩·普赖斯(Brian Price)的道德哲学为我们提供了启发。普赖斯解释道,后悔通常是一种用来表达因做出效益较差的选择而产生愤慨的情感。② 这种情感通常出现在人

---

① Banta, "Mental Work, Metal Work", 206.
② Price, *Theory of Regret*.

们做出导致不良结果的选择之后,并伴随着一种假设:如果当初选择了另一种方案,结果可能会更好。后悔的产生基于选择,揭示了它与个人意志之间的关联。只有在这个人本可以选择另一条道路时,他才会对某个选择感到后悔;如果一个选择并非自愿,无论结果多么糟糕,至少在意义层面,它都不应引发后悔。

正是在这一背景下,后悔的政治价值得以展现。后悔在政治上之所以有效,是因为它能促使我们反思自身的感知习惯——迫使我们意识到,一个糟糕的结果原本可能会有不同的结局。然而,即便在做出糟糕的选择时,我们也常常倾向于让自己无法感到后悔。普赖斯用一个例子来说明这一点:一栋房子在一座长期休眠的火山爆发后被烧毁。如果我们在获取了所有可能的信息后依然购买了这栋房子,那么就不可能对这个决定感到后悔:"这种非自愿的关系看起来像是一种必然的状态,就像无论我们多少次尝试将石子向上扔,它最终都会落地一样。"① 由于火山的活动超出了我们的控制和预测范围,因此我们无法采取任何有意识的行动。我们或许会希望当初没有买这栋房子,但无法真正感到后悔,因为我们是在掌握了所有信息的情况下作出的决定。

然而,事情的真相往往比最初看起来更为复杂。我们

---

① Price, *Theory of Regret*, 38.

的感知习惯促使我们以符合自身欲望的方式来看待事物，或者更准确地说，是符合我们被塑造出的欲望。普赖斯写道，"物体的恒定性"——如漂亮的房子或休眠的火山——创造了一种情境，协调了房地产经纪人（希望出售）和买方（渴望完美家园）之间的利益竞争。我们的欲望被投射到这些物体上，使我们倾向于将其视为"事物本来的面貌"，似乎一切都是命运的必然结果，而忽略了它们实际上是被人为塑造的。因此，我们失去了学习那些可能被忽略、错过，甚至被刻意隐瞒的信息的机会，而这些信息本可能促使我们做出不同的决定。[感知习惯使我们的选择变得非自愿，而不是完全无意识的，就好像我们从未真正拥有选择权，而是被无法察觉的影响引导着走向某个决定。]普赖斯提出："如果我们能打破那些由他人出于欺骗目的反复施加的符号所赋予的感知习惯，那么许多所谓的'非自愿关系'将被揭露为真正的误导和掩饰，而非我们愚蠢的证明。"① 承认愚蠢或许令人刺痛，但这种承认也为我们理解如何做出更好的选择提供了可能性。

激情可能正是导致我们决策非自愿的因素之一。请注意激情的内在逻辑如何使我们难以以其他方式行事：因为激情被认为源自我们的真实自我，当我们依循激情行动时，实际上是在履行我们的"意愿"。于是，意愿和激情几

---

① Price, *Theory of Regret*, 50.

乎等同，仿佛一旦选择了与激情不同的道路，便必然伴随不快乐甚至悔恨，因为只要未依从心之所向，我们便会感到不快乐。预见违背激情可能带来的遗憾，反而使得我们的选择几乎不会引发后悔。追求所爱之物似乎成了通往美好生活的唯一选择，即使我们因此做出了妥协，也依然会坚信这一选择是正确的。因此，激情最终变得持久——成为我们坚持走在既定道路上的理由。

想要挑战这一理念，我们该从何处入手呢？反思遗憾给我们带来的启发是，激情首先需要与个人意志拉开距离。我建议从重新审视拉丁文中 passio 一词的复杂性入手。与激情不同，passio（被动的激情）一词假定情感和欲望是外在的力量，而非内在的动力。这些力量作用于个体，而非源自个体的真实本质。[①] 我并不打算通过外部来证明内在的正确性，也不是要将理性置于情感之上，而是借助 passio 的概念，揭示社会力量与欲望、个体与集体之间的关系。将激情从被视为天生的、个体化的生物本能中解放出来，使我们有可能理解激情如何被外部力量影响和塑造。将激情外化，提供了一个与激情本身乃至激情的缺失抗争的空间，使人能在不感到否认自我真实部分的情况下放弃自己的欲望。我们可以看到，外部因素如何被误认为

[①] Brennan, *Transmission of Affect*; Susan James, *Passion and Action*; Rorty, "From Passions to Emotions".

内在欲望,这也表明自我比我们通常所认为的更具可变性和可塑性。

从这个角度看,我认为被动式激情是一种喘息的机会,是在激情所施加的规范性压力下,找到解脱空间的一种非评判性姿态。在《转移视线》(*Looking Away*)一书中,寺田阐述了一种通过关注不稳定性和模糊性来获得解脱的观看方式。她认为,世界是事实与价值的混合体,人们通常不得不按照既定规范来评判眼前的事物。例如,我们之所以认为紫罗兰是美丽的象征,是因为它色彩鲜艳。寺田提出,"转移视线"是一种"认知疗法",为我们提供了重新审视世界的机会:通过仅仅欣赏紫罗兰的色彩,而不急于将其归类为美丽,我们可以保留评判的主动权,避免陷入自动化的认知模式。"这里并不是在追求一种新的规范,而是想从精心安排的认同中暂时解脱。"寺田写道。① 我们可以从中得到启示,激情并非一定要被反对,就像亚里士多德的观点所暗示的那样。相比之下,将被动式激情归入有趣(interesting)的审美范畴可能更恰当,即一种无须伴随规范性评价的关注。② "有趣的激情"是一种我们可以在无须承担承诺的情况下进行观察的情感。它们能在不陷入犬儒主义的情况下激发我们的好奇心和探索

---

① Terada, *Looking Away*, 32.
② Ngai, *Our Aesthetic Categories*.

欲，为我们提供空间去评估并摆脱外界认同的压力。

这样理解激情，有助于我们将其看作一种社会力量。在第四章中，我提出了一种对激情的理解，将其视为一种合作——由人类和非人类行为者组成的网络共同构建的结果。在这种理解中，激情表现为自我与外部世界的一种协调，这种协调使个人能更容易地表达内心的情感。然而，我们不必将激情完全视为内在的东西。就像"被动的激情"一词所体现的痛苦，激情也可以象征一种存在于社会场域中的力量。这些力量通过身体和物体传导，而我们可以选择与之结盟并加以扩展，或是抑制和削弱这些力量。以非主权的视角解读激情，要求我们修习罗安清（Anna Lowenhaupt Tsing）所称的"觉察的艺术"（arts of noticing），即在关系世界中调适自我，洞悉自身投入选择所激起的回响。① 通过这种方式，我们可以更敏锐地发现新的机会和连接，也能理解我们的投入如何重塑我们对世界的认知："人与人的相遇会沾染并改变我们，在我们为他人让路时，我们自身亦随之转变。这种相遇的沾染改变了我们构建世界的方式，共同的世界——和新的发展方向——便可能浮现。"② 这种对激情的理解为我们提供了一种不同的实践路径。我们的选择不再是为了将世界改造成某种固定模

---

① Tsing, *Mushroom*, 17.
② Tsing, *Mushroom*, 27.

式或获取安全感。相反,它们源于对更广阔、更具创造性的生活方式的渴望,以及对社会世界中相互依存关系的承诺。

对非主权激情的渴望,或许源于暂停状态中的矛盾体验。在《人群与政党》(*Crowds and Party*)一书中,乔迪·迪恩(Jodi Dean)通过探讨社交媒体的广泛使用,揭示了暂停状态所蕴含的政治潜力。迪恩引用但反转了雪莉·特克尔(Sherry Turkle)的观点。特克尔认为,人们对社交媒体的强迫性使用表明,他们沉迷于"流动"中的自我意识暂停状态。对此,迪恩提出了不同的诠释。在迪恩看来,社交媒体的强迫性使用反映了更深层次的东西:对更具充实感的集体性的追求,这种集体性无法通过主流文化中的社交理念来实现。"我们或许开始偏爱群体,群体的存在让我们能向集体性敞开自己,并缓解焦虑。相较之下,一对一的对话可能让人感到局限,因为它将我们重新限定在个体的框架内。……而特克尔所认为的那种对自我意识构成威胁的流动体验,也可以被理解为打破了个体作为行动主体的幻觉(即个体不是封闭的和限制性的),从而将自我交付群体。"[1]

迪恩的洞见是,暂停状态可能不仅仅是逃避行为。即便有些人确实通过社交媒体来逃离日常的平凡,但这种渴

---

[1] Dean, *Crowds and Party*, 43-44.

望也不应被简单地归结为沉迷现象。相反，暂停的吸引力来自它所提供的美学体验——一次对积极集体情感的感知机会。在对"被寄予希望的暂停"（第三章）的讨论中，我描述了监视行业如何通过家长式的、有权力支配的暂停状态，提供一种所谓的"危险的希望"。迪恩的论点让我们意识到，我们需要的可能并不是传统意义上的"希望"，而是一种潜力的感知，一种可以通过多种形式展现出来的差异感。

将激情从内在转向外在，有助于我们摆脱以自我为中心的世界观，为建立更加多元化、更具合作性的依附创造空间。正如朱迪斯·巴特勒（Judith Butler）在关于非暴力的著作中所解释的，将身体视为"通道和渗透的场所，是对他者开放的证据"，有助于重新定义平等的概念。① 我们不再只关注各自分离的个体身体，试图在这种框架下理解平等对待，而是关注维持身体之间关系的条件，理解我们的世界以一种根本性的社会相互依存为特征。巴特勒继续指出："只有在一个物质资源、食品分配、住房、工作和基础设施都力求实现生活条件平等的社会组织中，才可能实现真正的平等待遇。"② 将激情视为一种社会力量，使我们关注到那些构成所有生命在生物圈中生存

---

① J. Butler, *Force of Nonviolence*, 16.
② J. Butler, *Force of Nonviolence*, 17.

基础的纽带。

被动式激情为我们提供了一个空间，使我们可以更专注于那些构成生存条件的力量。由于被动式激情本质上是外在的且集体性的，它还鼓励我们以一种更具暂时性且自我反思的方式来重新审视我们与这些力量的依附关系。被动式激情是一种旨在传承的力量，作为集体遗产，它具有重要的意义，可以被接受、放弃、传递给他人，甚至可能在未来再次被拾起。它提醒我们团结的重要性，以及在面对阻力并维护这种团结时所蕴含的政治力量。被动式激情虽然可能带有潜在的暴力风险，但它推动了一种不同的关系伦理：更多地倾向于伸出援手，而非仅仅关注防御、安保和自我保护。

对于激情的这种探讨，超出了我目前的阐述。未来的研究可以进一步探讨和反思多种投入方式，这些方式可能会挑战和动摇当前关于激情工作的主导观念。我唯一想提醒的是，我们必须有意愿去接受激情中的矛盾，甚至愿意接受与挣扎本身的抗争；同时，也应为激情的缺失预留空间，这样一来，绝望就不会迫使我们去执着于追求所谓能满足内在需求的"真实自我"。这种态度或许并非革命性的，甚至可能不以革命为目标。然而，在一个激情被视为美好生活必需品的时代，坦然承认激情的缺失，本身便是一种释放与解脱。

参考文献

Acuff, Jon. *Do Over: Rescue Monday, Reinvent Your Work and Never Get Stuck*. New York: Portfolio/Penguin, 2015.

Acuff, Jon. *Quitter: Closing the Gap between Your Day Job and Your Dream Job*. Brentwood, TN: Lampo, 2011.

Agamben, Giorgio. *Remnants of Auschwitz: The Witness and the Archive*. Translated by Daniel Heller-Roazen. New York: Zone, 1999.

Ahmed, Sara. *The Cultural Politics of Emotion*. London: Routledge, 2004.

Ahmed, Sara. *Living a Feminist Life*. Durham, NC: Duke University Press, 2016.

Ahmed, Sara. *The Promise of Happiness*. Durham, NC: Duke University Press, 2010.

Ahmed, Sara. "Selfcare as Warfare." *Feministkilljoys* (blog), August 25, 2014. https://feministkilljoys.com/2014/08/25/selfcare-as-warfare/.

Ahmed, Sara. *What's the Use? On the Uses of Use*. Durham, NC: Duke University Press, 2019.

Ahmed, Sara. *Willful Subjects*. Durham, NC: Duke University Press, 2014.

Alberti, Fay Bound. *A Biography of Loneliness: The History of an*

Emotion. Oxford: Oxford University Press, 2019.

Allan, Kori. "Volunteering as Hope Labour: The Potential Value of Unpaid Work Experience for the Un-and Under-Employed." *Culture, Theory and Critique* 60, no. 1 (January 2019): 66–83.

Andrejevic, Mark, John Banks, John Edward Campbell, Nick Couldry, Adam Fish, Alison Hearn, and Laurie Ouellette. "Participations Part 2: Labor." *International Journal of Communication* 8 (March 2014): 1089–1106.

Arendt, Hannah. *The Human Condition*. Chicago: University of Chicago Press, 1998.

Arendt, Hannah. *The Origins of Totalitarianism*. San Diego, CA: Harvest, 1979.

Argyris, Chris. *Personality and Organization: The Conflict between System and the Individual*. New York: Harper, 1957.

Arias, Elizabeth, Betzaida Tejada-Vera, and Farida Ahmad. *Provisional Life Expectancy Estimates for January through June, 2020*. cdc Vital Statistics Rapid Release, February 2021. https://www.cdc.gov/nchs/data/vsrr/VSRR10-508.pdf.

Aronczyk, Melissa. "Confidence Game: Marketing Well-Being in Economic Surveys." *European Journal of Cultural Studies* 17, no. 3 (June 2014): 244–57.

Arvidsson, Adam. *Brands: Meaning and Value in Media Culture*. London: Routledge, 2006.

Ashton, Daniel. "Upgrading the Self: Technology and the Self in the Digital Games Perpetual Innovation Economy." *Convergence* 17, no. 3 (August 2011): 307–21.

Averill, James R. "Inner Feelings, Works of the Flesh, the Beast Within, Diseases of the Mind, Driving Force, and Putting on a Show: Six Metaphors of Emotion and Their Theoretical Extension." In *Metaphors in the History of Psychology*, edited by David E. Leary, 104–32. Cambridge, UK: Cambridge University Press, 1990.

Bacevice, Peter. "Why Coworking Is Hot." *Money*, November 19, 2014. https://money.com/coworking-why-it-works/.

Bacigalupe, Gonzalo. "Is Positive Psychology Only White Psychology?" *American Psychologist* 56, no. 1 (January 2001): 82–83.

Bacigalupo, Tony, and Ashley Proctor. "Community." Unrecorded session (April 15, 2019) at the 2019 Global Coworking Unconference Conference (gcuc), Denver, CO, April 15–18, 2019.

Badgeville. "Badgeville for Salesforce Demo." Video, 3:43. Accessed December 13, 2015. https://www.youtube.com/watch?=YajwynaGCQE. Video no longer available; copy in the collection of author.

Badgeville. "Visualize the Future of Work." Accessed January 14, 2016. https://web.archive.org/web/20160111043057/https://badgeville.com/.

Badge Wiki. "A Guide to Writing Open Badge Metadata." Last edited March 1, 2019. https://badge.wiki/wiki/A_Guide_to_Writing_Open_Badge_Metadata.

Baily, Martin Neil. "Some Aspects of Optimal Unemployment Insurance." *Journal of Public Economics* 10, no. 3 (1978): 379–402.

Bakker, Isabella, and Stephen Gill. "Ontology, Method, and Hypotheses." In *Power, Production and Social Reproduction: Human In/security in the Global Political Economy*, edited by Isabella Bakker and Stephen Gill, 17–41. New York: Palgrave Macmillan, 2003.

Banta, Martha. "Mental Work, Metal Work." pmla 113, no. 2 (March 1998): 199–211.

Barnichon, Regis, and Yanos Zylberberg. "Underemployment and the Trickle-Down of Unemployment." *American Economic Journal: Macroeconomics* 11, no. 2 (April 2019): 40–78.

Barry, Colleen. "Former Surgeon General Vivek Murthy and Colleen Barry on Loneliness and Health." *Hopkins Bloomberg Public Health Magazine*, February 17, 2020. https://magazine.jhsph.edu/2020/former-surgeon-general-vivek-murthy-and-colleen-barry-loneliness-and-health.

Battelle, John. "Scaling through Culture: WeWork and Blue Bottle (vs. Regus and Starbucks)." *John Battelle's Searchblog*, June 17, 2015. http://battellemedia.com/archives/2015/06/scaling-through-culture-wework-and-blue-bottle-vs-regus-and-starbucks.php.

Baudrillard, Jean. "The Masses: The Implosion of the Social in the Media." *New Literary History* 16, no. 3 (1985): 577–89.

Baur, Jean. *Eliminated! Now What?* Indianapolis: Jist Works, 2011.

Becker, Gary S. *Human Capital: A Theoretical and Empirical Analysis, with Special Reference to Education*. Chicago: University of Chicago Press, 2009.

Beckman, R. O. *How to Train Supervisors: Manual and Outlines for Determinate Discussion*. New York: Harper, 1944.

Bellafante, Ginia. "'We Didn't Sign Up for This': Amazon Workers on the Front Lines." *New York Times*, February 18, 2021. https://www.nytimes.com/2020/04/03/nyregion/coronavirus-nyc-chris-smalls-amazon.html.

Bendix, Reinhard. *Work and Authority in Industry: Managerial Ideologies in the Course of Industrialization*. New Brunswick, NJ: Transaction, 2001.

Bensinger, Greg. "Don't Look Away from Amazon Workers' Latest Union Drive." *New York Times*, February 17, 2021. https://www.nytimes.com/2021/02/17/opinion/amazon-workers-union.html.

Berardi, Franco "Bifo." *The Soul at Work: From Alienation to Autonomy*. Translated by Francesca Cadel and Giuseppina Mecchia. Los Angeles: Semiotext, 2009.

Berglund, Karin. "Fighting against All Odds: Entrepreneurship Education as Employability Training." *Ephemera: Theory and Politics in Organization* 13, no. 4 (2013): 717-35. http://www.ephemerajournal.org/contribution/fighting-against-all-odds-entrepren-eurship-education-employability-training.

Berlant, Lauren, ed. *Compassion: The Culture and Politics of an Emotion*. New York: Routledge, 2004.

Berlant, Lauren. *Cruel Optimism*. Durham, NC: Duke University Press, 2011.

Beshara, Tony. *The Job Search Solution: The Ultimate System for Finding a Great Job Now!* New York: amacom, 2012.

Binkley, Sam. *Happiness as Enterprise: An Essay on Neoliberal Life*. Albany: State University of New York Press, 2014.

Birnstengel, Grace. "Two Years after Hiring a Minister of Loneliness, People in the U.K. Are Still Lonely." MarketWatch, January 29, 2020. https://www.marketwatch.com/story/two-years-after-hiring-a-minister-of-loneliness-people-in-the-uk-are-still-lonely-2020-01-29.

Bloom, Peter. "Fight for Your Alienation: The Fantasy of Employability and the Ironic Struggle for Self-Exploitation." *Ephemera: Theory and Politics in Organization* 13, no. 4 (2013): 785-807.

Bogost, Ian. "Gamification Is Bullshit." August 8, 2011. http://bogost.com/writing/blog/gamification is bullshit/.

Bolles, Richard N. *What Color Is Your Parachute? A Practical Manual for Job-Hunters and Career-Changers*. New York: Ten Speed, 1983.

Bolles, Richard N. *What Color Is Your Parachute? A Practical Manual for Job-Hunters and Career-Changers*. 1987 ed. New York: Ten Speed, 1987.

Bolles, Richard N. *What Color Is Your Parachute? A Practical Manual for Job-Hunters and Career-Changers*. 2013 ed. New York: Ten

Speed, 2012.

Bolles, Richard N. *What Color Is Your Parachute? A Practical Manual for Job-Hunters and Career-Changers*. 2020 ed. New York: Ten Speed, 2019.

Boltanski, Luc, and Eve Chiapello. *The New Spirit of Capitalism*. Translated by Gregory Elliott. London: Verso, 2005.

Botsman, Rachel, and Roo Rogers. *What's Mine Is Yours: The Rise of Collaborative Consumption*. New York: HarperCollins, 2010.

Boyer, Bryan. "The Leading Edge: Independents Are an Early Warning System for the Economy." Dash Marshall/Civic Futures, July 15, 2014. https://medium.com/@bryan/the-leading-edge-81485feb3ef0.

Braverman, Harry. *Labor and Monopoly Capital: The Degradation of Work in the Twentieth Century*. New York: Monthly Review, 1998.

Breitbarth, Wayne. *The Power Formula for LinkedIn Success: Kick-Start Your Business, Brand, and Job Search*. Austin, TX: Greenleaf, 2011.

Brennan, Teresa. *The Transmission of Affect*. Ithaca, NY: Cornell University Press, 2004.

Brownlee, John. "An Office the Size of a City: Googleplex Designer's Latest Zany Idea." *Fast Company*, December 11, 2015. http://www.fastcodesign.com/3054263/the-googleplex-designers-latest-idea-an-office-that-never-ends.

Bucher, Eliane, and Christian Fieseler. "The Flow of Digital Labor." *New Media and Society* 19, no. 11 (November 2017): 1868–86.

Bunchball. "Introducing Nitro 5.0 from Bunchball." March 23, 2013. Video, 2:13. https://www.youtube.com/watch?v=BD6z1RwNgSM.

Burawoy, Michael. *Manufacturing Consent: Changes in the Labor Process under Monopoly Capitalism*. Chicago: University of Chicago Press, 1982.

Burchell, Brendan. "The Effects of Labor Market Position, Job Security, and Unemployment on Psychological Health." In *Social Change and the Experience of Unemployment*, edited by Duncan Gallie, Catherine Marsh, and Carolyn Vogler, 188 – 212. Oxford: Oxford University Press, 1994.

Burjek, Andie. "Re-Engaging with William Kahn 25 Years after He Coined Term Employee Engagement." *Workforce*, December 14, 2015. https://www.workforce.com/2015/12/14/re-engaging-with-william-kahn-25-years-after-he-coined-term-employee-engagement/.

Burke, Brian. *Gamify: How Gamification Motivates People to Do Extraordinary Things*. New York: Routledge, 2016.

Butler, Judith. *The Force of Nonviolence: The Ethical in the Political*. London: Verso, 2020.

Butler, Timothy. *Getting Unstuck: How Dead Ends Become New Paths*. Boston: Harvard Business Press, 2007.

Cadwalladr, Carole. "WeWork: They've Transformed the Office, Now It's Time for Your Home." *Guardian*, January 11, 2016. http://www.theguardian.com/global/2016/jan/11/wework-transforming-office-life-and-home-life-carole-cadwalladr.

Campbell, Colin. *The Romantic Ethic and the Spirit of Modern Consumerism*. New York: Palgrave Macmillan, 2018.

Campbell, Rebekah. "Why I Ditched My Co-Working Space." *New York Times*, July 8, 2014. http://boss.blogs.nytimes.com/2014/07/08/why-i-ditched-my-co-working-space/.

Carey, Alex. "The Hawthorne Studies: A Radical Criticism." *American Sociological Review* 32, no. 3 (1967): 403 – 16.

Carnegie, Dale. *How to Win Friends and Influence People*. New York: Simon and Schuster, 1981.

Carr, Robert. "Modern Office Design Must Focus on 'Sense of Purpose'

Ideal." *National Real Estate Investor*, January 29, 2016. http://nreionline. com/office/modern-office-design-must-focus-sense-purpose-ideal.

Carroll, Melissa. "Lonely Affects and Queer Sexualities: A Politics of Loneliness in Contemporary Western Culture." PhD diss., McMaster University, 2013.

Castrillon, Caroline. "5 Tips to Quit Your Job without Burning Bridges." *Forbes*, October 27, 2019. https://www. forbes. com/sites/caroline castrillon/2019/10/27/5-tips-to-quit-your-job-without-burning-bridges/.

Cazdyn, Eric. *The Already Dead: The New Time of Politics, Culture, and Illness*. Durham, NC: Duke University Press, 2012.

Chan, Nathan. "Co-Working Spaces = Higher Success for Your Startup." *Foundr*, December 23, 2014. https://foundr. com/articles/building-a-business/co-working-spaces-higher-success-startup.

Chappell, Marisa. *The War on Welfare*. Philadelphia: University of Pennsylvania Press, 2010.

Chapple, Eliot Dismore, and Edmond F. Wright. *A Guide for Supervisors on How to Understand People and Control Their Behavior*. New York: National Foreman Institute, 1946.

Chen, Victor Tan. *Cut Loose: Jobless and Hopeless in an Unfair Economy*. Oakland: University of California Press, 2015.

Chertkovskaya, Ekaterina, Peter Watt, Stefan Tramer, and Sverre Spoelstra. "Giving Notice to Employability." *Ephemera: Theory and Politics in Organization* 13, no. 4 (2013): 701–16.

Chetty, Raj. "Moral Hazard vs. Liquidity and Optimal Unemployment Insurance." National Bureau of Economic Research Working Paper Series 13967, Cambridge, MA, April 1, 2008.

Clark, Patrick. "Co-Working Spaces: An Expensive Cure for Loneliness." *Bloomberg*, February 2, 2015. http://www. bloomberg. com/news/art

icles/2015-02-02/co-working-spaces-an-expensive-cure-for-loneliness.
Clinton Global Initiative. "Digital Badges: Unlocking Two Million Better Futures—cgi America 2013." June 21, 2013. Video, 4:06. https://www.youtube.com/watch?v=1Qq7emqbzcA.
Clive Wilkinson Architects. "The Endless Workplace." October 16, 2015. http://www.clivewilkinson.com/the-endless-workplace/.
Coburn, Derek. *Networking Is Not Working: Stop Collecting Business Cards and Start Making Meaningful Connections*. Washington, DC: Ideapress, 2014.
Cohen, Nicole S. "Cultural Work as a Site of Struggle: Freelancers and Exploitation." *TripleC: Communication, Capitalism and Critique; Open Access Journal for a Global Sustainable Information Society* 10, no. 2 (May 2012): 141–55.
Cole, Matthew. "From Employment Exchange to Jobcentre Plus: The Changing Institutional Context of Unemployment." *History of the Human Sciences* 20, no. 4 (November 2007): 129–46.
Cole, Matthew. "Re-Thinking Unemployment: A Challenge to the Legacy of Jahoda et al." *Sociology* 41, no. 6 (December 2007): 1133–49.
Coleman, Ken. *The Proximity Principle: The Proven Strategy That Will Lead to the Career You Love*. Brentwood, TN: Ramsey, 2019.
Collective Agency. "Community Mission Statement." Accessed July 26, 2021. https://collectiveagency.co.
Collins, Chris. *Gamification: Playing for Profits; A Book of Sales Games and Motivational Tools*. Middletown, DE: CreateSpace, 2015.
Comparably. "WeWork Mission Statement." Accessed July 26, 2021. https://www.comparably.com/companies/wework/mission.
Conference Board. *Job Design for Motivation*. New York: Conference Board, 1971.
Coonerty, Ryan, and Jeremy Neuner. *The Rise of the Naked Economy:*

How to Benefit from the Changing Workplace. New York: St. Martin's, 2013.

Cooper, Alfred M. *Employee Training*. McGraw-Hill, 1942.

Cooper, Davina. *Everyday Utopias: The Conceptual Life of Promising Spaces*. Durham, NC: Duke University Press, 2014.

Cozier, Tamy. "Coworking Spaces Combat the Work-at-Home Blues." *Metropolis*, August 4, 2015. http://www.metropolismag.com/Point-of-View/August-2015/Coworking-Spaces-Combat-the-Work-At-Home-Blues/.

Crabtree, Steve. "A Good Job Means a Good Life." *Gallup Business Journal*, April 11, 2011. https://news.gallup.com/businessjournal/147443/Good-Job-Means-Good-Life.aspx.

Crang, Mike. "Public Space, Urban Space and Electronic Space: Would the Real City Please Stand Up?" *Urban Studies* 37, no. 2 (February 2000): 301–17.

Crary, Jonathan. *Suspensions of Perception: Attention, Spectacle, and Modern Culture*. Cambridge, MA: MIT Press, 1999.

Credly. "Design. Launch. Success." Accessed June 25, 2020. https://web.archive.org/web/20200604141250/https://info.credly.com/.

Cremin, Colin. "Never Employable Enough: The (Im)Possibility of Satisfying the Boss's Desire." *Organization* 17, no. 2 (September 2009): 131–49.

Csíkszentmihályi, Mihály. *Beyond Boredom and Anxiety: Experiencing Flow in Work and Play*. San Francisco: Jossey-Bass, 1975.

Csíkszentmihályi, Mihály. *The Evolving Self: A Psychology for the Third Millennium*. New York: HarperCollins, 1990.

Csíkszentmihályi, Mihály. *Finding Flow: The Psychology of Engagement with Everyday Life*. New York: Basic, 1997.

Csíkszentmihályi, Mihály. *Flow: The Psychology of Optimal Experience*.

New York: Harper, 1990.

Csíkszentmihályi, Mihály. "Flow, the Secret to Happiness." Filmed February 2004 in Monterey, CA. ted video, 18:42. https://www.ted.com/talks/mihaly_csikszentmihalyi_on_flow?language=en.

Csíkszentmihályi, Mihály. "Play and Intrinsic Rewards." *Journal of Humanistic Psychology* 15, no. 3 (July 1975): 41–63.

Csíkszentmihályi, Mihály. "The Wings of Defeat." *New Yorker*, September 15, 1962.

Cubitt, Sean. *Finite Media: Environmental Implications of Digital Technologies*. Durham, NC: Duke University Press, 2017.

Currier, Erin, and Sheida Elmi. "State of the Union 2016: Securing the American Dream." Pew Charitable Trusts, January 13, 2016. http://pew.org/1N83GVf.

Dalton, Steve. *The 2-Hour Job Search: Using Technology to Get the Right Job Faster*. Berkeley, CA: Ten Speed Press, 2012.

Damasio, Antonio R. *Descartes' Error: Emotion, Reason and the Human Brain*. New York: Avon, 1994.

Dardot, Pierre, and Christian Laval. *The New Way of the World: On Neoliberal Society*. London: Verso, 2014.

Dargis, Manohla. "George Clooney and Vera Farmiga as High Fliers." *New York Times*, December 3, 2009. http://www.nytimes.com/2009/12/04/movies/04upinair.html.

Daston, Lorraine. "Mechanical Rules before Machines." 2019 Social Science Research Council Fellow Lecture, Roosevelt House Public Policy Institute, Hunter College, New York, February 13, 2019. Video, 1:53:03. https://www.youtube.com/watch?v=6xErFnyjMAA.

Davidson, Adam. *The Passion Economy: The New Rules for Thriving in the Twenty-First Century*. New York: Knopf, 2020.

Davies, William. *The Happiness Industry: How the Government and*

Big Business Sold Us Well-Being. London: Verso, 2015.

Davis, Louis E., and Albert Cherns. *The Quality of Working Life*, vol. 1. New York: Free Press, 1975.

Dean, Jodi. "Communicative Capitalism: Circulation and the Foreclosure of Politics." *Cultural Politics* 1, no. 1 (2005): 51–74.

Dean, Jodi. *Crowds and Party*. London: Verso, 2016.

Deaton, Angus. "The Financial Crisis and the Well-Being of Americans." *Oxford Economic Papers* 64, no. 1 (January 2012): 1–26.

Delphy, Christine. *Close to Home: A Materialist Analysis of Women's Oppression*. Translated by Diana Leonard. London: Verso, 2016.

De Peuter, Greig. "Creative Economy and Labor Precarity: A Contested Convergence." *Journal of Communication Inquiry* 35, no. 4 (August 2011): 417–25.

DeSilver, Drew. "For Most U.S. Workers, Real Wages Have Barely Budged in Decades." Pew Research Center, August 7, 2018. https://www.pewresearch.org/fact-tank/2018/08/07/for-most-us-workers-real-wages-have-barely-budged-for-decades/.

Deterding, Sebastian. "The Ambiguity of Games: Histories and Discourses of a Gameful World." In *The Gameful World: Approaches, Issues, Applications*, edited by Steffen P. Walz and Sebastian Deterding, 225–44. Cambridge, MA: MIT Press, 2014.

Dimock, Marshall. *A Philosophy of Administration toward Creative Growth*. New York: Harper, 1958.

Dingley, James C. "Durkheim, Mayo, Morality and Management." *Journal of Business Ethics* 16, no. 11 (August 1997): 1117–29.

Dishman, Lydia. "The Company That's Figured Out How to Help Call Center Employees Not Hate Their Jobs." *The Future of Work* (blog), *Fast Company*, July 24, 2015. http://www.fastcompany.com/3048697/the-future-of-work/how-social-physics-is-helping-call-center-employ ees-not-hate-their-jobs.

Dixon, Thomas. *From Passions to Emotions: The Creation of a Secular Psychological Category*. Cambridge, UK: Cambridge University Press, 2006.

Doorley, Scott. "Stanford 2025—Scott Doorley." Stanford University, November 14, 2015. Video, 18:56. https://www.youtube.com/watch?v=wadb6A6rh1E.

Dorsch, Susan. "To What Extent Have You Articulated Your Higher Purpose?" Google Groups, July 4, 2014. https://groups.google.com/forum/#!msg/coworking/CFsjTAEPP2g/OdcREN91N6gJ.

Drucker, Peter. *The Practice of Management*. New York: Harper and Row, 1954.

Du Bois, Page. "A Passion for the Dead: Ancient Objects and Everyday Life." In *Representing the Passions: Histories, Bodies, Visions*, edited by R. Meyer, 270–88. Los Angeles: Getty, 2003.

Duffy, Brooke Erin. *(Not) Getting Paid to Do What You Love: Gender, Social Media, and Aspirational Work*. New Haven, CT: Yale University Press, 2017.

Duffy, Brooke Erin. *Remake, Remodel: Women's Magazines in the Digital Age*. Champaign: University of Illinois Press, 2013.

Dullroy, Joel. "Coworking Began at Regus ... but Not the Way They Think." *Deskmag*, April 4, 2012. http://www.deskmag.com/en/coworking-did-begin-at-regus-but-not-the way they-think-362.

Dumm, Thomas L. *Loneliness as a Way of Life*. Cambridge, MA: Harvard University Press, 2009.

Duncan, Arne. "Digital Badges for Learning." Speech presented at the fourth annual launch of the MacArthur Foundation Digital Media and Lifelong Learning Competition, Hirshhorn Museum, Washington DC, September 15, 2011. https://web.archive.org/web/2011122900091

1/http://www.ed.gov/news/speeches/digital-badges-learning.

Dyer-Witheford, Nick. *Cyber-Proletariat: Global Labour in the Digital Vortex*. Toronto: Pluto, 2015.

Dyer-Witheford, Nick, and Greig de Peuter. "'ea Spouse' and the Crisis of Video Game Labour: Enjoyment, Exclusion, Exploitation, and Exodus." *Canadian Journal of Communication* 31, no. 3 (October 2006): 599–617. http://www.cjc-online.ca/index.php/journal/article/view/1771.

Dyer-Witheford, Nick, and Greig de Peuter. *Games of Empire: Global Capitalism and Video Games*. Minneapolis: University of Minnesota Press, 2009.

Edelman, L. "Compassion's Compulsion." In *Compassion: The Culture and Politics of an Emotion*, edited by Lauren Berlant, 159–86. New York: Routledge, 2004.

Eisen, George. *Children and Play in the Holocaust: Games among the Shadows*. Amherst: University of Massachusetts Press, 1990.

Elraz, Hadar. "The 'Sellable Semblance': Employability in the Context of Mental-Illness." *Ephemera: Theory and Politics in Organization* 13, no. 4 (2013): 809–24.

Entis, Laura. "The Big Business of Loneliness." *Vox*, April 29, 2019. https://www.vox.com/the-highlight/2019/4/29/18511580/loneliness-co-living-coworking-friend-app-tribe-wework.

Eriksson, Stefan, and Dan-Olof Rooth. "Do Employers Use Unemployment as a Sorting Criterion When Hiring?" *American Economic Review* 104, no. 3 (March 2014): 1014.

Evans, Brad, and Julian Reid. *Resilient Life: The Art of Living Dangerously*. Cambridge, UK: Polity, 2014.

Fanfarelli, Joey R., and Rudy McDaniel. *Designing Effective Digital Badges: Applications for Learning*. New York: Routledge, 2019.

Fast, Karin, Henrik Örnebring, and Michael Karlsson. "Metaphors of Free Labor: A Typology of Unpaid Work in the Media Sector." *Media, Culture and Society* 38, no. 7 (October 2016): 963–78.

Federici, Silvia. *Revolution at Point Zero: Housework, Reproduction, and Feminist Struggle*. Oakland, CA: PM Press, 2012.

Feiler, Bruce. "Jane McGonigal, Designer of Superbetter, Moves Games Deeper into Daily Life." *New York Times*, April 27, 2012. http://www.nytimes.com/2012/04/29/fashion/jane-mcgonigal-designer-of-superbetter-moves-games-deeper-into-daily-life.html.

Feldstein, Martin, and James M. Poterba. "Unemployment Insurance and Reservation Wage." *Business Economics* 55, no. 2 (April 2020): 67–68.

Ferlazzo, Larry. "Kathy Sierra on Gamification in Education." *Larry Ferlazzo's Websites of the Day* (blog), February 26, 2012. http://larryferlazzo.edublogs.org/2012/02/26/kathy-sierra-on-gamification-in-education/.

Fernandez, Warren. "Best Route to the Future Is the One You Chart Yourself." *Straits Times*, April 9, 2017. http://www.straitstimes.com/opinion/best-route-to-the-future-is-the-one-you-chart-yourself.

Ferrara, John. "Games for Persuasion: Argumentation, Procedurality, and the Lie of Gamification." *Games and Culture* 8, no. 4 (July 2013): 289–304.

Ferrazzi, Keith, and Tahl Raz. *Never Eat Alone: And Other Secrets to Success, One Relationship at a Time*. New York: Doubleday, 2005.

Ferriss, Timothy. *The Four-Hour Workweek: Escape 9–5, Live Anywhere, and Join the New Rich*. New York: Crown, 2009.

Finney, Martha I. *Rebound: A Proven Plan for Starting Over after Job Loss*. Upper Saddle River, NJ: ft Press, 2009.

Fisher, Mark. *Capitalism Realism: Is There No Alternative?* Alresford,

UK: Zero, 2009.

Fisher, Michal. *Finding Your Career Path without Losing Your Mind*. Seattle: Amazon Digital Services, 2013.

Fisher, Philip. *The Vehement Passions*. Princeton, NJ: Princeton University Press, 2002.

Fleming, Peter. *The Mythology of Work: How Capitalism Persists Despite Itself*. London: Pluto, 2015.

Flemming, J. S. "Aspects of Optimal Unemployment Insurance: Search, Leisure, Savings and Capital Market Imperfections." *Journal of Public Economics* 10, no. 3 (December 1978): 403–25.

Florida, Richard. *The Great Reset: How the Post-Crash Economy Will Change the Way We Live and Work*. New York: HarperCollins, 2010.

Florida, Richard. *The Rise of the Creative Class*. New York: Basic, 2014.

Flow Consciousness Institute. "Researching and Developing Cutting Edge Tools for Unlocking Human Potential." Accessed July 21, 2021. Last modified 2020. https://www.flowconsciousnessinstitute.com/.

Flow Genome Project. "The Official Source for Peak Performance and Culture." Accessed July 31, 2021. https://www.flowgenomeproject.com/.

Foertsch, Carsten. "Advantages of Coworking Spaces over Other Offices." *Deskmag*, October 11, 2012. http://www.deskmag.com/en/advantages-of-coworkig-spaces-over-traditional-and-home-offices-581.

Foertsch, Carsten. "Coworking in the USA 2016—gcucall 2016." SlideShare presentation. May 5, 2016. https://www.slideshare.net/carstenfoertsch/coworking-in-the-usa-2016.

Foertsch, Carsten. "What Coworking Members Want." *Deskmag*, February 23, 2012. http://www.deskmag.com/en/what-coworking-space-members-want-survey-211.

Fogde, Marinette. "Governing through Career Coaching: Negotiations of Self Marketing." *Organization* 18, no. 1 (July 2010): 62–82.

Forester, Jade. "Mozilla Open Badges 101: Digging into Badges (a Webinar)." January 30, 2014. Video, 54:04. https://www.youtube.com/watch?v=Zdv6R2BiYq4.

Foucault, Michel. *The History of Sexuality*. Vol. 3, *The Care of the Self*. Translated by Robert Hurley. Reprint ed. New York: Vintage, 1988.

Fox, Justin. "What's Really Wrong with the Unemployment Rate." Bloomberg, August 10, 2016. https://www.bloomberg.com/view/articles/2016-08-10/what-s-really-wrong-with-the-unemployment-rate.

Frank, Thomas. *The Conquest of Cool: Business Culture, Counterculture, and the Rise of Hip Consumerism*. Chicago: University of Chicago Press, 1998.

Franke, Richard Herbert, and James D. Kaul. "The Hawthorne Experiments: First Statistical Interpretation." *American Sociological Review* 43, no. 5 (1978): 623–43.

Frankfurt, Harry G. *On Bullshit*. Princeton, NJ: Princeton University Press, 2005.

Fraser, Ian. "Affective Labor and Alienation in *Up in the Air*." In *Work in Cinema: Labor and the Human Condition*, edited by Ewa Mazierska, 29–48. New York: Palgrave Macmillan, 2013.

Fraser, Nancy. "Contradictions of Capital and Care." *New Left Review* 100 (July/August 2016): 99–117.

Fredriksson, Peter, and Bertil Holmlund. "Optimal Unemployment Insurance Design: Time Limits, Monitoring, or Workfare?" *International Tax and Public Finance* 13, no. 5 (September 2006): 565–85.

Freedman, Harry. "Tips to Help You Stay Positive While Job Hunting." *Guardian*, May 24, 2013. https://www.theguardian.com/careers/

careers-blog/stay-positive-job-search.

Freeman, Skip. *Headhunter Hiring Secrets 2.0: The Rules of the Hiring Game Have Changed ... Forever*. Charleston, SC: CreateSpace, 2016.

Frey, Bruno S., and Alois Stutzer. "What Can Economists Learn from Happiness Research?" *Journal of Economic Literature* 40, no. 2 (June 2002): 402-35.

Froehls, Michael. *The Gift of Job Loss: A Practical Guide to Realizing the Most Rewarding Time of Your Life*. Texas: Peitho, 2011.

Galloway, Alexander R. *Gaming: Essays on Algorithmic Culture*. Minneapolis: University of Minnesota Press, 2006.

Galloway, Alexander R. *Protocol: How Control Exists after Decentralization*. Cambridge, MA: MIT Press, 2006.

Gandini, Alessandro. "The Rise of Coworking Spaces: A Literature Review." *Ephemera: Theory and Politics in Organization* 15, no. 1 (2015): 193-205.

Garber, Marjorie. "Compassion." In *Compassion: The Culture and Politics of an Emotion*, edited by Lauren Berlant, 15-28. New York: Routledge, 2004.

Garsten, Christina, and Kerstin Jacobsson. "Sorting People In and Out: The Plasticity of the Categories of Employability, Work Capacity and Disability as Technologies of Government." *Ephemera: Theory and Politics in Organization* 13, no. 4 (2013): 825-50. http://www.ephemerajournal.org/contribution/sorting-people-and-out-plasticity-categories-employability-work-capacity-and-disability.

Gayle, Caleb. "US Gig Economy: Data Shows 16m People in 'Contingent or Alternative' Work." *Guardian*, June 7, 2018. https://www.theguardian.com/business/2018/jun/07/america-gig-economy-work-bureau-labor-statistics.

Gcuc Radio. "Episode 01: Kickoff with Tony Bacigalupo." gcuc *Coworking Podcast*, February 2, 2016. Audio, 13: 12. https://soundcloud.com/gcuc/kickoff-episode.

Geier, Kathleen. "Shocker Stat of the Day: Life Expectancy Decreases by 4 Years among Poor White People in the U.S." *Washington Monthly*, September 22, 2012. http://washingtonmonthly.com/2012/09/22/shocker-stat-of-the-day-life-expectancy-decreases-by-4-years-among-poor-white-people-in-the-u-s/.

Gerber, Scott, and Ryan Paugh. *Superconnector: Stop Networking and Start Building Business Relationships That Matter*. New York: Da Capo, 2018.

Gershon, Ilana. *Down and Out in the New Economy: How People Find (or Don't Find) Work Today*. Chicago: University of Chicago Press, 2017.

Ghayad, Rand. "The Jobless Trap." 2014. https://citeseerx.ist.psu.edu/viewdoc/download?doi=10.1.1.692.6736&rep=rep1&type=pdf.

Giang, Vivian. "The 'Modern' Workplace Doesn't Just Make Us Lonely, It Can Make Us Physically Ill." *Quartz*, November 12, 2015. http://qz.com/547348/the-modern-workplace-doesnt-just-make-us-lonely-it-can-make-us-physically-ill/.

Gill, Rosalind, and Andy Pratt. "In the Social Factory? Immaterial Labour, Precariousness and Cultural Work." *Theory, Culture and Society* 25, nos. 7-8 (December 2008): 1-30.

Gillespie, Richard. *Manufacturing Knowledge: A History of the Hawthorne Experiments*. Cambridge, UK: Cambridge University Press, 1993.

Gillis, Jeff. "What to Do When You Get Laid Off." The Interview Guys, July 30, 2018. https://theinterviewguys.com/what-to-do-when-you-get-laid-off/.

Glaude, Eddie S. *Democracy in Black: How Race Still Enslaves the American Soul*. New York: Crown, 2016.

Glinton, Sonari. "Unemployment May Be Dropping, but It's Still Twice as High for Blacks." *All Things Considered*, National Public Radio. February 5, 2016. http://www.npr.org/2016/02/05/465748249/african-americans-face-uncertain-reality-despite-low-unemployment-rate.

Gooding, Judson. *The Job Revolution*. New York: Collier, 1972.

Graham, Stephen, and Simon Marvin. *Splintering Urbanism: Networked Infrastructures, Technological Mobilities and the Urban Condition*. Abingdon, UK: Routledge, 2002.

Granovetter, Mark S. "The Strength of Weak Ties." *American Journal of Sociology* 78, no. 6 (May 1973): 1360–80.

Granovetter, Mark S. "The Strength of Weak Ties: A Network Theory Revisited." *Sociological Theory* 1 (1983): 201–33.

Grant, Adam. *Give and Take: A Revolutionary Approach to Success*. New York: Viking, 2013.

Gray, Mary L., and Siddharth Suri. *Ghost Work: How to Stop Silicon Valley from Building a New Global Underclass*. Boston: Houghton Mifflin Harcourt, 2019.

Greenberg, Miriam. *Branding New York: How a City in Crisis Was Sold to the World*. New York: Routledge, 2008.

Gregg, Melissa. *Counterproductive: Time Management in the Knowledge Economy*. Durham, NC: Duke University Press, 2018.

Gregg, Melissa. *Work's Intimacy*. Cambridge, UK: Polity, 2011.

Gregg, Melissa, and Gregory J. Seigworth, eds. *The Affect Theory Reader*. Durham, NC: Duke University Press, 2010.

Gregory, Stephen. "America's Hidden Unemployment Crisis." *Epoch Times*, October 14, 2016. http://www.theepochtimes.com/n3/2163987-americas-hidden-unemployment-crisis/.

Griffith, Erin. "Why Are Young People Pretending to Love Work?" *New York Times*, February 22, 2019. https://www.nytimes.com/2019/01/26/business/against-hustle-culture-rise-and-grind-tgim.html.

Griswold, Alison. "How Uber Gamified Work." *Quartz*, October 11, 2017. https://qz.com/1098894/see-how-uber-made-driving-for-them-into-a-game/.

Gross, Terry. "For Reitman, the Best Characters Are 'Up in the Air.'" *Fresh Air*, National Public Radio, December 2, 2009. http://www.npr.org/templates/story/story.php?storyId=120993990.

Grossberg, Lawrence. *Cultural Studies in the Future Tense*. Durham, NC: Duke University Press, 2010.

Grossberg, Lawrence. *We Gotta Get Out of This Place: Popular Conservatism and Postmodern Culture*. New York: Routledge, 1992.

Grote, Dick. "A Step-by-Step Guide to Firing Someone." *Harvard Business Review*, February 17, 2016. https://hbr.org/2016/02/a-step-by-step-guide-to-firing-someone.

Hage, Ghassan. "Waiting Out the Crisis: On Stuckedness and Governmentality." In *Waiting*, 97–106. Carlton, Australia: Melbourne University Press, 2009.

Hall, Douglas T. "The Protean Career: A Quarter-Century Journey." *Journal of Vocational Behavior* 65, no. 1 (August 2004): 1–13.

Halpern, Orit. *Beautiful Data: A History of Vision and Reason since 1945*. Durham, NC: Duke University Press, 2014.

Halsey, George D. *How to Be a Leader*. New York: Harper, 1938.

Hanlon, Gerard. *The Dark Side of Management: A Secret History of Management Knowledge*. Abingdon, UK: Routledge, 2016.

Hanlon, Jay. "Five Years Ago, Stack Overflow Launched: Then, a Miracle Occurred." *The Overflow* (blog). September 16, 2013. https://blog.stackoverflow.com/2013/09/five-years-ago-stack-overfl

ow-launched-then-a-miracle-occurred/.

Hannon, Kerry E. *Love Your Job: The New Rules for Career Happiness*. Hoboken, NJ: Wiley, 2015.

Hardt, Michael, and Antonio Negri. *Multitude: War and Democracy in the Age of Empire*. New York: Penguin, 2004.

Harvey, David. "Globalization and the Spatial Fix." *Geographische Revue* 2, no. 3 (2001): 23-31.

Harvey, David. *Spaces of Hope*. Berkeley: University of California Press, 2000.

Hatton, Erin. *The Temp Economy: From Kelly Girls to Permatemps in Postwar America*. Philadelphia: Temple University Press, 2011.

Heller, Nathan. "High Score." *New Yorker*, September 14, 2015. https://www.newyorker.com/magazine/2015/09/14/high-score.

Henricks, Thomas S. *Play Reconsidered: Sociological Perspectives on Human Expression*. Champaign: University of Illinois Press, 2006.

Herzberg, Frederick, Bernard Mausner, and Barbara Snyderman. *The Motivation to Work*. New York: Wiley, 1959.

Hesmondhalgh, David, and Sarah Baker. "'A Very Complicated Version of Freedom': Conditions and Experiences of Creative Labour in Three Cultural Industries." *Poetics* 38, no. 1 (February 2010): 4-20.

Heyel, Carl. *Human-Relations Manual for Executives*. McGraw-Hill, 1939.

Hill, Paul. *The Panic Free Job Search: Unleash the Power of the Web and Social Networking to Get Hired*. Pompton Plains, NJ: Career, 2010.

Hillman, Alex. "What to Do When People in Your Area Don't Understand Coworking." *Alex Hillman* (blog), October 14, 2014. http://dangerouslyawesome.com/2014/10/what-to-do-when-people-dont-understand-coworking/.

Hillman, Alex. "Why Do Some Freelancers Work Out of Cafes vs. Coworking Spaces (and Vice Versa)?" *Alex Hillman* (blog), October 3, 2014. https://dangerouslyawesome.com/2014/10/why-do-some-freelancers-work-out-of-cafes-vs-coworking-spaces-and-vice-versa/.

Hillman, Alex, and Amy Hoy. "Amy Hoy and Alex Hillman on Bootstrapping, Community and Quality of Life." Good Life Project, June 5, 2014. Video, 1:18:30. https://www.youtube.com/watch?v=NU3xkoNKZCg.

Hoberman, James. "George Clooney in Up in the Air." *Village Voice*, December 1, 2009. http://www.villagevoice.com/film/george-clooney-in-up-in-the-air-6393797.

Hochschild, Arlie Russell. *The Managed Heart: Commercialization of Human Feeling*. Berkeley: University of California Press, 1983.

Holland, Louise Adams. "Herodotus I, 94: A Phocaean Version of an Etruscan Tale." *American Journal of Archaeology* 41, no. 3 (July-September 1937): 377–82.

Hong, Renyi. "Finding Passion in Work: Media, Passion and Career Guides." *European Journal of Cultural Studies* 18, no. 2 (April 2015): 190–206.

Hong, Renyi. "Game Modding, Prosumerism and Neoliberal Labor Practices." *International Journal of Communication* 7 (April 2013): 984–1002.

Hopenhayn, Hugo A., and Juan Pablo Nicolini. "Optimal Unemployment Insurance." *Journal of Political Economy* 105, no. 2 (April 1997): 412–38.

Horowitz, Sara, and Toni Sciarra Poynter. *The Freelancer's Bible: Everything You Need to Know to Have the Career of Your Dreams—On Your Terms*. New York: Workman, 2012.

Houser, David. *What People Want from Business*. New York: McGraw-

Hill, 1938.

Houston, Jack. "Happy Workers to Be Studied." *Chicago Tribune*, January 25, 1976.

Houston, Jack. "Job-Planning Expert Shows Analytical Way to Find Work." *Chicago Tribune*, May 25, 1975.

Huizinga, Johan H. *Homo Ludens: Study of the Play Element in Culture*. London: Routledge, 1980.

Hyman, Louis. *Temp: The Real Story of What Happened to Your Salary, Benefits, and Job Security*. New York: Penguin, 2018.

Illouz, Eva. *Cold Intimacies: The Making of Emotional Capitalism*. Malden, MA: Polity, 2007.

Illouz, Eva. *Saving the Modern Soul: Therapy, Emotions, and the Culture of Self-Help*. Berkeley: University of California Press, 2008.

Ingraham, Chris. "Serendipity as Cultural Technique." *Culture, Theory and Critique* 60, no. 2 (2019): 107–22.

Irish, Richard K. *If Things Don't Improve Soon I May Ask You to Fire Me: The Management Book for Everyone Who Works*. New York: Anchor, 1976.

Ivanova, Irina. "Unemployment Rate Could Hit 25%, Rivaling Great Depression, Goldman Sachs Predicts." cbs *News*, May 14, 2020. https://www.cbsnews.com/news/unemployment-rate-could-hit-25-percent-goldman-sachs-predicts/.

Jachimowicz, Jon, and Sam McNerney. "The Problem with Following Your Passion." *Washington Post*, November 6, 2015. https://www.washingtonpost.com/news/on-leadership/wp/2015/11/06/the-problem-with-following-your-passion/.

Jaggar, Alison M. "Love and Knowledge: Emotion in Feminist Epistemology." *Inquiry* 32, no. 2 (1989): 151–76.

Jahoda, Marie. *Employment and Unemployment: A Social-Psychological*

Analysis. Cambridge, UK: cup Archive, 1982.

Jahoda, Marie, Paul F. Lazarsfeld, and Hans Zeisel. *Marienthal: The Sociography of an Unemployed Community*. New Brunswick, NJ: Transaction, 2002.

James, Robin. *Resilience and Melancholy: Pop Music, Feminism, Neoliberalism*. Alresford, UK: Zero, 2015.

James, Susan. *Passion and Action: The Emotions in Seventeenth-Century Philosophy*. Oxford: Clarendon, 1997.

Jha, Antara. " The Endless Workspace." Arch2o, 2015. http://www.arch2o.com/endless-workspace-clive-wilkinson-architects/.

Jobs, Steve. Address at Stanford University's 2005 commencement ceremony. Posted March 8, 2008. Video, 15:04. https://www.youtube.com/watch?v = UF8uR6Z6KLc.

Johnsen, Ramus. " On Boredom: A Note on Experience without Qualities." *Ephemera: Theory and Politics in Organization* 11, no. 4 (2011): 482 – 89.

Johnson, Cat. "Look Out Coworking, Here Comes Big Money!" *Blog + Press* (blog), gcuc, May 31, 2016. http://usa.gcuc.co/look-out-coworking-here-comes-big-money-by-cat-johnson/.

Johnson, Laura C. *The Co-Workplace: Teleworking in the Neighbourhood*. Vancouver: University of British Columbia Press, 2003.

Jones, Andrew M. *The Fifth Age of Work: How Companies Can Redesign Work to Become More Innovative in a Cloud Economy*. Portland, OR: Night Owls, 2013.

Kahn, William A. "Psychological Conditions of Personal Engagement and Disengagement at Work." *Academy of Management Journal* 33, no. 4 (December 1990): 692 – 724.

Kalleberg, Arne L. *Good Jobs, Bad Jobs: The Rise of Polarized and Precarious Employment Systems in the United States, 1970s to 2000s*.

New York: Russell Sage Foundation, 2011.

Kalleberg, Arne L. "Job Quality and Precarious Work Clarifications, Controversies, and Challenges." *Work and Occupations* 39, no. 4 (November 2012): 427–48.

Kantor, Jodi, and David Streitfeld. "Inside Amazon: Wrestling Big Ideas in a Bruising Workplace." *New York Times*, August 15, 2015. http://www.nytimes.com/2015/08/16/technology/inside-amazon-wrestling-big-ideas-in-a-bruising-workplace.html.

Kasriel, Stephane. "The Four Trends That Will Change the Way We Work by 2021." *Fast Company*, December 14, 2015. http://www.fastcompany.com/3054546/the-future-of-work/the-four-trends-that-will-change-the-way-we-work-by-2021.

Katz, Lawrence F., and Alan B. Krueger. "The Role of Unemployment in the Rise in Alternative Work Arrangements." *American Economic Review Papers and Proceedings* 107, no. 5 (May 2017): 388–92.

Kendzior, Sarah. "Geography Is Making America's Uneven Economic Recovery Worse." *Quartz*, April 29, 2016. http://qz.com/672589/geography-is-making-americas-uneven-economic-recovery-worse/.

Kessler, Sarah. "Adam Neumann's $16 Billion Neo-Utopian Play to Turn WeWork into WeWorld." *Fast Company*, March 14, 2016. http://www.fastcompany.com/3057415/most-innovative-companies/adam-neumanns-16-billion-neo-utopian-play-to-turn-wework-into-wewo.

Kim, Tae Wan. "Gamification Ethics: Exploitation and Manipulation." Gamification Research Network chi workshop papers. 2015. http://gamification-research.org/wp-content/uploads/2014/11/GAMICHI15_kim.pdf.

King, Steve. "Coworking Is Not about Workspace—It's about Feeling Less Lonely." *Harvard Business Review*, December 28, 2017. https://hbr.org/2017/12/coworking-is-not-about-workspace-its-about

-feeling-less-lonely.

Kingwell, Mark. *Wish I Were Here: Boredom and the Interface*. Montreal: McGill-Queen's University Press, 2019.

Kirkpatrick, Graeme. "Ludefaction: Fracking of the Radical Imaginary." *Games and Culture* 10, no. 6 (November 2015): 507–24.

Kjerulf, Alexander. "Why Every Company Should Have a cho (Chief Happiness Officer)." *The Chief Happiness Officer Blog* (blog), April 20, 2015. http://positivesharing. com/2015/04/why-every-company-should-have-a-chief-happiness-officer/.

Klingmann, Anna. *Brandscapes: Architecture in the Experience Economy*. Cambridge, MA: MIT Press, 2007.

Kroft, Kory, Fabian Lange, and Matthew J. Notowidigdo. "Duration Dependence and Labor Market Conditions: Evidence from a Field Experiment." *Quarterly Journal of Economics* 128, no. 3 (August 2013): 1123–67.

Krueger, Alan B., Judd Cramer, David Cho, Katharine G. Abraham, and Robert Shimer. "Are the Long-Term Unemployed on the Margins of the Labor Market? Comments and Discussion." *Brookings Papers on Economic Activity* 1 (March 2014): 229–99.

Krueger, Alan B., and David A. Schkade. "The Reliability of Subjective Well-Being Measures." *Journal of Public Economics* 92, nos. 8–9 (August 2008): 1833–45.

Kuehn, Kathleen, and Thomas F. Corrigan. "Hope Labor: The Role of Employment Prospects in Online Social Production." *Political Economy of Communication* 1, no. 1 (2013): 9–25.

Kwiatkowski, Angel. "Coworking and Suicide: What the Spirograph Can Teach Us about Community." *Cohere* (blog), Cohere Coworking. March 17, 2016. http://coherecommunity. com/blog/coworking-and-suicide-what-the-spirograph-can-teach-us-about-community.

Kwiatkowski, Angel, and Beth Buczynski. *Coworking: How Freelancers Escape the Coffee Shop Office and Tales of Community from Independents around the World*. Self-published, Amazon Digital Services, 2011. Kindle.

LaFargue, Paul. *The Right to Be Lazy*. California: ak Press, 2011.

Laird, Donald A. *The Psychology of Selecting Employees*. New York: McGraw-Hill, 1937.

Lam, Bourree. "Why 'Do What You Love' Is Pernicious Advice." *Atlantic*, August 7, 2015. http://www.theatlantic.com/business/archive/2015/08/do-what-you-love-work-myth-culture/399599/.

Lane, Carrie M. *A Company of One: Insecurity, Independence, and the New World of White-Collar Unemployment*. Ithaca, NY: ilr Press, 2011.

Lange, Alexandra. *The Dot-Com City: Silicon Valley Urbanism*. Moscow: Strelka, 2012.

Laslett, Barbara, and Johanna Brenner. "Gender and Social Reproduction: Historical Perspectives." *Annual Review of Sociology* 15, no. 1 (1989): 381–404.

Lasson, Kenneth. *The Workers: Portraits of Nine American Jobholders*. New York: Grossman, 1971.

Lawrie, Reynold. "Passion." *Philosophy and Phenomenological Research* 41, nos. 1–2 (1980): 106–26.

Lazarsfeld, Paul F. "The Sociology of Empirical Social Research." *American Sociological Review* 27, no. 6 (December 1962): 757–67.

Lazarsfeld, P. F., and Wagner Thielens. *The Academic Mind: Social Scientists in a Time of Crisis*. Glencoe, IL: Free Press, 1958.

Lazzarato, Maurizio. "Immaterial Labor." In *Radical Thought in Italy: A Potential Politics*, edited by Paolo Virno and Michael Hardt, 132–46. Minneapolis: University of Minnesota Press, 1996.

Lazzarato, Maurizio. "Neoliberalism in Action: Inequality, Insecurity and the Reconstitution of the Social." *Theory, Culture and Society* 26, no. 6 (November 2009): 109–33.

Leahy, Robert L. *Keeping Your Head after Losing Your Job: How to Survive Unemployment*. North Fayette, PA: Behler, 2014.

Lepore, Jill. "The History of Loneliness." *New Yorker*, June 4, 2020. https://www.newyorker.com/magazine/2020/04/06/the-history-of-loneliness.

Lepper, Mark R., Sheena Sethi, Dania Dialdin, and Michael Drake. "Intrinsic and Extrinsic Motivation: A Developmental Perspective." In *Developmental Psychopathology: Perspectives on Adjustment, Risk, and Disorder*, edited by Suniya S.

Luthar, Jacob A. Burack, Dante Cicchetti, and John R. Weisz, 23–50. New York: Cambridge University Press, 1997.

Levinson, Jay Conrad, and David E. Perry. *Guerrilla Marketing for Job Hunters 3.0*. Hoboken, NJ: Wiley, 2011.

Levitan, Sar A., and William G. Johnston. *Work Is Here to Stay, Alas*. Salt Lake City: Olympus, 1973.

Levoy, Gregg. "The Coronavirus as a Calling." *Passion!* (blog), *Psychology Today*, March 21, 2020. https://www.psychologytoday.com/blog/passion/202003/the-coronavirus-calling.

Lewis, Cora. "WeWork Cleaners to Protest over Wages: 'We Work Here Too.'" *BuzzFeed News*, June 18, 2015. http://www.buzzfeed.com/coralewis/wework-cleaners-push-for-raise.

Liu, Alan. *The Laws of Cool: Knowledge Work and the Culture of Information*. Chicago: University of Chicago Press, 2004.

Long Now Foundation. "Long Conversation 19 of 19 | Stewart Brand and Jane McGonigal." May 22, 2020. Video, 18:01. https://www.youtube.com/watch?v=YQVi8xiw-Js.

Lorey, Isabell. *State of Insecurity: Government of the Precarious*. Translated by Aileen Derieg. London: Verso, 2015.

MacArthur Foundation. "What Is a Badge?" June 19, 2013. Video, 3:36. https://www.youtube.com/watch?v=RDmfE0noOJ8&feature=emb_logo.

Malesic, Jonathan. "Don't Search for 'Purpose.' You Will Fail." *New Republic*, May 28, 2015. https://newrepublic.com/article/121915/dont-search-purpose-you-will-fail.

Mandell, Nikki. *The Corporation as Family: The Gendering of Corporate Welfare, 1890 – 1930*. Chapel Hill: University of North Carolina Press, 2002.

March, Melissa. "The Future of Workplace ux." Unrecorded session (May 4, 2016) at the 2016 Global Coworking Unconference Conference (gcuc), Los Angeles, CA, May 3 – 6, 2016.

Marchand, Roland. *Creating the Corporate Soul: The Rise of Public Relations and Corporate Imagery in American Big Business*. Los Angeles: University of California Press, 1998.

Marczewski, Andrzej. "Put Up or Shut Up and Stop Moaning about Gamification." Business 2 Community, March 24, 2014. http://www.business2community.com/tech-gadgets/put-shut-stop-moaning-gamification-0819531.

Martin, Reinhold. *The Organizational Complex: Architecture, Media, and Corporate Space*. Cambridge, MA: MIT Press, 2005.

Martini, Kitty, and Candice Reed. *Thank You for Firing Me! How to Catch the Net Wave of Success after You Lose Your Job*. New York: Sterling, 2010.

Marx, Karl. *Capital: A Critique of Political Economy*, vol. 1. Translated by Samuel Moore and Edward Aveling. Moscow: Progress, 1995.

Marx, Karl. "Economic and Philosophical Manuscripts." In *Karl Marx:*

Selected Writings, edited by David McLellan, 75 – 112. Oxford: Oxford University Press, 1977.

Maslow, Abraham H. *Motivation and Personality*. New York: Harper and Row, 1970.

Massumi, Brian. *Parables for the Virtual: Movement, Affect, Sensation*. Durham, NC: Duke University Press, 2002.

Massumi, Brian. *Politics of Affect*. Cambridge, UK: Polity, 2015.

Mattingly, Cheryl. *Moral Laboratories: Family Peril and the Struggle for a Good Life*. Oakland: University of California Press, 2014.

Maughan, Mike. "Using Behavioral Science to Help Parents Navigate a New Reality." Thrive Global, May 14, 2020. https://thriveglobal.com/stories/behavioral-science-help-parents-work-from-home-family-lessons/.

Mayo, Elton. *The Human Problems of an Industrial Civilization*. New York: Viking, 1960.

McGee, Micki. *Self-Help, Inc.: Makeover Culture in American Life*. Oxford: Oxford University Press, 2005.

McGonigal, Jane. "Gaming Can Make a Better World." Filmed February 2010 in Long Beach, CA. ted video, 20:31. https://www.youtube.com/watch?v=dE1DuBesGYM.

McGonigal, Jane. "I'm Not Playful, I'm Gameful." In *The Gameful World: Approaches, Issues, Applications*, edited by Steffen P. Walz and Sebastian Deterding, 653 – 58. Cambridge, MA: MIT Press, 2014.

McGonigal, Jane. *Reality Is Broken: Why Games Make Us Better and How They Can Change the World*. New York: Penguin, 2011.

McGonigal, Jane. *SuperBetter: A Revolutionary Approach to Getting Stronger, Happier, Braver and More Resilient—Powered by the Science of Games*. New York: Penguin, 2015.

McGonigal, Jane. "This Might Be a Game: Ubiquitous Play and

Performance at the Turn of the Twenty-First Century." PhD diss., University of California, Berkeley, 2006.

McGregor, Douglas. *The Human Side of Enterprise*. New York: McGraw-Hill, 1960.

McKnight, Jenna. "Clive Wilkinson Suggests 'Carpet Bombing' London with a Co-Working Office in the Sky." *Dezeen*, December 16, 2015. http://www.dezeen.com/2015/12/16/clive-wilkinson-architects-endless-workplace-london-open-plan-office-in-sky-coworking/.

McRobbie, Angela. *Be Creative: Making a Living in the New Culture Industries*. Cambridge, UK: Polity, 2015.

Mead, Lawrence M. *Beyond Entitlement: The Social Obligations of Citizenship*. New York: Free Press, 1986.

Mead, Lawrence M. *From Prophecy to Charity: How to Help the Poor*. Washington, DC: Aei, 2011.

Melville, Herman. *Bartleby, the Scrivener: A Story of Wall-Street*. N. P.: smk Books, 2012.

Merkel, Janet. "Coworking in the City." *Ephemera: Theory and Politics in Organization* 15, no. 1 (2015): 121–39.

Miles, Steven. "The Neoliberal City and the Pro-Active Complicity of the Citizen Consumer." *Journal of Consumer Culture* 12, no. 2 (July 2012): 216–30.

Miles, Steven. *Spaces for Consumption: Pleasure and Placelessness in the Post-Industrial City*. London: sage, 2010.

Miller, Dan. *48 Days to the Work You Love*. Nashville: b&h, 2010.

Miller, Jody Greenstone, and Matt Miller. "The Rise of the Supertemp." *Harvard Business Review*, May 1, 2012. https://hbr.org/2012/05/the-rise-of-the-supertemp.

Miller, Peter. "Psychotherapy of Work and Unemployment." In *The Power of Psychiatry*, edited by Peter Miller and Nikolas Rose, 143–

76. Oxford: Polity, 1986.

Miller, Rex, Mabel Casey, and Mark Konchar. *Change Your Space, Change Your Culture: How Engaging Workspaces Lead to Transformation and Growth*. Hoboken, NJ: Wiley, 2014.

Mills, Charles Wright. *The Sociological Imagination*. Oxford: Oxford University Press, 2000.

Mills, Charles Wright. *White Collar: The American Middle Classes*. New York: Oxford University Press, 1953.

Mirowski, Philip, and Edward Nik-Khah. *The Knowledge We Have Lost in Information: The History of Information in Modern Economics*. Oxford: Oxford University Press, 2017.

Montgomery, James D. "Job Search and Network Composition: Implications of the Strength-of-Weak-Ties Hypothesis." *American Sociological Review* 57, no. 5 (October 1992): 586–96.

Morgenstern, Joe. "'In the Air': Up, Up and Away." *Wall Street Journal*, December 4, 2009. http://www.wsj.com/articles/SB10001424052748704107104574571753931267892.

Morrison, Melissa S. *Unstick Your Stuck: How to Find Your Passion, Gain Clarity, and Play Bigger in Your Life*. New York: Morgan James, 2018.

Mortensen, Dale T. "Unemployment Insurance and Job Search Decisions." ilr *Review* 30, no. 4 (July 1977): 505–17.

Mozilla Foundation, Peer 2 Peer University, and MacArthur Foundation. "Open Badges for Lifelong Learning" (working document). Last updated August 27, 2012. https://wiki.mozilla.org/images/5/59/OpenBadges-Working-Paper_012312.pdf.

Mozingo, Louise A. *Pastoral Capitalism: A History of Suburban Corporate Landscapes*. Cambridge, MA: MIT Press, 2014.

Murphy, Michelle. *The Economization of Life*. Durham, NC: Duke

University Press, 2017.

Murthy, Vivek H. *Connecting at Work*. Brighton, MA: Harvard Business Review, 2017.

Murthy, Vivek H. *Together: The Healing Power of Human Connection in a Sometimes Lonely World*. New York: Harper Wave, 2020.

Nakamura, Jeanne, and Mihály Csíkszentmihályi. "The Concept of Flow." In *The Oxford Handbook of Positive Psychology*, edited by Shane J. Lopez and C. R. Snyder, 89–105. Oxford: Oxford University Press, 2002.

National Employment Law Project. "Hiring Discrimination against the Unemployed." July 12, 2011. https://s27147.pcdn.co/wp-content/uploads/2015/03/unemployed.discrimination.7.12.2011.pdf.

Neff, Gina. *Venture Labor: Work and the Burden of Risk in Innovative Industries*. Cambridge, MA: MIT Press, 2012.

Neuberg, Brad. "The Start of Coworking." Keynote address at the 2015 Global Coworking Unconference Conference (gcuc) on the Roots of Coworking. May 7, 2015. Video, 25:02. https://vimeo.com/127201764.

Newport, Cal. *So Good They Can't Ignore You: Why Skills Trump Passion in the Quest for Work You Love*. New York: Business Plus, 2012.

Newport, Cal. "Solving Gen y's Passion Problem." *Harvard Business Review*, September 18, 2012. https://hbr.org/2012/09/solving-gen-ys-passion-problem.

Ngai, Sianne. *Our Aesthetic Categories: Zany, Cute, Interesting*. Cambridge, MA: Harvard University Press, 2012.

Ngai, Sianne. *Ugly Feelings*. Cambridge, MA: Harvard University Press, 2005.

Niles, Mary Cushing Howard. *Middle Management: The Job of the*

Junior Administrator. Harper, 1941.

Noble, David F. *Forces of Production: A Social History of Industrial Automation*. New Brunswick, NJ: Transaction, 2011.

North, Paul. *The Problem of Distraction*. Stanford, CA: Stanford University Press, 2012.

Nouvel, Sergio. "Why Gamification Is Broken (and How to Fix It)." The Next Web, October 17, 2015. http://thenextweb.com/dd/2015/10/16/why-gamification-is-broken-and-how-to-fix-it/.

Nussbaum, Martha Craven. *Political Emotions: Why Love Matters for Justice*. Cambridge, MA: Belknap Press of Harvard University Press, 2013.

O'Connor, Brendan. "The Workers behind WeWork." The Awl, July 2, 2015. https://www.theawl.com/2015/07/the-workers-behind-wework/.

Ogata, Amy F. *Designing the Creative Child: Playthings and Places in Midcentury America*. Minneapolis: University of Minnesota Press, 2013.

Oksala, Johanna. "Affective Labor and Feminist Politics." *Signs: Journal of Women in Culture and Society* 41, no. 2 (2016): 281–303.

Oldenburg, Ray. *The Great Good Place: Cafes, Coffee Shops, Bookstores, Bars, Hair Salons, and Other Hangouts at the Heart of a Community*. 3rd ed. New York: Marlowe, 1999.

O'Neill, Bruce. *The Space of Boredom: Homelessness in the Slowing Global Order*. Durham, NC: Duke University Press, 2017.

Opodz. "Build It Together." Accessed July 26, 2021. https://web.archive.org/web/20160314084456/http://www.opodz.com/.

Oren.S. [Oren Saloman]. "Infuriating Article on the 'High Premiums' Charged by Coworking Spaces in Bloomberg." Global Coworking Forum, February 15, 2015. https://forum.coworking.org/t/infuriating-article-on-the-high-premiums-charged-by-coworking-spaces-in-bloo mberg/5442/24.

Osnowitz, Debra. *Freelancing Expertise: Contract Professionals in the New Economy*. Ithaca, NY: ILR Press, 2010.

O'Toole, James, Elisabeth Hansot, William Herman, Neal Herrick, Elliot Liebow, Bruce Lusignan, Harold Richman, Harold Sheppard, Ben Shephansky, and James Wright, eds. *Work in America*. Cambridge, MA: MIT Press, 1973.

Paharia, Rajat. *Loyalty 3.0: How to Revolutionize Customer and Employee Engagement with Big Data and Gamification*. New York: McGraw-Hill Education, 2013.

Pan, J. C. "Our Summer of Financial Ruin." *New Republic*, June 23, 2020. https://newrepublic.com/article/158257/summer-financial-ruin.

Parry, Liz. "Is Freelancing a Lonely Business?" *Guardian*, July 22, 2014. http://www.theguardian.com/money/work-blog/2014/jul/22/freelancing-lonely-business.

Peck, Jamie. "The Cult of Urban Creativity." In *Leviathan Undone? Towards a Political Economy of Scale*, edited by Roger Keil and Rianne Mahon, 159–76. Vancouver: University of British Columbia Press, 2009.

Peck, Jamie. "Struggling with the Creative Class." *International Journal of Urban and Regional Research* 29, no. 4 (December 2005): 740–70.

Pedwell, Carolyn. "Digital Tendencies: Intuition, Algorithmic Thought and New Social Movements." *Culture, Theory and Critique* 60, no. 2 (2019): 123–38.

Penenberg, Adam L. "How Video Games Are Infiltrating—and Improving—Every Part of Our Lives." *Fast Company*, December 13, 2010. https://www.fastcompany.com/1702209/how-video-games-are-infiltrating-and-improving-every-part-our-lives.

Penenberg, Adam L. *Play at Work: How Games Inspire Breakthrough Thinking*. New York: Portfolio, 2013.

Perlin, Ross. *Intern Nation: How to Earn Nothing and Learn Little in the Brave New Economy*. London: Verso, 2012.

Pfaller, Robert. 2017. *Interpassivity: The Aesthetics of Delegated Enjoyment*. Edinburgh: Edinburgh University Press, 2017.

Pomeroy, Claire. "Loneliness Is Harmful to Our Nation's Health." *Observations* (blog), *Scientific American*, March 20, 2019. https://blogs.scientificamerican.com/observations/loneliness-is-harmful-to-our-nations-health/.

Popsugar. "Buzz Interview: Jason Reitman Talks Clooney and *Up in the Air*." November 30, 2009. https://web.archive.org/web/20091201193818/http://www.buzzsugar.com/6465092.

Potts, Tracey. "Life Hacking and Everyday Rhythm." In *Geographies of Rhythm: Nature, Place, Mobilities and Bodies*, edited by Tim Edensor, 33–44. Farnham, UK: Ashgate, 2010.

Pratt, Andy C. "Creative Cities: The Cultural Industries and the Creative Class." *Geografiska Annaler: Series* b, *Human Geography* 90, no. 2 (November 2016): 107–17.

Price, Brian. *A Theory of Regret*. Durham, NC: Duke University Press, 2017.

Rabinbach, Anson. *The Eclipse of the Utopias of Labor*. New York: Fordham University Press, 2018.

Ramesh, Randeep. "Does Getting Tough on the Unemployed Work?" *Guardian*, June 16, 2010. https://www.theguardian.com/society/2010/jun/16/lawrence-mead-tough-us-welfare-unemployed.

Randstad. "The Art of the Job Hunt." Randstad's Workforce360. Last accessed May 20, 2020. https://web.archive.org/web/20200502132224/http://www.randstadusa.com/jobs/career-resources/career-adv

ice/the-art-of-the-job-hunt/631/.

Raventós, Daniel, and Julie Wark. *Against Charity*. Chico, CA: ak Press, 2018.

Reddy, William M. "Against Constructionism: The Historical Ethnography of Emotions." *Current Anthropology* 38, no. 3 (1997): 327–51.

Reddy, William M. *The Navigation of Feeling: A Framework for the History of Emotions*. New York: Cambridge University Press, 2001.

Reeves, Byron, and J. Leighton Read. *Total Engagement: How Games and Virtual Worlds Are Changing the Way People Work and Businesses Compete*. Boston: Harvard Business Review Press, 2009.

Regester, Alice. "The Passion Industry Was Having a Moment, but Now It's Booming." The Drum, April 14, 2020. https://www.thedrum.com/opinion/2020/04/14/the-passion-industry-was-having-moment-now-its-booming.

Reich, Charles A. *The Greening of America*. Harmondsworth, UK: Penguin Books, 1972.

Rice, Andrew. "Is This the Office of the Future or a $5 Billion Waste of Space?" Bloomberg, May 21, 2015. http://www.bloomberg.com/news/features/2015-05-21/wework-real-estate-empire-or-shared-office-space-for-a-new-era-.

Richmond, Scott C. "Vulgar Boredom, or What Andy Warhol Can Teach Us about Candy Crush." *Journal of Visual Culture* 14, no. 1 (April 2015): 21–39.

Riesman, David, Nathan Glazer, and Reuel Denney. *The Lonely Crowd: A Study of the Changing American Character*. New Haven, CT: Yale University Press, 2001.

Riskin, Jessica. *The Restless Clock: A History of the Centuries-Long Argument over What Makes Living Things Tick*. Reprint ed. Chicago: University of Chicago Press, 2018.

Robertson, Margaret. "Can't Play, Won't Play." Kotaku, October 11, 2010. https://kotaku.com/cant-play-wont-play-5686393.

Robinett, Judy. *How to Be a Power Connector: The 5 + 50 + 100 Rule for Turning Your Business Network into Profits*. New York: McGraw-Hill Education, 2014.

Roethlisberger, Fritz Jules. *The Elusive Phenomena: An Autobiographical Account of My Work in the Field of Organizational Behavior at the Harvard Business School*. Cambridge, MA: Harvard Business School, 1977.

Rorty, Amélie Oksenberg. "From Passions to Emotions and Sentiments." *Philosophy* 57, no. 220 (April 1982): 159–72.

Rose, Nikolas. *Governing the Soul: The Shaping of the Private Self*. 2nd ed. London: Free Association, 1999.

Rose, Nikolas, and Filippa Lentzos. "Making Us Resilient: Responsible Citizens for Uncertain Times." In *Competing Responsibilities*, edited by Susanna Trnka and Catherine Trundle, 27–48. Durham, NC: Duke University Press, 2017.

Rosenblat, Alex. *Uberland: How Algorithms Are Rewriting the Rules of Work*. Oakland: University of California Press, 2018.

Rosenwein, Barbara. *Emotional Communities in the Early Middle Ages*. Ithaca, NY: Cornell University Press, 2007.

Ross, Andrew. *No Collar: The Humane Workplace and Its Hidden Costs*. Philadelphia: Temple University Press, 2003.

Roszak, Theodore. *The Making of a Counter Culture: Reflections on the Technocratic Society and Its Youthful Opposition*. New York: Anchor, 1969.

Rugaber, Christopher. "U.S. Unemployment Rate Falls to 50-Year Low." pbs *NewsHour*, October 4, 2019. https://www.pbs.org/newshour/economy/u-s-unemployment-rate-falls-to-50-year-low.

Samuel, Lawrence. *The American Dream: A Cultural History*. Syracuse, NY: Syracuse University Press, 2012.

Scannell, Paddy. *Television and the Meaning of "Live": An Enquiry into the Human Situation*. Cambridge, UK: Polity, 2014.

Schachter, Hindy L. *Frederick Taylor and the Public Administration Community: A Reevaluation*. Albany: State University of New York Press, 1989.

Schawbel, Dan. *Promote Yourself: The New Rules for Career Success*. New York: St. Martin's, 2013.

Scheiber, Noam. "How Uber Uses Psychological Tricks to Push Its Drivers' Buttons." *New York Times*, April 2, 2017. https://www.nytimes.com/interactive/2017/04/02/technology/uber-drivers-psychological-tricks.html.

Schell, Erwin Haskell. *The Technique of Executive Control*. 5th ed. New York: McGraw-Hill, 1942.

Schell, Erwin Haskell, and Frank Forester Gilmore. *Manual for Executives and Foremen*. New York: McGraw-Hill, 1939.

Schell, Jesse. *The Art of Game Design: A Book of Lenses*. 3rd ed. Boca Raton, FL: crc, 2019.

Schell, Jesse. "When Games Invade Real Life." Filmed February 2010 at the dice Summit in Las Vegas. ted video, 28:17. https://www.ted.com/talks/jesse_schell_when_games_invade_real_life.

Schepp, Brad, and Debra Schepp. *How to Find a Job on LinkedIn, Facebook, Twitter and Google+*. New York: McGraw-Hill, 2012.

Schepp, Brad, and Debra Schepp. *The Telecommuter's Handbook: How to Earn a Living without Going to the Office*. New York: McGraw-Hill, 1995.

Schram, Sanford. "In the Clinic: The Medicalization of Welfare." *Social Text* 18, no. 1 (2000): 81–107.

Schüll, Natasha Dow. *Addiction by Design: Machine Gambling in Las Vegas*. Repr. ed. Princeton, NJ: Princeton University Press, 2014.

Schwartz, Nelson D. "Poorest Areas Have Missed out on Boons of Recovery, Study Finds." *New York Times*, February 24, 2016. http://www.nytimes.com/2016/02/25/business/economy/poorest-areas-have-missed-out-on-boons-of-recovery-study-finds.html.

Seitzinger, Joyce. "Open Badges." Filmed March 2015 in Bendigo, Australia. TEDx Talks video, 26:48. https://www.youtube.com/watch?v=DiTHIuqA0cc.

Seligman, Martin E. P., and Mihály Csíkszentmihályi. "Positive Psychology: An Introduction." *American Psychologist* 55, no. 1 (January 2000): 5–14.

Seligman, Martin E. P., and Mihály Csíkszentmihályi. "Reply to Comments." *American Psychologist* 56, no. 1 (January 2001): 89–91.

Sennett, Richard. *The Craftsman*. New Haven, CT: Yale University Press, 2009.

Sennett, Richard. *The Fall of Public Man*. New York: Norton, 1996.

Sharma, Sarah. *In the Meantime: Temporality and Cultural Politics*. Durham, NC: Duke University Press, 2014.

Sharone, Ofer. *Flawed System/Flawed Self: Job Searching and Unemployment Experiences*. Chicago: University of Chicago Press, 2013.

Sharone, Ofer, David L. Blustein, and Carl E. Van Horn. "Long Term Unemployment in the United States." In *The Cambridge Handbook of Social Problems*, 551–66. Cambridge, UK: Cambridge University Press, 2018.

Shavell, Steven, and Laurence Weiss. "The Optimal Payment of Unemployment Insurance Benefits over Time." *Journal of Political Economy* 87, no. 6 (December 1979): 1347–62.

Sheppard, Harold, and Neal Q. Herrick. *Where Have All the Robots Gone? Worker Dissatisfaction in the '70s*. New York: Free Press, 1972.

Shimer, Robert, and Iván Werning. "Reservation Wages and Unemployment Insurance." *Quarterly Journal of Economics* 122, no. 3 (August 2007): 1145 – 85.

Sicart, Miguel. "Playing the Good Life: Gamification and Ethics." In *The Gameful World: Approaches, Issues, Applications*, edited by Steffen P. Walz and Sebastian Deterding, 225 – 44. Cambridge, MA: MIT Press, 2014.

Silva, Jennifer M. *Coming Up Short: Working-Class Adulthood in an Age of Uncertainty*. Oxford: Oxford University Press, 2015.

Silver-Greenberg, Jessica, and Michael Corkery. "Start-Ups Embrace Arbitration to Settle Workplace Disputes." *New York Times*, May 14, 2016. http://www.nytimes.com/2016/05/15/business/dealbook/start-ups-embrace-arbitration-to-settle-workplace-disputes.html.

Sin, Yuen. "Technology Kills Jobs? It Can Also Create Interesting Ones." *Straits Times*, March 26, 2017. http://www.straitstimes.com/singapore/technology-kills-jobs-it-can-also-create-interesting-ones.

Skeates, Richard. "The Infinite City." *City* 2, no. 8 (1997): 6 – 20.

SkillsYouNeed. "Employability Skills: The Skills You Need to Get a Job." Accessed January 1, 2020. https://www.skillsyouneed.com/general/employability-skills.html.

Skipper, Clay. "The Most Important Survival Skill for the Next 50 Years Isn't What You Think." gq, September 30, 2018. https://www.gq.com/story/yuval-noah-harari-tech-future-survival.

Sloterdijk, Peter. *You Must Change Your Life: On Anthropotechnics*. Translated by Wieland Hoban. Cambridge, UK: Polity, 2013.

Smith, Adam. *The Theory of Moral Sentiments*. Indianapolis: Library

Fund, 1984.

Smith, Matt. "Amazon Retaliation: Workers Striking Back." CounterPunch, April 7, 2020. https://www.counterpunch.org/2020/04/07/amazon-retaliation-workers-striking-back/.

Snider, Emma. "Answers to 4 Pressing Gamification Faqs." HubSpot, October 22, 2014. https://web.archive.org/web/20141025015407/http://blog.hubspot.com/sales/answers-to-gamification-faq.

Sobel, Dava. "Interview: Mihaly Csikszentmihalyi." *Omni* 17, no. 5 (January 1995): 73–94.

Solman, Paul. "Selling Office Space and Happy Hour to a Rising Economy of Freelancers." pbs *NewsHour*. November 5, 2015. Audio, 8:49. http://www.pbs.org/newshour/bb/selling-office-space-happy-hour-rising-economy-freelancers/.

Somers, Margaret R., and Fred Block. "From Poverty to Perversity: Ideas, Markets, and Institutions over 200 Years of Welfare Debate." *American Sociological Review* 70, no. 2 (April 2005): 260–87.

Sophie. "Getting Rid of the 'Co-Working' Hyphen." Google Groups, September 1, 2011. https://groups.google.com/forum/?fromgroups = # ! searchin/coworking/hyphen/coworking/AyZVba1lISs/GRfpfQv9JCkJ.

Spates, Thomas G. *Human Values Where People Work*. New York: Harper, 1960.

Spencer, Laura. "29 Easy Ways That Freelancers Can Feel Less Lonely." FreelanceM.ag, February 6, 2013. http://freelancem.ag/freelancing-basics/lonely/.

Spreitzer, Gretchen. "'Coworking' Grows amid Search for New Office Lifestyle." *Inquirer*, February 14, 2016. http://business.inquirer.net/207073/coworking-grows-amid-search-for-new-office-lifestyle.

Spreitzer, Gretchen, Peter Bacevice, and Lyndon Garrett. "Why People Thrive in Coworking Spaces." *Harvard Business Review*, May 13,

2015. https://hbr.org/2015/05/why-people-thrive-in-coworking-spaces.

Stauffer, Jill. *Ethical Loneliness: The Injustice of Not Being Heard*. New York: Columbia University Press, 2015.

Steckle, Lynde C. *The Man in Management: A Manual for Managers*. New York: Harper, 1958.

Stewart, Kathleen. *Ordinary Affects*. Durham, NC: Duke University Press, 2007.

Storper, Michael, and Anthony J. Venables. "Buzz: Face-to-Face Contact and the Urban Economy." *Journal of Economic Geography* 4, no. 4 (August 2004): 351–70.

Streeter, Thomas. "Steve Jobs, Romantic Individualism, and the Desire for Good Capitalism." *International Journal of Communication* 9 (2015): 3106–24.

Suarez, Ramon. *The Coworking Handbook: The Guide for Owners and Managers*. North Charleston, SC: CreateSpace, 2014.

Suriano, Jason. *Office Arcade: Gamification, Byte-Size Learning, and Other Wins on the Way to Productive Human Resources*. [Austin, TX?]: Lioncrest, 2017.

Svendsen, Lars. *A Philosophy of Loneliness*. London: Reaktion, 2017.

Szalavitz, Maia. "Pain and Isolation Are Driving America's Lockdown Overdose Surge." Vice, February 20, 2021. https://www.vice.com/en/article/88a3a4/pain-and-isolation-are-driving-americas-lockdown-overdose-surge.

Tafuri, Manfredo. *Architecture and Utopia: Design and Capitalist Development*. Translated by Barbara Luigia La Penta. Cambridge, MA: MIT Press, 1976.

Tassier, Troy. "Labor Market Implications of Weak Ties." *Southern Economic Journal* 72, no. 3 (January 2006): 704–19.

Taylor, Bill. "Why Amazon Is Copying Zappos and Paying Employees to

Quit." *Harvard Business Review*, April 14, 2014. https://hbr.org/2014/04/why-amazon-is-copying-zappos-and-paying-employees-to-quit.

Taylor, Charles. *Modern Social Imaginaries*. Durham, NC: Duke University Press, 2004.

Tead, Ordway. *The Art of Leadership*. New York: McGraw-Hill, 1935.

Tead, Ordway. *Human Nature and Management*. New York: Arno, 1977.

Terada, Rei. *Feeling in Theory: Emotion after the "Death of the Subject."* Cambridge, MA: Harvard University Press, 2001.

Terada, Rei. *Looking Away: Phenomenality and Dissatisfaction, Kant to Adorno*. Cambridge, MA: Harvard University Press, 2009.

Terada, Rei. "Passion and Mental Work." pmla 114, no. 1 (January 1999): 99.

Terkel, Studs. *Working: People Talk about What They Do All Day and How They Feel about What They Do*. New York: Avon, 1975.

Terranova, Tiziana. "Free Labor." In *Digital Labor: The Internet as Playground and Factory*, edited by Trebor Scholz, 33–57. New York: Routledge, 2013.

Terranova, Tiziana. "Free Labor: Producing Culture for the Digital Economy." *Social Text* 18, no. 2 (2000): 33–58.

Thompson, Anne. "20 Questions for *Up in the Air*'s Jason Reitman." IndieWire, November 29, 2009. http://www.indiewire.com/2009/11/20-questions-for-up-in-the-airs-jason-reitman-239297/.

Thompson, Nicholas. "Stanford and Its Startups." *New Yorker*, September 11, 2013. https://www.newyorker.com/business/currency/stanford-and-its-start-ups.

Thrift, Nigel. *Non-Representational Theory: Space, Politics, Affect*. New York: Routledge, 2007.

Tokumitsu, Miya. *Do What You Love and Other Lies about Success and*

Happiness. New York: Regan Arts, 2015.

Tokumitsu, Miya. "In the Name of Love." *Jacobin*, January 12, 2014. https://www.jacobinmag.com/2014/01/in-the-name-of-love/.

Tolentino, Jia. "The Gig Economy Celebrates Working Yourself to Death." *New Yorker*, March 22, 2017. https://www.newyorker.com/culture/jia-tolentino/the-gig-economy-celebrates-working-yourself-to-death.

Tone, Andrea. *The Business of Benevolence: Industrial Paternalism in Progressive America*. Ithaca, NY: Cornell University Press, 1997.

Trahair, Richard C. S. *Elton Mayo: The Humanist Temper*. New Brunswick, NJ: Transaction, 2006.

Trzebiatowski, Tiffany M., Connie R. Wanberg, and Karyn Dossinger. "Unemployed Needn't Apply: Unemployment Status, Legislation, and Interview Requests." *Journal of Management* 46, no. 8 (January 2019): 1380–1407.

Tsing, Anna Lowenhaupt. *The Mushroom at the End of the World: On the Possibility of Life in Capitalist Ruins*. Princeton, NJ: Princeton University Press, 2017.

Tsotsis, Alexia. "TaskRabbit Turns Grunt Work into a Game." *Wired*, July 15, 2011. https://www.wired.com/2011/07/mf-taskrabbit/.

Turner, Fred. *The Democratic Surround: Multimedia and American Liberalism from World War II to the Psychedelic Sixties*. Chicago: University of Chicago Press, 2013.

Turnstone. "Why Coworking." May 4, 2016. Video, 2:30. https://www.outube.com/watch?v=iXYUXFg14Xc.

Tyner, James. *Dead Labor: Toward a Political Economy of Premature Death*. Minneapolis: University of Minnesota Press, 2019.

Upwork. "Freelancing in America: 2019." SlideShare presentation, September 23, 2019. https://www.slideshare.net/upwork/freelancing-in-america-2019/1.

Urban Institute. "Urban Institute—How Place Matters." August 12, 2016. Video, 4:27. https://www.youtube.com/watch?v=rkU795f4fv4&feature=emb logo.

Virno, Paolo. "The Ambivalence of Disenchantment." In *Radical Thought in Italy: A Potential Politics*, edited by Paolo Virno and Michael Hardt, 12–33. Minneapolis: University of Minnesota Press, 1996.

Vogel, Lise. *Marxism and the Oppression of Women: Toward a Unitary Theory*. Leiden, Netherlands: Brill, 2013.

Vogler, Candace. "Much of Madness and More of Sin: Compassion, for Ligeia." In *Compassion: The Culture and Politics of an Emotion*, edited by Lauren Berlant, 29–58. New York: Routledge, 2004.

Vough, Clair F. *Tapping the Human Resource: A Strategy for Productivity*. New York: Amacom, 1975.

Walker, Rob. "Hiring a Coach to Spark the Job Hunt." *New York Times*, March 7, 2015. http://www.nytimes.com/2015/03/08/jobs/hiring-a-coach-to-spark-the-job-hunt.html.

Walters, William. "The Demise of Unemployment?" *Politics and Society* 24, no. 3 (September 1, 1996): 197–219.

Walters, William. *Unemployment and Government: Genealogies of the Social*. Cambridge, UK: Cambridge University Press, 2000.

Wark, McKenzie. *Gamer Theory*. Cambridge, MA: Harvard University Press, 2007.

Wayfinding Academy. "Wayfinding Academy." Accessed February 28, 2017. https://wayfindingacademy.org/home/.

Weber, Max. *The Protestant Ethic and the Spirit of Capitalism*. New York: Scribner's, 1958.

Weeks, Kathi. *The Problem with Work: Feminism, Marxism, Antiwork Politics, and Postwork Imaginaries*. Durham, NC: Duke University Press, 2011.

Wells, Nicholas. "Government Says Unemployment Is at 5%—But Here's the Bigger Picture." cnbc, Yahoo! Sports. October 8, 2016. http://sports.yahoo.com/news/government-says-unemployment-5-heres-125241102.html.

Welshman, John. "The Concept of the Unemployable." *Economic History Review* 59, no. 3 (August 2006): 578 – 606.

Werbach, Kevin, and Dan Hunter. *For the Win: How Game Thinking Can Revolutionize Your Business*. Philadelphia: Wharton Digital, 2012.

Westley, William A., and Margaret W. Westley. *The Emerging Worker: Equality and Conflict in the Mass Consumption Society*. Montreal: McGill-Queen's University Press, 1971.

White, Gillian B. "The Racial Gaps in America's Recovery." *Atlantic*, August 7, 2015. http://www.theatlantic.com/business/archive/2015/08/jobs-numbers-racial-gap-recovery/400685/.

Whitebrook, M. "Love and Anger as Political Virtues." In *The Politics of Compassion*, edited by Michael Ure and Mervyn Frost, 21 – 36. New York: Routledge, 2014.

Whyte, William H. *The Organization Man*. Philadelphia: University of Pennsylvania Press, 1956.

Williams, Raymond. *Marxism and Literature*. Oxford: Oxford University Press, 1978.

Williams, Raymond. *Politics and Letters: Interviews with New Left Review*. London: Verso, 1979.

Willis, Paul E. *Learning to Labor: How Working Class Kids Get Working Class Jobs*. Farnborough, UK: Saxon House, 1977.

Wilson, Everett B. *Getting Things Done in Business*. New York: McGraw-Hill, 1937.

Woodward, Kathleen. "Calculating Compassion." In *Compassion: The*

Culture and Politics of an Emotion, edited by Lauren Berlant, 59–86. New York: Routledge, 2004.

Wren, Daniel A., and Arthur G. Bedeian. *The Evolution of Management Thought*. 7th ed. Hoboken, NJ: Wiley, 2017.

Yate, Martin John. *Knock 'em Dead*. Boston, MA: Bob Adams, Inc., 1985.

Yate, Martin John. *Knock 'em Dead*. Holbrook, MA: Bob Adams, Inc., 1994.

Yate, Martin John. *Knock 'em Dead*. Holbrook, MA: Adams Media, 2000.

Zaleznik, Abraham, ed. "Foreword: The Promise of Elton Mayo." In *Elton Mayo: The Humanist Temper*, 1–14. New Brunswick, NJ: Transaction, 2009.

Zichermann, Gabe, and Joselin Linder. *The Gamification Revolution: How Leaders Leverage Game Mechanics to Crush the Competition*. New York: McGraw-Hill Education, 2013.

Zuboff, Shoshana. *The Age of Surveillance Capitalism: The Fight for a Human Future at the New Frontier of Power*. New York: PublicAffairs, 2019.

Zukin, Sharon. *Naked City: The Death and Life of Authentic Urban Places*. Oxford: Oxford University Press, 2011.

索 引

affect, 10, 22, 27, 93, 185n41; apathy as, 20, 59 – 60; distant connections and, 78 – 79; happiness as negative, 62; human relations and, 39; labor power and, 4; passion as, 6, 9 – 11, 19, 71, 108, 154, 170; work and, 175n12; workers', 161

affectivity, 59 – 60; positive, 51

Agamben, Giorgio, 104, 194n76

Ahmed, Sara, 6, 10, 13, 51, 65, 109, 156, 162 – 63; on buffer zones, 81; on happiness, 129; on resilience, 74; on suffering, 183n126; on will, 34 – 35, 91. *See also* pathways

Aid to Families with Dependent Children (AFDC), 68 – 69

Alberti, Fay Bound, 6, 133

algorithms, 110, 119 – 20; search, 77, 82 – 83

alienation, 163; industrial, 32, 50; workplace, 3

Amazon, 2, 141, 166, 188n94; Mechanical Turk, 90

animal laborans, 23 – 24, 136

anomie, 32, 41

anxiety, 45, 59, 73 – 74, 83, 100, 106, 132, 172, 193n71; class, 9, 165; existential, 136

apathy, 48, 60, 62, 64, 69, 94, 165; passivity and, 42, 45; unemployment and, 7, 20, 58 – 59, 64, 66, 70, 85 – 87, 164, 186n54

Arendt, Hannah, 23 – 24, 91, 134,

136, 179n5
automation, 161, 168
autonomy, 3 – 5, 28, 44 – 45, 191, 193n52

Bacigalupo, Tony, 132 – 33, 139, 159
Bendix, Reinhard, 29, 39
Berardi, Franco "Bifo", 15, 168
Berlant, Lauren, 9, 105, 108, 118, 125
Beyond Boredom and Anxiety (Csíkszentmihályi), 99
BLANKSPACES, 126, 146
Bogost, Ian, 96 – 98
Bolles, Richard Nelson, 71 – 73, 188n103; *What Color Is Your Parachute?*, 71 – 72, 76, 188n94
Boltanski, Luc, 25, 27
boredom, 8, 21, 100, 110, 154, 193n71; vulgar, 106

call center workers, 6, 88, 92, 95 – 96, 162
capitalism, 2, 15 – 16, 18, 25, 40, 62, 73, 175n5; apathy and, 60, 64; communicative, 120; coworking and, 22, 159; freelancing and, 135; industrial, 133; leisure and, 153; necro-, 167; normativity of, 168; *operaismo* and, 175n12; passion and, 5, 9, 154; spatial fix and, 142; spirit of, 27; surveillance, 90; temporality and, 186n56; unemployment and, 20; wages for housework and, 17, 178n66; welfare, 180n25
career guides, 7, 20, 67, 70 – 72, 74 – 75, 80, 83, 86, 188n97
Chiapello, Eve, 25, 27
class interests, 25, 37
Clinton, Bill, 110 – 11, 114
Cole, Matthew, 58, 60
collaboration, 7, 97, 121, 125, 138, 144; coworking and, 157 – 58; passion as, 171
compassion, 8, 88, 90, 92 – 96, 104 – 5, 167
conformity, 39 – 41, 43, 50, 108, 177n40, 182n74; of American workers, 19, 29
consumption, 23, 29, 66, 145, 150, 180n25; logic of, 152; productive, 62
contentment, 42, 61 – 62; coworking and, 156; joblessness and, 20, 64
coronavirus, 14, 166 – 67, 177n54;

— 351 —

pandemic, 55, 126, 152, 166, 168; quarantines, 15, 133

coworking, 7, 17, 21 – 22, 125 – 34, 138 – 42, 145 – 59, 162, 197n9, 197n11

craftsmanship, 2, 4, 23 – 24

Csíkszentmihályi, Mihály, 8, 98 – 107, 109, 116, 193n52, 194n80. *See also* flow

Dean, Jodi, 120, 172

depression, 20, 59, 61, 132, 138, 187n75

Drucker, Peter, 23 – 24, 42

Dumm, Thomas, 135, 137

emotion, 6 – 7, 10, 13, 40, 93 – 94, 164, 170

employability, 80 – 81, 85, 188nn96 – 97; badges and, 114; gamification and, 119; loss of, 65; skills training, 71

employment, 55, 58, 60, 66 – 68, 79, 168; freelance, 157; full, 56; gamification and, 119; health insurance and, 166; normalization of, 64 – 65, 86 – 87; passion and, 70; psychological necessity of, 7; traditional, 126; worker enthusiasm and, 186n64

engagement, 6 – 8, 10, 21, 89, 92, 94, 192n32; affective, 26; in capitalism, 27; gamification and, 191n5

entrepreneurialism, 4, 142, 159 – 60

entrepreneurship, 130, 157, 161

equality, 1, 172 – 73

ethics, 24; Aristotelian, 164; gamification, 115; of non-sovereign actors, 22; of occupied space, 141; of rela-tionality, 173

exploitation, 2 – 5, 25, 68, 141, 165, 178n66

Federici, Silvia, 16 – 17, 178n66

feelings, 6, 8, 13, 24 – 27; flow and, 100, 105; gamification and, 93, 96; imaginative, 95; of managers, 37; of workers, 28, 34, 43, 47, 51

Finding Your Career Path without Losing Your Mind (Fisher), 58, 72

Fleming, Peter, 15, 87

Florida, Richard, 142 – 44

flow, 7, 21, 98 – 103, 106 – 7, 109 – 10, 172, 193n52, 193n70, 195n91; experience, 8, 104 – 5

freelancing, 6, 22, 126, 132, 135; freedom and, 145 – 46, 148; precarity and, 157

Frey, Bruno, 65, 68

fuckup nights, 22, 155

Galloway, Alexander, 114, 118

game design, 21, 89

gamification, 7, 17, 20 – 21, 89 – 98, 107 – 10, 115 – 16, 118 – 20, 191n11; companies, 162; enterprise, 191n5, 196n108; flow and, 193n52; willing and, 192n33. *See also Total Engagement* (Reeves and Read)

Gershon, Ilana, 111, 190n148

Give and Take (Grant), 78, 189 – 90n136

Gooding, Judson, 46, 48 – 49

Granovetter, Mark, 79 – 80

Grant, Adam, 78 – 80, 189n36

Great Depression, 59, 64

Great Recession, 4, 9, 14 – 15, 53 – 57, 126, 143

Gregg, Melissa, 60, 176n38

grit, 11, 15, 74, 80, 86

Grossberg, Lawrence, 18, 59, 178n70, 185n41

Guerilla Marketing for Job Hunters 3.0 (Levinson and Perry), 75

happiness, 5, 7, 10, 19, 26 – 32, 34 – 37, 39 – 45, 50 – 51, 90, 94, 118 – 19, 128 – 30, 143 – 44, 180n17; business, 127, 130; contentment and, 62; economics, 65, 186n58, 195n106; organizational, 2; reorientation of, 142, 145; unemployment and, 65 – 66, 68, 85; welfare and, 69

Harvey, David, 62, 142, 159

Henricks, Thomas, 1, 97

Hillman, Alex, 127, 134 – 35, 137

homo faber, 23 – 24, 136, 179n5

Huizinga, Johan, 90, 97

human capital, 21, 110 – 12, 114 – 16

Human Condition, The (Arendt), 23 – 24, 179n5

Human Problems of an Industrial Civilization, The (Mayo), 31, 32, 181n33

human relations, 19, 28 – 29, 31 – 33, 35 – 37, 39 – 44, 50

ideology: of the American Dream, 96; capitalism and, 27; managerial, 7, 28 (*see also* Taylorism); of meritocracy, 93; neoliberal, 158; of passion, 18, 164; of work, 15, 85, 165

Impact Hub, 130, 153

individualism, 11, 48, 177n40
individuality, 29, 36, 39 – 40, 43, 139, 150
Jahoda, Marie, 58, 60, 185n44
job hunting, 57, 70 – 73, 75 – 77, 83, 188n94
justice, 4; psychological, 34, 49, 51

Kahn, William, 94, 192n32
Knock'em Dead (Yate), 75 – 76, 188n94

labor, 1 – 6, 8, 11, 16 – 17, 23 – 25, 56, 125, 130, 159, 179n5; alienation and, 163; altruistic, 78; attachment to, 167; circuits of, 165; conditions of, 10, 149, 157; creative, 16, 42, 177n50; digital, 4, 176n18; emotional, 83, 140, 188n97; flow and, 100, 102; gamification and, 96, 118; hierarchies of, 124; inefficiency in, 31; loneliness and, 136; markets, 59, 71, 73, 85, 126, 157, 190n148; middleclass, 149; nontraditional arrangements of, 145; outsourced, 146; pain of, 91; potential for, 111; precariousness of, 150; production line, 21; promotional, 80; reproductive, 178n66; supply, 75; surplus, 67, 187n73; temporal, 186n56; unfulfilling, 48; value of, 138, 141; venture, 4, 161; waged, 85, 168, 175n12

labor markets, 59, 71, 73, 85, 126, 157

labor power, 11, 16 – 17, 60, 62, 71, 87, 178n66; affect and, 4; alienation and, 3; human capital and, 111; passion and, 137, 165

lack, 58, 60 – 61, 64; material, 20

Lawrie, Reynold, 10, 108

layoffs, 50, 53 – 56, 68, 81 – 82, 184n22; freelancers and, 126; vlogs about, 82 – 83

Lazarsfeld, Paul, 59, 186n54

Lazzarato, Maurizio, 16, 58

leadership, 34 – 35, 38*f*, 39,

leisure, 3, 66, 153

Lepper, Mark, 11, 176n40

Linder, Joselin, 92, 94

LinkedIn, 77, 80, 114

loneliness, 6, 136 – 41, 165, 198n41, 199n73; freelancing and, 21, 132 – 35, 157 – 58; gamification and, 94

McGee, Micki, 75, 179n6

McGonigal, Jane, 89 – 90, 97, 99, 106, 192n46

McGregor, Douglas, 42, 44, 180n26

maladapted adaptation, 58, 61, 66, 69. *See also* apathy

management discourse, 24, 37, 51, 180n26

Marienthal (Jahoda, Lazarsfeld, and Zeiser), 7, 20, 58 – 64, 67, 69

Marx, Karl, 1 – 2, 23, 25, 136, 163 – 65, 175n5, 183n126

Maslow, Abraham, 11 – 12, 42, 176n40. *See also* self-actualization

Mayo, Elton, 31 – 33, 39, 181n31, 181n33

middle class, 124 – 25, 144; privilege of, 149; values of, 125, 138

Miles, Steven, 150, 152

networking, 20, 78 – 81, 139; advice, 7

Neuberg, Brad, 127 – 30

Neumann, Adam, 126, 130, 140, 152

New Economy, 3, 121

NextSpace, 125, 153

Open Badges project, 21, 110, 112, 114, 119, 195n108, 196n120, 196n122

operaismo, 16, 175n12

Organization Man, The (Whyte), 39 – 40, 189n26

passio, 12 – 13, 22, 164, 170 – 71; passions, 171, 173

pathways, 34, 39, 109

Penenberg, Adam, 95, 191n3

play, 21, 48, 90 – 91, 97 – 100, 102 – 3, 192n46, 193n71; gamification and, 20, 106, 108, 118

pleasure, 3 – 4, 29, 41, 99 – 100, 107, 161, 177n50

positive psychology, 21, 103 – 4

positivity, 20, 70 – 71

post-Fordism, 2, 4

poverty, 29, 55, 60 – 61, 64, 69

Practice of Management, The (Drucker), 24

precarity, 9, 18, 50, 81, 124 – 25, 132, 165, 188n95; freelancing and, 22, 157; loneliness and, 140

production, 17, 23 – 24, 34; creative, 42; estrangement of the working class from, 3; social reproduction and, 16, 178n66; Romantic mode of, 177n50

productivity, 31 – 32, 61, 119, 141, 150; apathy and, 60; coworking and, 128, 155; domestic, 176n38; feelings and, 25; laziness and, 185n50; multi-sensory design and, 153; sociality and, 152; workplace amenities and, 124

protocols, 114, 118 – 20

purpose, 1, 4, 10, 54, 59, 93, 103, 154, 160

Read, J. Leighton, 88 – 89

Rebound (Finney), 74, 82

recuperation, 8, 17, 164 – 65, 167, 178n69

Reddy, William, 26, 180n16

reemployment, 20, 64, 66 – 67, 70, 84

Reeves, Byron, 88 – 89, 191n3

Reitman, Jason, 53 – 54

resilience, 9 – 10, 18, 20 – 21, 73 – 75, 81 – 83, 86 – 87, 161, 178n69; fading, 61; passionate, 73, 85 – 86

Schell, Jesse, 89, 102

Schüll, Natasha, 105 – 6

self-actualization, 11 – 12, 19, 42 – 43, 45 – 46, 49 – 51, 84

self-esteem, 24, 50, 58, 85

Self-Help, Inc. (McGee), 75, 179n6

self-reliance, 74, 86

self-worth, 24, 33, 136

Sennett, Richard, 1 – 2

Sloterdijk, Peter, 109, 120

social capital, 21, 137, 190n138, 190n148

sociality, 134 – 35, 172; coworking and, 134, 139 – 41, 150, 152, 158

social reproduction, 15 – 17, 165, 167 – 68, 178n64, 178n66, 200n113

Stauffer, Jill, 137, 148

"Strength of Weak Ties, The" (Granovetter), 79, 190n138

Stutzer, Alois, 65, 68

suffering, 95 – 96, 99, 104 – 5, 163 – 65, 177n45; compassion and, 93 – 94, 193n52; false consciousness and, 183n126; passio as, 12; unemployment and, 60

Superconnector, 78

superfluousness, 20, 136 – 37, 150. *See also* freelancing

surveillance, 114; capitalism, 90; gamification and, 118; industries, 21, 172

suspension, 21, 107, 109 – 10, 165, 172; badges and, 115 – 16; hopeful, 110, 118 – 20

Taylorism, 28, 176n38
Temporary Assistance to Needy Families (TANF), 69–70
Terada, Rei, 7, 168, 171, 177n47
Terkel, Studs, 47–48, 180n26
Theory of Moral Sentiments, The (Smith), 95
Thrift, Nigel, 154, 157
Total Engagement (Reeves and Read), 88–89, 91
trade-off, 4–5, 161

unemployment, 7, 14–15, 55–61, 64–68, 73, 83–87, 185n52, 186n54, 186n64; adaptation of, 164; Great Recession and, 53, 55; history of, 187n66; idleness and, 63f; long-term, 55, 59, 64; serialized, 20, 56–57, 71, 74, 81–82, 111, 165; unhappiness and, 64–65, 70, 186n59; veterans and, 110
unemployment insurance, 7, 66–68, 168, 187n71
unhappiness, 45, 96, 129, 170; apathy and, 62; flow and, 100; games and, 106; gamification and, 94; *Marienthal* and, 61; reemployment and, 66; suspension and, 110; unemployment and, 64–65, 70, 186n59; workers and, 32–33, 40–41, 93
unions, 34, 49, 56, 105
Up in the Air (Reitman), 53–54, 184n6
Upwork, 126–27, 144

Vehement Passions, The (Fisher), 73
Virno, Paolo, 15–16

wages, 4–5, 25, 31, 33–34, 43, 49, 105, 180n17; employment and, 58; fair, 3; for housework, 17, 178n66; gamification and, 119; low, 126, 161; reemployment and, 66–67; stable, 162; stagnation of, 18
weak ties, 79–80
Weeks, Kathi, 51, 61, 85
WeWork, 125–27, 130, 140, 142, 145, 151f, 152, 155–56
What Color Is Your Parachute? (Bolles), 71–72, 76, 188n94, 188–89n103
Whyte, William, 39–40, 42, 180n26
Wilkinson, Clive, 121–24
workers, 3, 8, 16–17, 19–22, 28–37, 49–50, 124–25, 161–62,

164–67, 194n80; automata and, 195n94; behavior of, 181n33; call center, 6, 95–96; compassion and, 94; consumption and, 62; contingent, 126, 132; corporations and, 15, 24, 43; coworking and, 125–28, 132, 138, 141, 145–46, 149, 153–54; creative, 5, 143, 177n50; demands of, 34; employability and, 81; factory line, 8, 19, 29, 133; false consciousness and, 183n126; feelings and, 25–26; freelance, 134; gamification and, 90–91, 95, 110, 118–19; human automaticity and, 116; human relations and, 39–42, 44–45; industrial, 100; information, 7–8, 20, 125; layoffs and, 53, 184n22; loneliness and, 132–33; middle-class, 135; motivation and, 11; neoliberalism and, 56, 73–74; New Economy and, 121; priorities of, 144; purpose and, 54; reemployment and, 67, 85, 190n148; resilience and, 86; skills and, 111–12; sociality and, 152; subjectivities of, 27; tech, 56–57; suspension and, 107, 110; unemployment and, 66, 68, 186n64; work satisfaction and, 46–47

work sprints, 22, 150

Yate, Martin, 76–77, 188n94

Zichermann, Gabe, 92, 94, 191n11